JN259908

東洋書院

はじめに

２００2年に東洋書院より『活盤奇門遁甲精義』を上梓いたしました。当時、この本は、それなりの評価をいただきました。時が経つのは早いもので、あれから14年もの月日が流れました。『活盤奇門遁甲精義』の元原稿は、もっと以前の90年代の中頃に書いたものなので、同書は20年以上の前の産物になります。

さて、同書を出版する前年に、韓国の大邱にある奇門研究所を訪ねました。奇門研究所の趙宰星先生には、韓国に伝承される洪煙奇門をご指導いただくご縁に恵まれました。また、『活盤奇門遁甲精義』を出版した後には、中国へ渡り、当時まだ河南省にお住まいだった、劉伯温の22代目玄孫であり、劉氏家伝の奇門遁甲の伝承者である劉広斌老師を訪ね、正式な弟子の儀式を受けました。その後、劉老師や、同じ劉氏奇門の同門である上海の上海易学会副会長・白鶴易人先生をはじめとする同門の方々より、得難き情報や資料をいただきました。

２００4年、日本テレビの情報番組「情報最前線スーパーテレビ」より取材を受け、その内容が２００５年に放映されました。番組のなかで、私はそれまでに学んだ術の一端をご披露しました。結果、沢山の方が私のことを知り、私の教室へと学びに来られるようになりました。

このことで、私以外にも、多くの生徒さん達がともに実践してくださるようになり、沢山の成果やご報告をいただけるようになりました。おかげで、私の研究も急速に進むことができました。そして、スーパーテレビの放映から早くも12余年が経ちました。

この間に、ずっと気にかけていたのが『活盤奇門遁甲精義』のことでした。同書の巻末に暦を付けておりましたが、暦は２０１０年までしか記載がなく、読者の方にご不便をおかけしておりました。また、私の唯一の奇門遁甲の専門書でありながら、20年近くも前に書いたもので内容も古く、何よりも現在の私自身と考えが異なる部分が多く、続編の必要性を常々考えておりました。

実は、早い時期から東洋書院より続編の打診をいただいてはいたのですが、もとより私の不精な性格が災いして、一向に筆が進まない日々が続きました。しかし、その後に読者の方々より続編を希望される声を頂戴し、やっと書き上げたのが本書です。

本書の特徴は、何よりも沢山の実例を掲載したことです。しかも、私自身の実例ではなく、私の教室で学んだ皆さんによる生きた実例です。これは、読者の方々が生きた奇門遁甲を学ぶ上で、大変有益な内容と確信しています。

本書に実例を掲載するにあたっては、私の主催する黒門アカデミーの公認インストラクターの皆さん、および研究会員の皆さんにご協力をいただきました。この場を借りて御礼申し上げます。

そして、何よりも私の原稿を待ち続けていただいた東洋書院と、読者の皆さんに感謝いたします。

丙申年　黒　門

全伝

奇門遁甲（上巻）

目次

―― 全伝 奇門遁甲（下巻）目次 ――

平成29年3月発売予定

巻末付録

第1部　奇門遁甲とは何か？

第1章　奇門遁甲とは何か?

第1項　真実の奇門遁甲を求めて

本書を手に取られた方は、奇門遁甲という占術に興味を示されたからだと思います。そして読者の方の多くは、「奇門遁甲とは何か?」と尋ねられると「方位術の一種」とお答えになるのではないでしょうか?　現在の日本では、奇門遁甲は方位術の一種として認識されています。ですが、これは大きな誤りなのです。

奇門遁甲は、方位術として利用することは可能です。ですが、それは奇門遁甲の利用法の一部にすぎないのです。

「奇門遁甲が方位に活用できる」ということと、「奇門遁甲は方位術である」ということは、意味が異なるのです。

私が奇門遁甲を知ったのは、今から47年ほど前、小学校5年生の頃でした。当時、忍術や妖術等の本を読んでいると、時折その奥義として「奇門遁甲」または「八門遁甲」という名の術が出てくるのです。これらの本には鬼神を操る術だとか、兵法の奥義だとか書かれていますが、具体的な内容について触れた本はありませんでした。

現代はインターネット時代で、知りたい情報はネットで検索すれば、世界中から情報を集めることができます。ですが、当時、九州の田舎で育った私には、一般の書店で目にする本以外に、情報を得る手段はありませんでした。

中学生の頃に田口真堂先生の書かれた『仙術入門』を読んでいると、近く奇門遁甲の本を出版すると書いてあり、飛び上がるほど喜びました。そして、しばらく後に田口先生が書かれた『奇門遁甲入門』を入手した時は、宝物を得た気分でした。思えば、これが奇門遁甲との初めての出会いでした。そして、その時は、まさか数十年後に奇門遁甲を学びに中国本土にまで行くことになるとは、思いも寄りませんでした。

数十年後、40歳を過ぎた私は中国北京行きの飛行機に乗っていました。そして、飛行機が北京空港に近づき下降し始め、窓外に広がる中国の大地を初めて見た時には、感動を禁じえませんでした。私は、心の中で「ついに、ここまでやって来たんだ」とつぶやきました。そして、それまでの数十年間を走馬灯のように思い返しました。

さて、田口先生の『奇門遁甲入門』には、奇門遁甲とは諸葛孔明が用いた兵法だとか、相手を思いのままに操る術だとか書いてあり、奇門遁甲の方位術が説明されていました。

手に入れてすぐの頃は、宝物のように思えた『奇門遁甲入門』でしたが、内容は初心者向けというより、一般の方向けの簡略に記したものであり、私にとっては内容が不十分だと感じるようになりました。

高校生の頃になると、一般向けの本とは別に専門書というものがあり、それは一般の書店では販売していないことに気づきました。と同時に、専門書は一般書と比較すると大変高価であることも知るようになりました。私の高校生時代のお小遣いでは、専門書を買うことはままならず、もっぱら一般の書店で販売している本を購入していました。ただ、当時は奇門遁甲に関する一般書は、前述の『奇門遁甲入門』しかありませんでした。

大学生になると、アルバイトで多少は収入も得られるようになりました。この頃から、以前より欲しかった専門書を購入するようになりました。そして、社会人となり20代は、いろんな先生方の専門書で学ばせていただきました。

別の著書にも書いたことがありますが、私は学生時代から、瞑想や心理学や催眠等の潜在意識や成功哲学に関する本も読み漁ってました。特に20代の後半は、様々なカセットテープを購入したりしました。私は一時期、「強く念じれば夢は必ず実現する」という成功哲学の考えと、占術の「人には限界がある」という占術的な考えが相入れなくなり、占いを止めてしまったことがあります。当時は、思い描くことが本当に次々と実現したからです。30代になったばかりの頃、私は一戸建ての家を新築しました。ところが、この新居に移転した途端に、全てがうまくいかなくなったのです。それまでは思い描いていたことが面白いように実現していたのに、まったく実現しなくなってしまいました。よく調べてみると、私は新居の移転に大凶方を使っていたのです。このことから、成功哲学も運気が落ちると効果が薄れることに気がつきました。

30代は、一度落ちた運気を元に戻すために、それまで学んだ奇門遁甲を必死に実践しました。ですが、効果を感じられる時もあれば、そうでない時もありました。

私は、奇門遁甲の精度を高めるために、台湾や香港で出版された奇門遁甲の本を取り寄せて読むようになりました。同時に、日本の江戸時代から明治・大正期に至るまで古書を探しては読んでいきました。30代で、当時台湾で出版されていた奇門遁甲の本で、手に入る本はほとんど入手しました。これらの本を読みながら、実践を繰り返して修正を加えていきました。

ちなみに、奇門遁甲の時盤は、流派の違いにより、基本的なものだけでも27種類もの盤が考えられます。日盤に関しても、9種類程が考えられます。異端のものを加えれば、もっと多くの種類があります。

私は実験するたびに、これら数十種類の盤を広げて、どれが最も的中するかを検討しました。

また、ある時は図書館に通い、新聞の縮刷版等から数年分の飛行機事故や列車事故、登山の遭難や、海難事故等の記事を片っ端から拾い読みしました。出発時間と方位が判明している記事を数十例集めて、奇門遁甲と、それ以外の方位術も含めて、どれが最も精度が高いのか調べてみたこともあります。

90年代の半ばに入り、インターネット時代が到来しました。インターネットが普及する以前、パソコン通信というものがありました。小曽根秋男先生による『運命を把握するパソコン占星学入門』がきっかけとなり、当時パソコン通信の最大手であったNiftyの占いフォーラムに参加しました。この占いフォーラムでは、数多くの先生方と出会うことができました。
そして97年に、自分でホームページを作成しました。これをきっかけにして、遠い海外の方々からも連絡をいただくようになり、さらに多くの先生方との出会いがありました。

90年代の終わり頃、インターネットの情報から、お隣の韓国にも奇門遁甲が伝承されていることを知りました。そして中国本土にも奇門遁甲の伝承者が少なからず存在していることも分かってきました。

韓国の奇門遁甲は、韓国で独自に発展したもので、中国や日本の奇門遁甲と異なり大変ユニークな特徴があります。私は、韓国の奇門研究所の所長である趙宰星先生とのご縁を得て、ご指導をいただきました。その後、趙先生より学んだ韓国式の奇門遁甲を日本国内で教えても良いという許可をいただきました。

かつて趙先生は、韓国奇門を使って1週間単位で天気予報を発表されていました。そして気象庁の天気予測と、韓国奇門の天気予測の的中結果を比較した内容をホームページで公開されていました。当時、気象庁の予測より的中すると評判になり、韓国の新聞でも取り上げられたことがありました。その後、韓国の気象庁より止めるようにと通告され、止めざる得なくなったようです。

2000年代に入り、中国でもインターネットが盛んになりはじめ、情報量も増えていきました。そして当時、河南省におられた劉広斌老師が、あの明の軍師である劉伯温の22代目の子孫であり、劉家の家伝の奇門遁甲の伝承者であることが分かってきました。

劉伯温といえば、明の初代皇帝となった朱元璋の軍師で、明の建国の大功労者です。また、明代に書かれた『三国演義』の諸葛孔明のモデルだともいわれています。日本では、中国の軍師といえば、最も人気があるのは諸葛孔明ですが、中国では諸葛孔明と同等の人気を誇るのが劉伯温です。劉伯温は、沢山の書物を残しています。中でも、四柱推命のバイブルといわれる『滴天髄』の原著者として有名です。また奇門遁甲を学ぶ者が一度は手にする『奇門遁甲全書』の編集者としても知られています。他にも風水や五行易などの本を残しています。なお劉老師は、『滴天髄』は劉伯温の著ではないと思う、との私見を述べられています。

２００２年、紆余曲折を得て中国河南省へ赴き、劉老師と直接お会いすることができました。

中国河南省へ到着し、河南省の省都である鄭州空港から車で高速道路に乗りました。

河南省は、かつて中原と呼ばれ、幾多の群雄が覇を争った場所です。あの三国演義の曹操・劉備・関羽・張飛の三兄弟も諸葛孔明も、この大地で、この空の下で生きていたんだと思うと、感無量でした。そして雄大な黄河の流れ、武術で名高い少林寺など、感動の連続でした。そして何よりも、あの劉伯温の子孫で劉家の奇門遁甲の伝承者と直接お会いできたのは、最も大きな感動でした。

さて、初めての中国訪問を終え、帰国後しばらくしてから、劉老師より弟子となる許可をいただきました。その年のうちに、拝師の儀式のために再度中国を訪れることになりました。

中国では、弟子になるには拝師という儀式を受ける必要があります。中国の伝統的な占術や武術等の世界では、弟子と学生を明確に分けます。教室などで学んだだけの学習者は学生と呼ばれます。数多くの学生の中から、資質のある者だけが弟子となる許可を得ます。弟子となる許可を得たら、拝師という儀式を受けます。

私は劉老師の23番目の弟子として拝師を受けさせていただきました。劉老師は劉伯温の22代目ですから、私は劉伯温から数えて23代目ということになります。

今日、中国でも規制が緩み、奇門遁甲の本も数多く出版されるようになりました。中国には、沢山の先生方がおられますが、私は中でも河北省の張志春老師、江西省の周時才老師、そして河南省の劉広斌老師を御三家と呼んでいます。すでに、張志春老師と周時才老師の御二方は仙界へと旅立たれ、現在、ご存命なのは劉広斌老師のみとなりました。

2004年に、日本テレビ系列で放映された「情報最前線スーパーテレビ」という番組に出演しました。私は、それまでマスコミ等には一切露出する気はなかったのですが、ある方より「あなたが学んだものを、世に広めるためには出演すべきだ」との助言をいただき。出演する決意をしました。

この番組では、私がそれまで学んだ術で「風水でキャバクラの売り上げをアップ」「モテない男性をお見合いパーティーで人気ナンバー1に」させるなどの術をご披露しました。当初はドキュメント番組と思っていたので、私の鑑定風景や講義の風景を撮影するだけと考えていたのですが、キャバクラの売り上げをあげてみろだの、売り上げ低迷の居酒屋を満席にしろだの、次々と制作会社より課題を突き付けられることになりました。私としても、私がそれまでに学んだ術の成果を世に知らせることができると考え承諾しました。そして、なんとか全ての課題をクリアしました。実際には、テレビで放映された以外にも幾つかやってのけたのですが、残念ながらカットされてしまいました。

収録当時は、まだまだ私の術が未熟な頃だったので、今あらためて思い返すと、鑑定内容が荒削りで冷や汗が出ます。

私は、これまで奇門遁甲を研究する過程において、幾度かの衝撃と進化を得ました。最初の衝撃と進化は、私が台湾から書籍を取り寄せて読み始めた時でした。それまでに国内書で学んだ奇門遁甲と、台湾から取り寄せた奇門遁甲書籍の内容が違うことに驚いたのです。この頃の内容をまとめたのが、『活盤奇門遁甲精義』です。

次の衝撃は、韓国に独自の奇門遁甲が伝承されていることを知り、それを学んだ時でした。韓国の奇門遁甲は、推命、中でも毎年の運勢判断を得意とします。趙先生が天気予報を的中させていたように、韓国奇門は卜占や測局面でも優れた技法です。それまで、奇門遁甲は方位学と思い込んでいた私には、まさに衝撃的な出会いでした。

そして、3度目の衝撃は、中国大陸の奇門遁甲と接したことによります。文化大革命で絶えたと思っていた中国に、数多くの伝承者が存在していました。そして、彼らは極めて卜占の技術に長けていました。

韓国の奇門遁甲も、本場中国大陸に伝承されていた奇門遁甲も、イコール方位学と捉えるのは誤りであり、それは奇門遁甲の利用法の一部にしかすぎない、ということを知りました。

韓国の奇門遁甲も、中国の奇門遁甲も、推命・卜占・方位（択日）・風水等、様々な技法があります。そして、第3章で述べますように、推命や卜占を学び実践することが、方位（厳密には択日）の習得を容易にするのです。

4度目の衝撃と進化は、数年前のことです。中国奇門や韓国奇門と出会い、その後10年以上にわたり研究と実践を続けていたある日、ひとつの気づきが起きたのです。私は、奇門遁甲の段階には、単宮判断、復宮判断、全宮判断、立体判断の4段階があるとそれまで考えていたのですが、実は、その上にもう一ランク高い段階があることに気づいたのです。この気づきを得た時に、私は感動を禁じ得ませんでした。この最後の気づきは、文章では伝えるのが困難です。私は、これを「虚実」と名づけました。私は、日本、台湾、韓国、そしてついに本場中国の奇門遁甲を学び、後は実践を繰り返し精度を高めていくだけと考えていました。そんなある日、こつ然と目の前が広がったのです。まだまだ先があることを知った瞬間でもありました。

さて、私はこれまで学んだ奇門遁甲を整理して、5つの学習段階にまとめました。次に、その5つの段階について述べます。

第2項　奇門遁甲の学習段階

奇門遁甲は難解でかつ大変複雑な学問です。私は、これまで長年にわたり奇門遁甲と関わってきた経験を踏まえ、この難解な奇門遁甲を学びやすくするために、5つの学習課程にまとめました。

1　単宮判断（初級）

8つの宮の中の、特定の1つの宮のみを見て判断する技法で、中国では最も初心者向けの技法です。黒門アカデミーでは初級技法に位置づけています。

2　復宮判断（中級）

複数宮の相互関係を見て判断します。黒門アカデミーでは中級技法に位置づけています。

3　全宮判断（上級）

8つの宮全てを見渡します。8つの宮が互いに縦横無尽に関連していきます。黒門アカデミーでは上級技法に位置づけています。

4　立体判断

全宮判断に、さらに垂直の判断を加えて立体的な判断を行います。

これには簡略な2層判断と、より複雑な4層判断があります。

5　虚実判断

現段階において、私が最高位に位置づけている技法です。これにも数種の判断法があります。つまり、単純に方位を判断するといっても、5つの段階があるのです。現在、日本で普及している奇門遁甲や方位学の多くは、単宮判断のレベルで留まっています。

この5段階の各々に、「推命」「卜占」「択日（方位を含む）」「測局」「風水」があります。

単宮判断

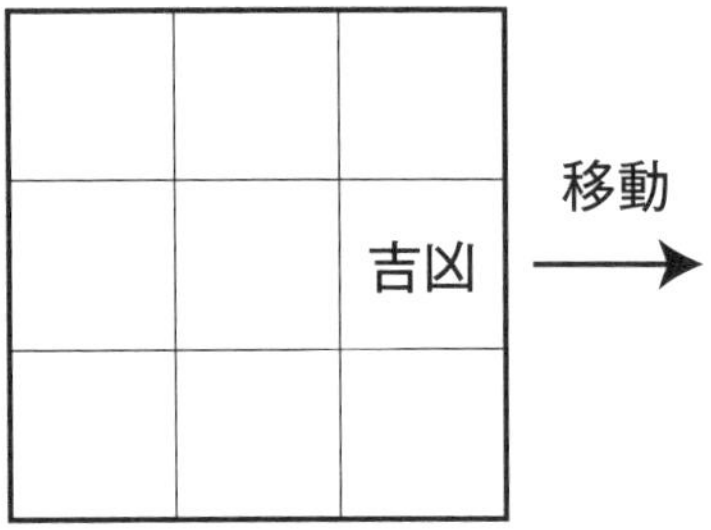

		吉凶

移動→

単宮判断は移動する方位の吉凶だけを見る単純な方法。中国では、初心者向けの判断方法。

復宮判断

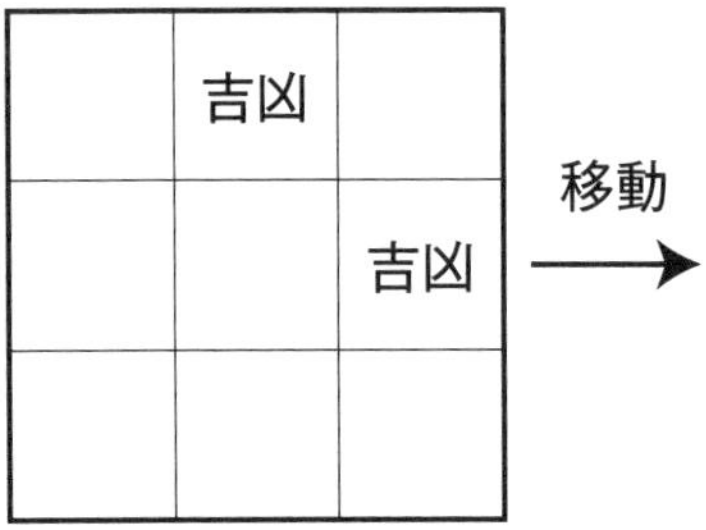

	吉凶	
		吉凶

移動→

復宮判断は、遁甲盤の複数の宮を見て吉凶を判断する方法。単宮判断より、やや進んだ中級者向けの判断方法。

全宮判断

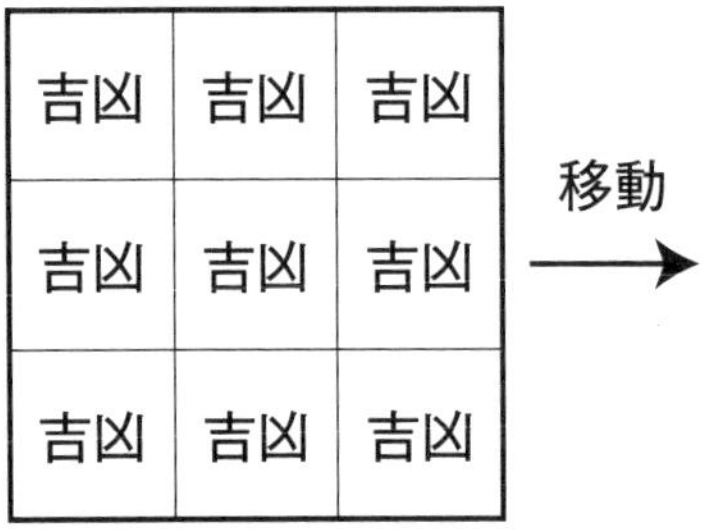

吉凶	吉凶	吉凶
吉凶	吉凶	吉凶
吉凶	吉凶	吉凶

移動→

全宮判断は全ての宮から総合的に吉凶を判断する方法。中国では、上級者向けの判断方法。

私の教室（黒門アカデミー）では、さらに中国奇門とは別伝として韓国の洪煙奇門等のほか、中国や日本に伝わる特殊な奇門遁甲を数種学ぶことができます。これらの奇門遁甲は、中国奇門と併用することで、より詳細かつ具体的な判断が可能となります。例えば、洪煙奇門は韓国に伝わる奇門遁甲ですが、中国の奇門遁甲とは異なり個人差が重視されています。また、年運の判断に優れています。ただし、この韓国式の奇門遁甲は、いきなり全宮判断を学ぶ必要があるので、初心者の方には難しく感じられるようです。

第2章　日本と中国の移転の考え方の違い

日本の方位学と中国の奇門遁甲の違いを知る上で、日本と中国の移転の吉凶の考え方が異なることを押さえておくのは有意義と思います。

1　日本では移転する方位、中国では建物の座向で見る

気学や日本の奇門遁甲では、移転を判断する場合、どの方角に移動するかを見ます。

つまり、西の方位へ移転する場合、西の方位の吉凶を見ます。

ところが、中国ではどの方角へ移動するかではなく、建物の座向※によって判断します。

※座向とは、風水の用語で建物の向きのことをいいます。建物の向いている方向を「向」、建物の後方を「座」と呼びます。一般的に中国では移転の場合、座の吉凶を見ます。

日本の方位術における吉凶の見方

旧宅　移動→　新宅

移動する方位の吉凶を見る。

中国における移転の吉凶の見方

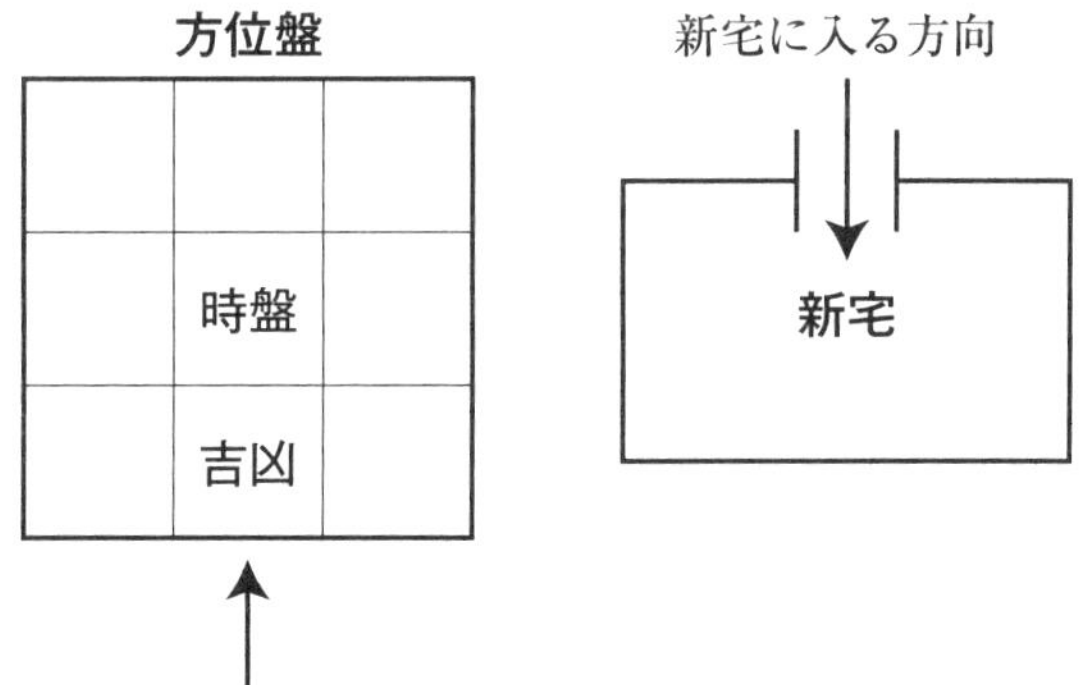

どの方位へ移転するかではなく、新宅に入る方向を見る。
つまり、玄関がどの方位を向いているかが重要。

つまり、中国では、どの方角に移転しても良く、建物の座向によって吉凶が決まります。

日本では、今年どの方角は凶方で移転できないなど、不便なことが多いのですが、中国では建物の座向が吉になれば良いので、どの方角へも移転できます。

2　日本では年盤や月盤、中国では時間で吉凶を見る

日本では、年盤や月盤等の長期の盤で移転を見ます。ですが中国では、時間単位（120分）で吉凶を見ます。

日本では、年盤や月盤で吉凶を見ますから、年盤で凶と出ると、最低1年間は移転できません。翌年が吉方位なら良いですが、また凶方位だと、さらに翌々年まで移転できなくなります。実際に、こうやって何年も移転できずに困っている方も少なくありません。

中国では、時間単位ですから、午前中が凶でも午後の時間が吉なら移転できます。その日に吉時間がなければ翌日に延ばせば良いだけです。

ちなみに、日本の方位学では旅行も月盤で見たりします。今月は、どの方位は凶方なので旅行に行ってはいけないなどといいます。仕事で出張等が多い人は困りものです。

3　日本では個人差重視、中国では個人差は参考として見る

日本の方位学では、個人差が重視されるため、家族で移転する場合、ご主人に吉でも、奥さんや子供さんには凶となってしまい、家族一緒に移転ができなかったりします。これも大変不便です。

奇門遁甲では、まず吉凶が先に決まります。そして、その吉凶が誰に出やすいかを個人差で判断します。

4　中国の奇門遁甲による移転のメリット

①方角を気にする必要がない。
②時間単位なので、移転時期を都合の良いタイミングに合わせることができる。
③個人差を重視しないので、家族一緒に移転できる。

現在、日本で行われている移転の判断法は、気学を使う人も奇門遁甲を使う人も、年盤や月盤を使って、移動する方位の吉凶を論じます。

日本では、毎年3月末から4月初旬に、進学や就職、転勤などで移転が必要となるケースが多くなります。

しかも、日本は島国で細長い国ですから、長距離の移動は方角に特に制限を受けます。

日本では、大企業や著名な大学は東京や大阪に集中しますが、就職や進学が決まったが今年は凶方位なので移転できないといった相談を、これまで何度もいただきました。

中国での移転の吉凶判断は、方角や年月といった長い時間に左右されず、家族で吉凶がバラバラということもないので、大変利便性の良い方法だといえます。

なお、本書では、日本的な移転の判断方法を初級編で、中国的な移転の判断方法を上級編で紹介します。

第3章　奇門遁甲の応用範囲

本来の奇門遁甲とは？

日本国内では、奇門遁甲とは方位学と思われています。奇門遁甲は方位学として用いることもできますが、それは奇門遁甲の一部にすぎません。ここでは、本来の奇門遁甲を知っていただきたいと思います。そのためには、まず中国占術の分類である命卜相を知っていただく必要があります。

占術には多くの種類がありますが、大別すると命・卜・相の3つに大別されます。

命……生年月日時より個人の宿命を見る占術（推命という）。

命の代表占術としては、四柱推命や紫微斗数等があります。西洋占星術やインド占星術もこの分類に入ります。

卜……事件や事柄の予測をする占術。

卜の術は、さらに「卜占」「択日」「測局」の3つに分けられます。

相……形を占う占術。

相の代表占術としては、手相や人相、風水があります。

卜の術に属する「卜占」「択日」「測局」について解説します。

・卜占……事件や事柄を予測する（日本では雑占等といいます）。

例えば、「失くし物は、見つかるか？　何処にあるか？」「彼との恋愛はうまくいくか？　結婚できるか？」「この商談はまとまるか？　まとめて良いのか？」等の、目の前に直面した問題の推移を予測します。

この卜占には2種類の占術があります。

1つはサイコロ等の偶然性を利用した占術と、もう1つは占った時間の暦を利用した占術です。

卜占の代表占術として日本では、筮竹を使った易占やタロットが多く用いられていますが、これらは偶然性を利用した占術です。

中国では、偶然性を利用した占術としては断易がよく用いられます。占った時間を利用する占術としては、奇門遁甲や六壬等が使われています。西洋占星術ではホラリー占星術がこれに相当します。

・択日……良い日時を選ぶ（選吉、日課ともいう）。

日本の方位学は、一応この択日に分類されますが、本来の択日は、移動とは関係のない事柄も吉凶判断します。

例えば、結婚式の日取り、建築の開始日、移転の日取り、新車の納車、契約日、商談日等、良い日の良い時間等を選択します。択日というと、良い日を選ぶ占いのように思われるかもしれませんが、ほとんどの場合、良い時間まで選びます。

良い時間に物事を開始すると良い結果となりやすく、悪い時間に開始すると悪い結果に終わりやすいと考えられています。

中国では、択日系の占術としては、五行日課、斗首日課、河洛日課、玄空択日、奇門日課、天星日課、神殺日課等、数多くの占術がありますが、日本では択日に該当する占術は存在しません。あえていえば、気学がこれに近い占術です。

択日には、「入宅」「建房」「作炉」「安葬」「埋葬」「開門」「安床」「安神」「出行」等の判断方法があり、このなかの出行というのが、ある時間にある方位へ移動する場合の吉凶を判断する方法です。つまり、気学などの日本の方位学は、この出行に当てはまります。したがって、日本の方位学とは、択日の一部に属するということができます。

択日の文献としては『協紀弁方書』『剋宅講義』『象吉全書』『選択正宗』などがあります。

・測局……国家等の大きな単位の出来事を予測する。
個人の運勢ではなく、国や都市などの大きな単位の予測を行います。主に、地震等の天災や天候予測、政治や経済等の成り行きなど予測します。

日本には代表的な占術はありませんが、中国では太乙神数・皇玉経世等が代表といわれています。

さて、日本では奇門遁甲とは方位学と思われています。ですが、中国や韓国では、奇門遁甲は、推命・卜占・択日・測局の全てができる占術として認識されています。

奇門遁甲では、占う際に奇門遁甲盤という盤を暦に基づいて作成して判断します。そして、個人の生まれた時間で奇門遁甲盤を作成して、本人の宿命を判断します。また、問われた時間で奇門遁甲盤を作成して卜占を行います。また、幾つかの時間の奇門遁甲盤から、目的に合った良い盤を探して、行動を始めるのに良い時間を選択します。測局はやや特殊なので、ここでは説明を省きます。

西洋占星術では、生まれた時間の惑星の配置図であるホロスコープを基に、その人の宿命を判断します。これをネイタルと呼びます。これは、中国における命の占術と同じです。

そして、西洋占星術には、中国の卜占と同様のホラリーと呼ばれる技法が存在します。ホラリーは、問われた時間や占う時間のホロスコープを使って、失くし物や恋愛の行方などを判断します。

さらに、西洋占星術では、中国の択日と同様に、良い時間を選ぶ技法としてイレクションと呼ばれる技法があります。これは、惑星の配置が良いホロスコープを選ぶ技法で、結婚式や移転等で良い時間を選ぶことに利用されます。中国の択日に相当します。

つまり、中国占術と西洋占星術を対比すれば、このようになります。

推命　＝　ネイタル
卜占　＝　ホラリー
択日　＝　イレクション
測局　＝　マンディーン

中国占術の推命では生まれた瞬間の暦、西洋占星術では生まれた瞬間の太陽系の星の配置で宿命を判断。つまり、いずれも生まれた瞬間の時間を利用します。

中国占術の暦を利用した卜占では、占った時間の暦を利用して判断します。西洋占星術では占った瞬間の惑星配置で結果を占います。つまり、いずれも占った時間を利用します。

結果的に中国占術も西洋占星術も、生まれた瞬間の時間や、占った時間の暦や星の配置で、人生の吉凶を判断していることになります。

ここで、西洋だけでなく、中国と同じく世界四大文明の1つであるインドにも目を向けてみましょう。

インドには、インド占星術が存在します。そしてインド占星術でも西洋占星術と同様に、惑星を配置したホロスコープを作成し、生まれた時間に基づいて宿命を占います。これをジャータカといいます。

また、問われた時間でト占を行います。これをプラシュナといいます。

そして、良い時間を選択します。これをムフルタといいます。

表にまとめてみましょう。

中国	西洋占星術	インド占星術	共　通
推命	ネイタル	ジャータカ	生まれた時間で宿命を占う
ト占	ホラリー	プラシュナ	問われた時間でト占を行う
択日	イレクション	ムフルタ	良い時間を選択する

中国占術も、西洋占星術も、インド占星術も、暦を使っているか、惑星の配置を使っているかの違いはありますが、時間の吉凶を判断する技法であるといえます。

つまり、このようになります。

・推命とは、生まれた時間が良いかどうかを判断。
・ト占とは、問われた時間が良いかどうかを判断。

・択日とは、良い時間が何時かを判断。

推命も卜占も択日も、共通に時間の吉凶を見ていることになります。

もう一度、述べましょう。

推命は、生まれた時間の吉凶を判断する技法です。
卜占は、問われた時間の吉凶を判断する技法です。
択日は、良い時間を探す技法です。

択日が、良い時間を探す技法であれば、そもそも時間の吉凶を判断する技法、つまり推命あるいは卜占のいずれかができることが前提となるのは、お気づきになると思います。

つまり、択日ができるということは、良い時間を探せるということです。ということは、良い時間かどう

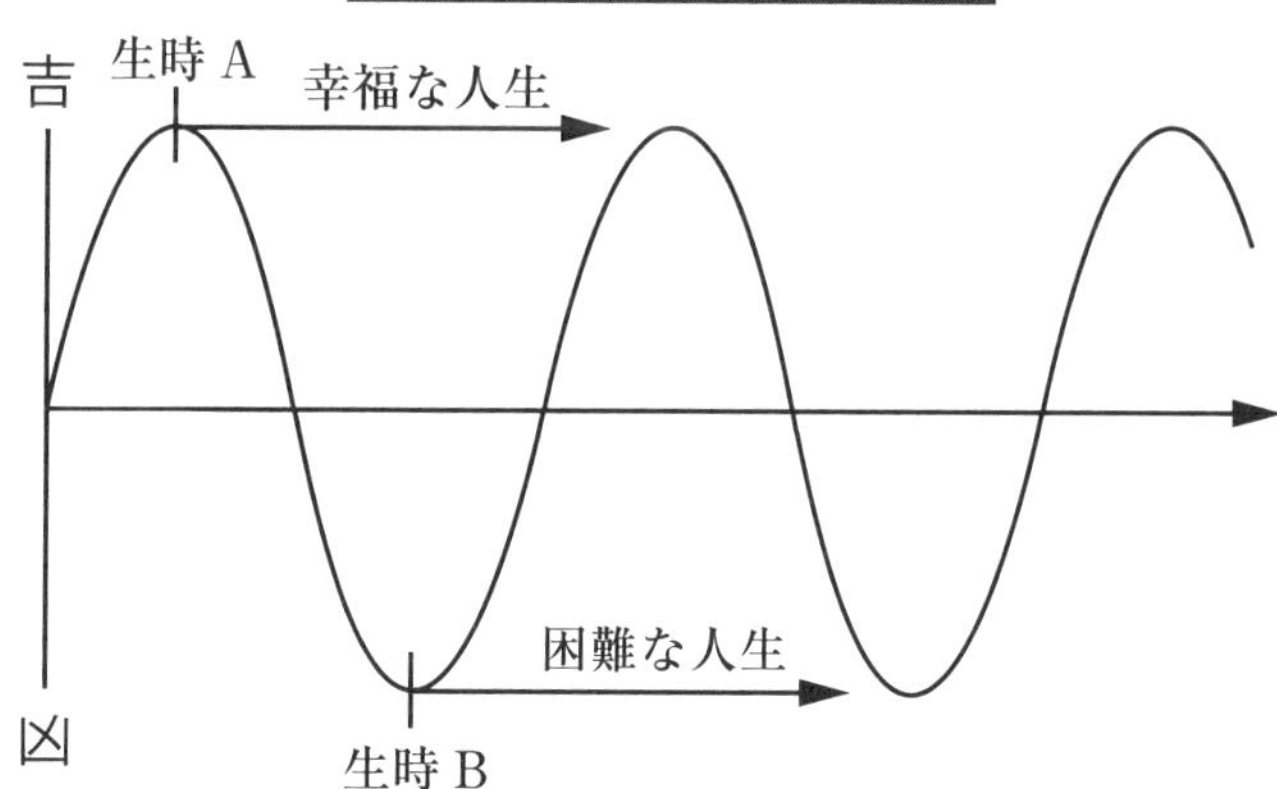

・人生のスタートが吉の時間であれば、幸福な人生を歩む。
・人生のスタートが凶の時間であれば、困難な人生を歩む。

卜占における吉凶の原理

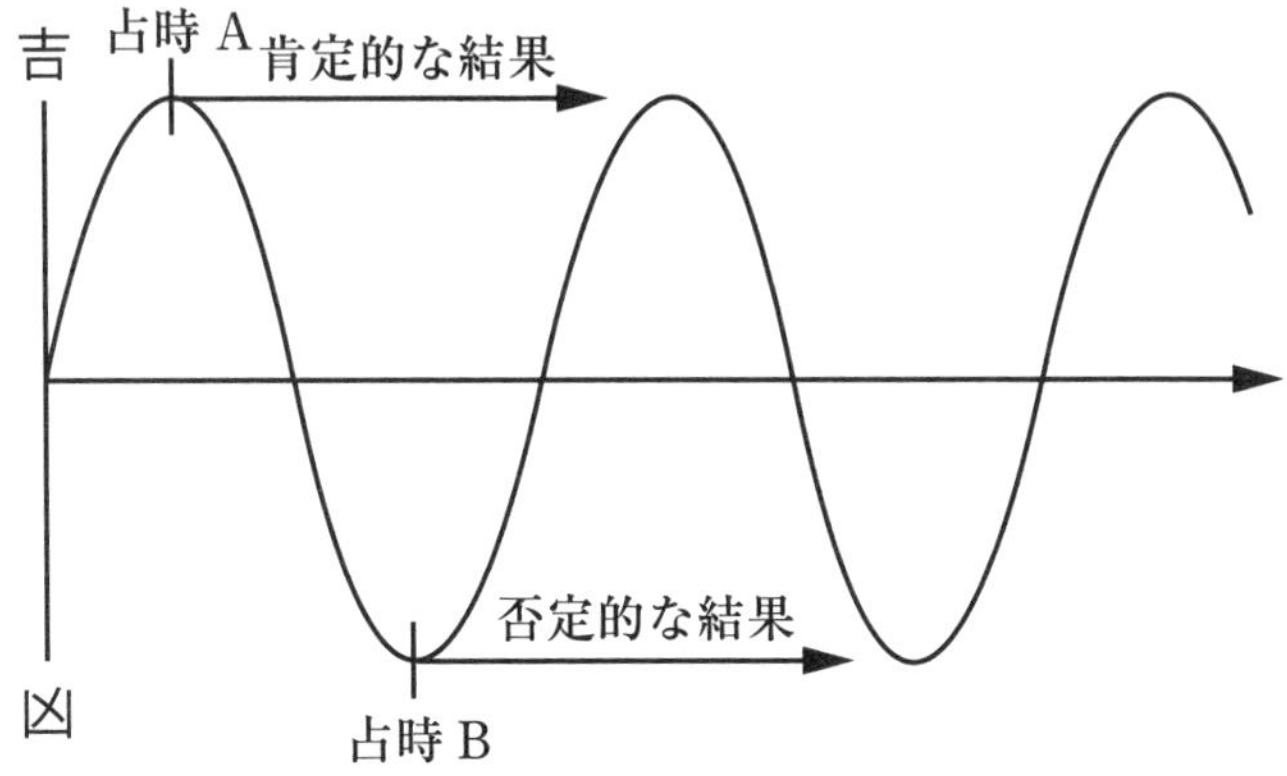

・占った時間が吉の時間であれば、肯定的な結果となる。
・占った時間が凶の時間であれば、否定的な結果となる。

択日における移転の吉凶原理

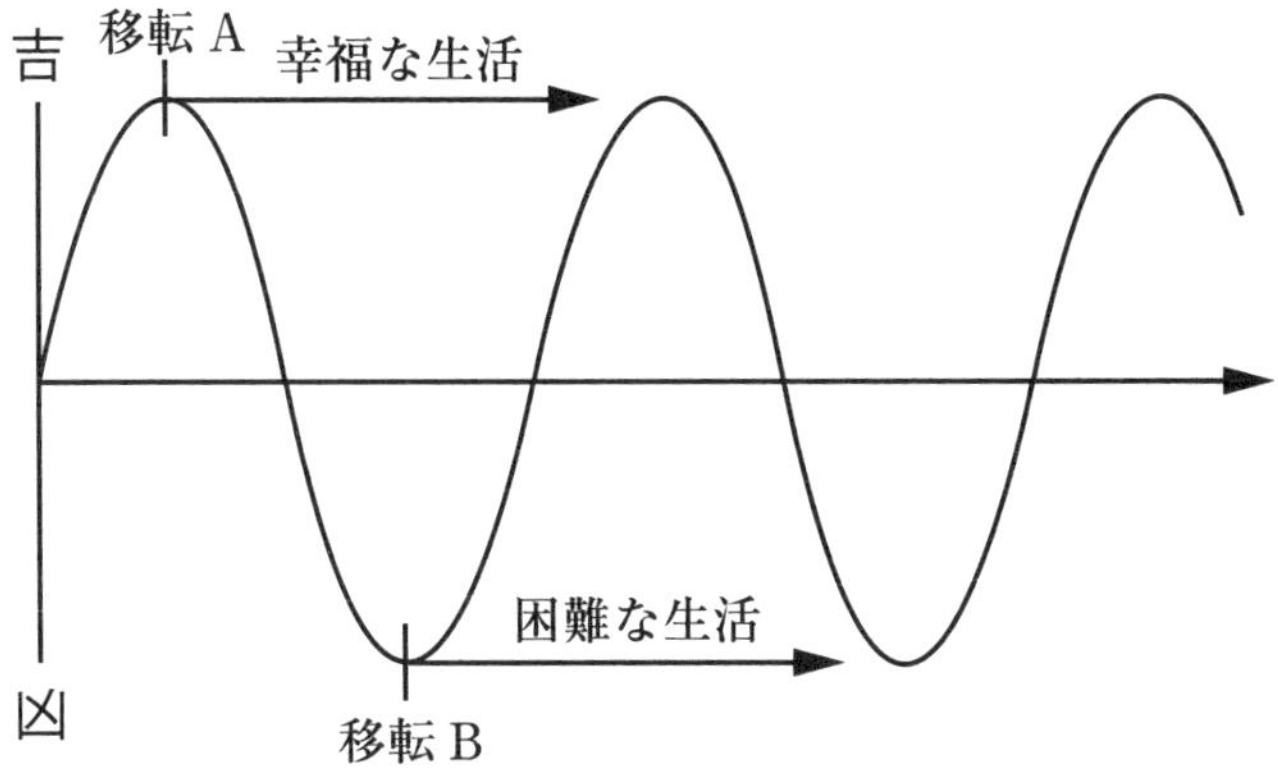

・生活のスタート（移転）が吉の時間であれば、幸福な生活となる。
・生活のスタート（移転）が凶の時間であれば、困難な生活となる。

かの判断ができるということです。であれば、当然ですが択日ができるということは、推命か卜占のいずれかができるということになります。

もし、身近に西洋占星術を学んでいる方がおられれば、ぜひ尋ねてみてください。ネイタルとホラリーもできない人がイレクションを使えるか、と。「できない」と回答が返ってくるはずです。仮にできたとしても、簡略な技法のみです。

西洋占星術では、最初にネイタルを学び、次にホラリーを学び、その後にイレクションを学ぶのが常識です。それは、インド占星術でも同様です。

中国の奇門遁甲では、卜占を最初に学び、それから推命や択日を学びます。韓国の奇門遁甲でも古い時代は、卜占を最初に学んだようですが、近年では推命を最初に学び、後に卜占を学び、それから択日を学ぶようです。

現在の日本で行われている奇門遁甲は、択日の中の方位だけを、推命や卜占の知識や読解力のない状態で、いきなり学び実践する方達が多いように思います。

奇門遁甲を使っていても、推命は四柱推命や紫微斗数、卜占は周易や断易といった別の占術のみを使っている方が多いようです。

奇門遁甲の方位だけを学んで、その盤を読み解くのは大変難しいと思います。日本で、奇門遁甲は難しいといわれる原因の1つは、ここにあります。奇門遁甲は、卜占や推命を学び実践することで、方位を含む択日がマスターできるのです。奇門遁甲の択日をマスターするためには、推命や卜占の読解力が必要なのです。

○まとめ

結論をいいますと、奇門遁甲とは、「暦法を利用して時間の質の吉凶を判断する技法」であり、

・生まれた時間の吉凶で推命を行う。
・問われた時間の吉凶で卜占を行う。
・良い時間を探して択日を行う。

ということになります。

そして、択日を学ぶには、卜占や推命を一緒に、あるいは先に学ぶ方が、学習が容易である。ということなのです。

第4章　奇門遁甲の古典における卜占

明代から清代にかけて、奇門遁甲の古典が数多く残されています。これら古典の内容は、卜占を論じるものと、択日を論じるものの2種があります。また、択日と卜占の双方を載せる古典もあります。主な卜占系の古典の内容を見てみましょう。

まず、日本では奇門遁甲のバイブルの1つといわれている『奇門遁甲全書』巻六～巻十三の見出しを紹介します。

巻六

奇門主客占験論、占投軍、占攻城、占守城、占盜賊、占賊臨境城可守否、占勝敗、占遠信、占大計吉凶、占領批文遅帯、占新任官員賢劣、占官事催提緩急、占遷移吉凶、占雀噪、占升遷、占郷会試、占病何日愈、占幹褐、占捕捉、占婚姻、占走失、占借貸、占武舉、占求財、占船主善悪、占在外人安否、占訪友、占雪

卷七

占出外預客帰期、占在外家中安否、占求人推薦、占詞訟吉凶、占夢吉凶、占禽鳥怪鳴占何怪、占避難、占人山訪道、占差遣誰去、占退役、占応役、占買人、占幕館、占書館、占訪人、占人来訪、占信息虚実、占出行水陸吉凶、占出行、占問罪軽重、占囚禁、占官司、占被審責否、占状詞、占官嘱託、占審官司得理否、占詞訟、占病癒、占請医、占何病症、占病吉凶

卷八

占失物、占何人盗、占捕盗賊、占開挖水道、占河水消漲、占布種五穀、占請客、占選妃、占選後如何、占朝覲引見、占墳墓、占走失六畜、占文武升遷、占降調、占求官、占出任何方、占童生応試、占歳考第、占科舉、占殿試、占武舉、占人生貴賤

卷九

占走失奴婢、占走失何方、占行人在外、占行人帰期、占借貸、占打抽豊、占謁貴人、占生男女長命、占孕何日生、占討債、占放債、占買貨、占胎息男女、占脱貨求財、又占脱貨求財、占開店肆、占合夥求財、占貿易、占求財、占交易、占買房産、占人寿夭吉凶、占人年命吉凶、占納寵、占婚姻、占雨、占立窯、

卷十

千金訣、三甲開闔図、禹罡図、兵占、官禄占、詞訟占

巻十一
晴雨占、身命占、科試占、求財占

巻十二
行人占、出行占、家宅占、疾病占、胎産占

巻十三
婚姻占、埋葬占、田禾占

婚姻の占いや、失せ物の占いなどがあるのがご理解いただけると思います。

なお、巻十一に身命占とありますが、これが推命になります。

つまり、奇門遁甲全書では、推命とは生時で行う卜占の一種という扱いになります（奇門遁甲では問われた時間で推命を行う場合があります。上級編を参照ください）。

続いて、中国や韓国で、最も標準的で内容が整っていると評価が高い『古今図書集成　奇門遁甲』に掲載さ

れる卜占の項目を紹介します。

占賊方位、占何人為盗、占晴、占雷占雪、占陸遷、占徴召、占降罰、占上官、占官員歴任帰結、占官員考績、占新任地方遠近内外安否、占新任官美悪並何處人、占科名、占殿試考第、占小試、占考期、占武試、占投武、占債貸、占合夥、占求財、占得財、占婚姻、占招贅、占娶婦、占交易、占貿易、占利息、占放債、占索債、占争競、占詞訟、占官事催堤緩急、占官事牽連否、占刑杖軽重、興訟、占状詞、占罪人開釈、罪人軽重、囚出獄、訟獄、占行期、走失、失財物、漁獲、干謁、訪友、訪人、遠人、占寿、占病、眼疾、六畜病、胎孕、分居、遷移、嘱託、間諜、行作、行人、請人来否、誰去誰不去、在外占家中安否、在外人安否、遠信、在外投宿店吉凶、水路舟船善悪、道途吉凶、占約期、占未曾有出門先定回期、占回郷、占路逢同伴善悪、占領分遅速、占給暇、応役、起解、解罪人、和事、退役、公私帰結、禾稼、捕盜、補亡、補罪人、官長喜怒、蝗蝻、種植、人訪害、遇難避方、逃避可否、求師伝道、設教、焼丹、求仙、祈祷、鴉鳴、雀噪、占怪異、占夢、占動四體吉凶、又占病、占陰宅、占功名、又占行人、占雨、占出行

この他にも『奇門元霊経』『奇門占験』『奇門宝鑑』『奇門旨帰』『奇門秘要』等の数多くの古典籍に、およびただしい卜占技法が紹介されています。つまり、卜占は本来の奇門遁甲の範囲であることが分かります。

また今日、中国で出版されている奇門遁甲の本の内容は、ほとんどが卜占を紹介しています。推命や択日

は、市販されている書籍ではほとんど見ることができません。

しかし、中国の奇門遁甲には卜占しかないわけではありません。奇門遁甲は、卜占から学ぶからです。中国では、市販されている奇門遁甲の本は、卜占が主となっていますが、一般書店では入手できない、会員向けの専門書が多数存在します。これらの専門書では、択日、推命、風水等の技法が紹介されています。つまり、本当の奇門遁甲は、外からでは分からないのです。

第2部　初級編

第1章　奇門遁甲の基礎

第1項　奇門遁甲の種類

中国に伝えられる奇門遁甲は1種類ではありません。大まかに分けると、術数（中国では占術のことを術数といいます）としての奇門遁甲と、符呪（呪術のこと）としての奇門遁甲があります。術数としての奇門遁甲を「数奇門」、符呪の奇門遁甲を「術奇門」あるいは「法奇門」ともいいます。

数奇門は『遁甲演義』『奇門遁甲全書』『奇門遁甲統宗大全』等を原書としますが、術奇門は『奇門天書』『法奇門秘笈』『秘蔵通玄変化六陰洞微遁甲真経』等を原書とします。これら術奇門の書には壇を設けて六甲六丁の十二神を召喚し使役する方法が事細かに書かれています。

ただし、奇門遁甲全書等の数奇門の原書にも、符呪の御符等の記載が数多く見られます。また、術奇門でも、実際に符呪を行う日取りを数奇門の択日で決めますので、この2つの奇門遁甲は、全く別の術とは言い切れない面もあります。

本書では数奇門、つまり占術としての奇門遁甲を解説します。術奇門については、私の主催する黒門アカデミーの「式神セミナー」で、これを現代的にアレンジした内容の講習が受けられますので、ご興味のおありの方は、こちらにご参加ください。

第2項　奇門遁甲の歴史

伝説によれば、三皇五帝の1人である黄帝が、敵対する蚩尤という王を討伐に向かうが、黄帝の軍は蚩尤の軍と蚩尤のあやつる妖術に大変な苦戦を強いられる。そこで黄帝が壇を作り祈ると、夢に九天玄女があらわれ三巻の奇門遁甲の書を授かったとされます。以後、周の太公望・漢の張良・蜀の諸葛孔明・明の劉伯温へと伝わったとされます。

『三国演義』では、諸葛孔明が奇門遁甲を駆使して敵軍を翻弄する姿が描かれており、有名な赤壁の戦いでは孔明が奇門遁甲の壇を設け季節外れの風を吹かせ火攻めに成功し、曹操の船団に大打撃を与える様が描かれています。現代の歴史考証では、孔明はその場にいなかったとも言われているようですが、近年河北省の奇門遁甲研究家である張志春老師が、赤壁の戦いの当時の奇門遁甲の盤上において、東南の風が吹くことを予測できることを論文として発表されました。つまり、孔明は奇門遁甲で季節外れの東南の風を呼んだのではなく、奇門遁甲で東南の風が吹くことを予知したのかもしれません。

史実的には、三国時代に続く、西晋東晋代の葛洪の『抱朴子』には、『太乙遁甲』『遁甲中経』等の書からの引用があります。葛洪は『抱朴子』のなかで当時の遁甲書六十巻を読んだと語っており、この時代には、すでに盛んであったようです。このことからすれば、諸葛孔明の時代には奇門遁甲が存在した可能性は高く、『三国演義』で孔明が奇門遁甲を使ったという話も、本当かもしれません。

隋書経籍誌や唐書経籍誌には、『黄帝九元遁甲一巻』『遁甲経二巻』『遁甲立成図一巻』等の多くの遁甲の書名があげられてます。しかしながら、これら隋書経籍誌や唐書経籍誌に記載される文献は現存しておらず、現存する最も古い文献としては、唐代の李筌による『太白陰経』という兵法書の第九巻が遁甲の巻であり、当時の奇門遁甲をうかがい知ることができます。

宋代には、『遁甲符応経』や、趙晋という人物が書いたといわれる『煙波釣叟歌』などがあります。

奇門遁甲がまとまった文献として、多数編纂されるのは明代以降であり、著名なものとして明代の『奇門遁甲全書』(劉泊温編纂)や『遁甲演義』(程道生著、四庫全書)、清代では諸葛孔明著とする『奇門遁甲統宗大全』や『奇門遁甲』(陳夢雷編纂、古今図書集成)などがあります。『奇門遁甲統宗大全』は一読すると、清代に書かれたことは明らかであり、権威づけのために諸葛孔明の名が付されたことは明白です。また、『奇門遁甲全書』は、張良と諸葛孔明の著とされますが、これは明の軍師であった劉伯温が、現存する張良や諸葛孔明著とされるものを集めて編纂したものとされています。なお、明の開祖朱元璋の軍師であった劉伯温の奇門遁甲は、現在22代目である劉広斌老師が伝承されています。私は、2002年に訪中して、劉広斌老師に拝師の儀式を受け、正式な弟子となりました。

第3項　奇門遁甲の基礎知識

ここでは、奇門遁甲を学ぶ上で必要な、中国占術の基礎知識を解説します。

1　五行説

以下に、五行の基本となる象意を挙げておきます。

◎五行の象意

	5方	5季	5色	5常	5情	5臓	5感	八卦
木	東	春	青	仁	怒	肝臓	視	震・巽
火	南	夏	赤	礼	喜	心臓	聴	離
土	中央	土用	黄	信	思	脾臓	臭	坤・艮
金	西	秋	白	義	哀	肺臓	味	乾・兌
水	北	冬	黒	智	恐	腎臓	蝕	坎

1つの五行と他の五行とは、以下のような関係があります。

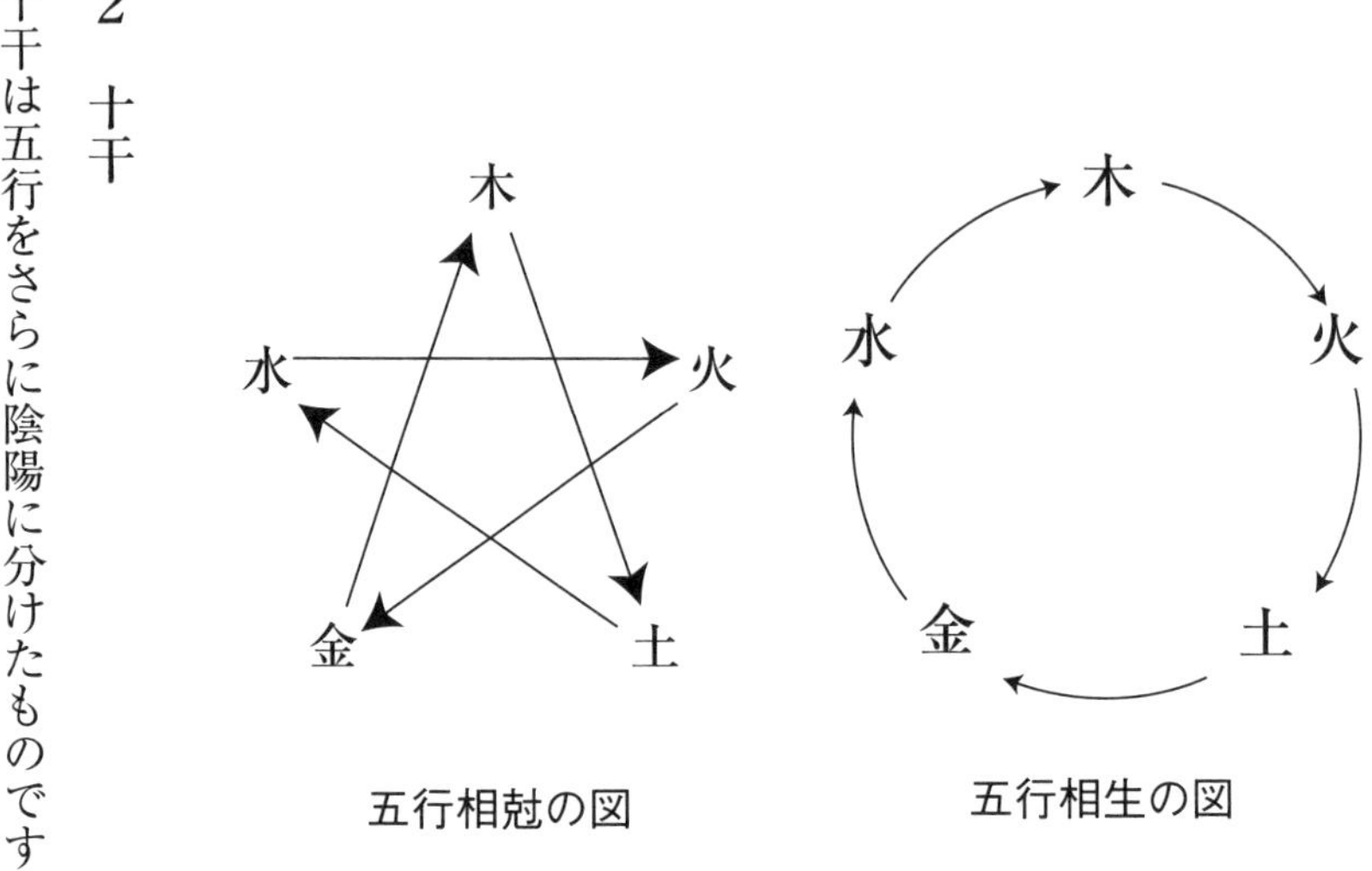

2　十干

十干は五行をさらに陰陽に分けたものです。

訓読み・音読み

甲（きのえ・こう）　木の陽
乙（きのと・おつ）　木の陰
丙（ひのえ・へい）　火の陽
丁（ひのと・てい）　火の陰
戊（つちのえ・ぼ）　土の陽
己（つちのと・き）　土の陰
庚（かのえ・こう）　金の陽
辛（かのと・しん）　金の陰
壬（みずのえ・じん）水の陽
癸（みずのと・き）　水の陰

3　十二支

子（陽・水）
丑（陰・土）
寅（陽・木）
卯（陰・木）
辰（陽・土）
巳（陰・火）
午（陽・火）
未（陰・土）
申（陽・金）
酉（陰・金）
戌（陽・土）
亥（陰・水）

4　六十干支と干支暦

干支暦とは、以上の干と支によって表記された暦です。中国占術では必須の暦です。干と支には、甲子から癸亥までの60通りの組み合わせがあります。

甲寅 51	甲辰 41	甲午 31	甲申 21	甲戌 11	甲子 1
乙卯 52	乙巳 42	乙未 32	乙酉 22	乙亥 12	乙丑 2
丙辰 53	丙午 43	丙申 33	丙戌 23	丙子 13	丙寅 3
丁巳 54	丁未 44	丁酉 34	丁亥 24	丁丑 14	丁卯 4
戊午 55	戊申 45	戊戌 35	戊子 25	戊寅 15	戊辰 5
己未 56	己酉 46	己亥 36	己丑 26	己卯 16	己巳 6
庚申 57	庚戌 47	庚子 37	庚寅 27	庚辰 17	庚午 7
辛酉 58	辛亥 48	辛丑 38	辛卯 28	辛巳 18	辛未 8
壬戌 59	壬子 49	壬寅 39	壬辰 29	壬午 19	壬申 9
癸亥 60	癸丑 50	癸卯 40	癸巳 30	癸未 20	癸酉 10

干支暦では、年・月・日・時を、この六十干支で表記します。ちなみに、2009年は己丑年です。

5　八卦と八方位

◎八卦の理解

八卦とは、「乾（けん）・兌（だ）・離（り）・震（しん）・巽（そん）・坎（かん）・艮（ごん）・坤（こん）」の8つの要素で、易を構成する要素で「小成卦」といわれます。

八卦や易については、本来これだけで1つの学問であり、これの解説を書くとなると相当の量となり、それだけでゆうに単行本の1冊や2冊程度に達します。したがって、八卦や易についての詳しい内容については、市販の単行本に1度トライしていただくこととして、ここでは奇門遁甲の八方位の解説において不可欠な最低限の知識の解説に留めます。

八卦を理解するためには陰陽説から理解していただく必要があります。易経で説く宇宙観では、かつては宇宙は混沌とした状態でした。この状態を太極といいます。やがて、太極は陰と陽に分かれました。これを両義といいます。易では陰は（⚋）で表され、陽は（⚊）で表されます。

陰陽の対称の説明としては、以下のようなものが上げられます。

(陽)	(陰)	(陽)	(陰)
天	地	太陽	月
男	女	奇数	偶数
昼	夜	外	内
夏	冬	剛	柔

さて、太極が陰と陽に分かれましたが、宇宙の全てが陰と陽にはっきり区別できるものばかりではありません。例えば、右の例でいえば昼と夜ですが、1日には昼と夜以外に朝もあれば夕方もあります。つまり、陽にも陰を含む陽があり、陰にも陽を含む陰があります。これを四象とよび、陽の陽・陽の陰・陰の陰・陰の陽の4つがあることになります。

各々は「老陽」「少陰」「老陰」「少陽」と名前がつけられています。

八卦は、四象をさらに陰陽に分別したものです。文章で書くと分かり難いですが、以下の図をご覧いただくと理解しやすいと思います。

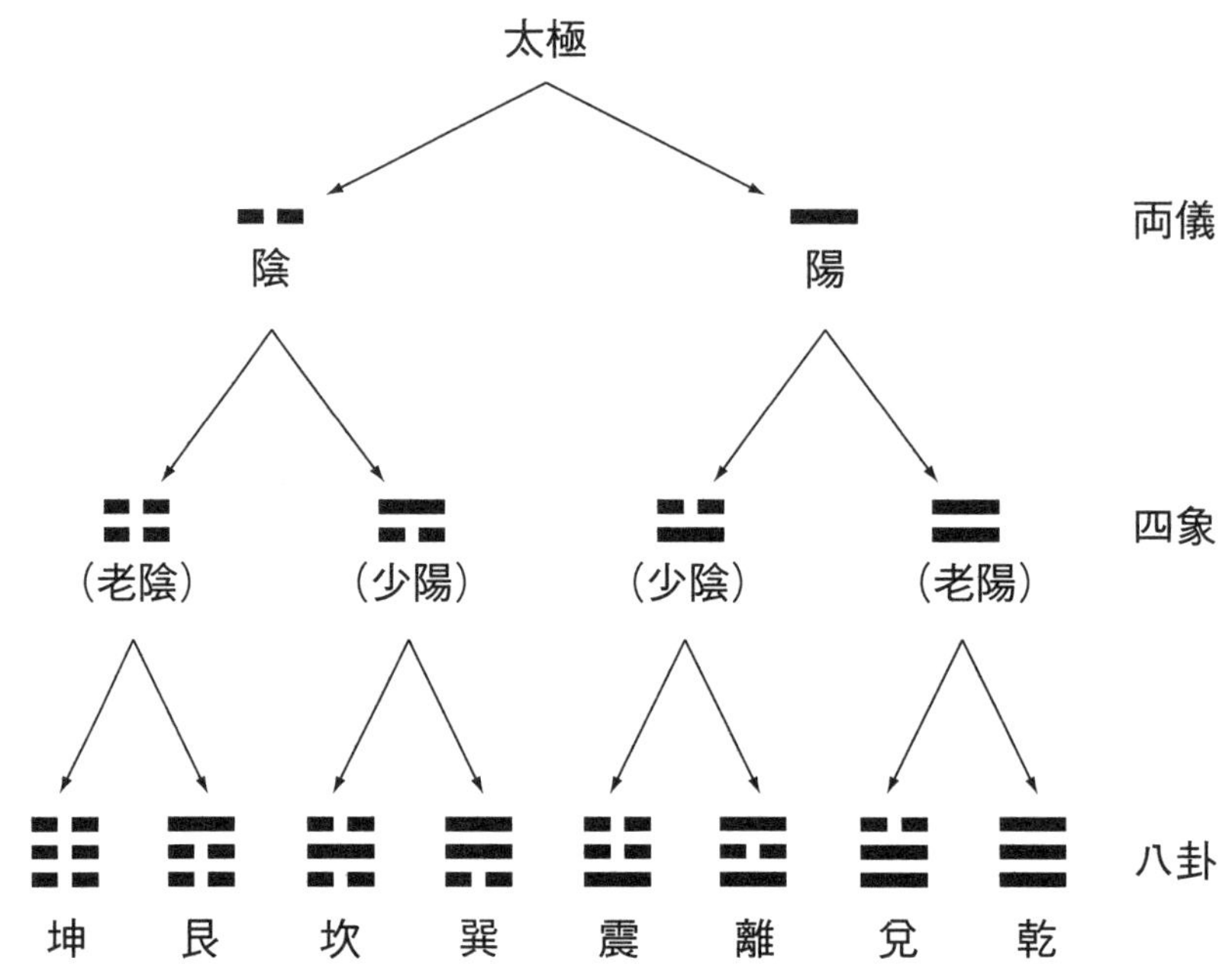

ここでは、八卦とは宇宙の全ての事象を８つに分類したものと記憶していただければ結構です。

八卦とは、「乾・兌・離・震・巽・坎・艮・坤」の８つのことです。

◎八卦の象意配当表

	正象	方位	五行	人物	象意
乾	天	西北	金	父	目上　寺社　学校　官庁　交通　貴金属
兌	沢	西	金	少女	弁舌　口論　色情　喜び　飲食　貨幣　趣味
離	火	南	火	中女	文書　印鑑　試験　学問　派手　華やか　別れ
震	雷	東	木	長男	音楽　電気　電話　発展　驚き　動く
巽	風	東南	木	長女	香り　利益　信用　評判　交際　整う　完成
坎	水	北	水	中男	セックス　暗い場所　苦労　秘密
艮	山	東北	土	少男	変化　改革　貯蓄　銀行　静止　地味　ケチ
坤	地	西南	土	母	衣類　田畑　勤勉　誠実　平凡　大衆的

この八卦を八方位に配置したものを、後天定位といいます。

八方位

東南	南	西南
東		西
東北	北	西北

↓

八方位の八卦
（後天定位）

巽	離	坤
震		兌
艮	坎	乾

↓

八方位の五行

木	火	土
木		金
土	水	金

第４項　奇門遁甲の構成要素

この項では、奇門遁甲を構成する要素について解説します。奇門遁甲には、

1．三奇六儀　2．八門　3．九星　4．八神　5．紫白星　6．九宮

といった要素があります。以下に順次説明します。

1　三奇六儀

十干のうち甲を除いた、乙・丙・丁・戊・己・庚・辛・壬・癸をいいます。なぜ甲を除くかというと、甲は至高の存在であり庚から剋される恐れ、通常は姿を消して遁れています。ここから「遁甲」という名称が

ついたといわれます。

乙奇
丙奇
丁奇
戊儀
己儀
庚儀
辛儀
壬儀
癸儀

乙・丙・丁を三奇といいます。戊・己・庚・辛・壬・癸を六儀と呼びます。
奇門遁甲では、甲は第2章で述べる「旬首」というものに隠れています。
なお、六儀は正式には以下のように表記されますが、本書では略式にて表記します。

略式　　正式
戊儀　→　甲子戊

己儀　↓　甲戌己
庚儀　↓　甲申庚
辛儀　↓　甲午辛
壬儀　↓　甲辰壬
癸儀　↓　甲寅癸

※国内では九干と呼ばれる場合が多いようです。

2　八　門

奇門遁甲では、最も重要な要素で名称通り8つの門があります。乙丙丁の三奇とこの八門から「奇門」の名称がついたといわれます。

休門（きゅうもん）
生門（せいもん）
傷門（しょうもん）
杜門（ともん）
景門（けいもん）
死門（しもん）
驚門（きょうもん）

開門（かいもん）

なお、中国の一部の流派ではこれに「中門」を加えて九門とする流派も存在します。

生門と傷門は、どちらも「しょうもん」と読めるために、生門（いきもん）、傷門（きずもん）と読み区別する場合もあります。また、驚門と凶門もどちらも「きょうもん」となり読みが同じで紛らわしいために、これも驚門を「びっくりもん」と読み区別する場合もあります。

3　九　星

日本では九星というと、気学等で使用する「一白・二黒・三碧・四緑・五黄・六白・七赤・八白・九紫」を思い浮かべる方が多いと思いますが、奇門遁甲で九星という場合は気学等とは別の種類の星のことを指します。

天蓬星（てんほうせい）

天芮星（てんだいせい）

天沖星（てんちゅうせい）

天輔星（てんほせい）

天禽星（てんきんせい）

天心星（てんしんせい）

天柱星（てんちゅうせい）
天任星（てんにんせい）
天英星（てんえいせい）

なお、天冲星は、「天衡星」とも書かれます。

4　八神

八神は八作門とも呼ばれます。以下の8つがあります。

直符（ちょくふ）
騰蛇※（とうだ）
太陰（たいいん）
六合（りくごう）
勾陳（こうちん）⇅　白虎（びゃっこ）
朱雀（すざく）⇅　玄武（げんぶ）
九地（きゅうち）
九天（きゅうてん）

直符は、九星の作盤上で使用される直符という用語と紛らわしいために、「符天」と書く場合もあります。中国や韓国では、「勾陳」と「朱雀」の代わりに「白虎」と「玄武」を使用する人達が多いです。流派によっては、これを陰遁と陽遁で入れ替えて使い分けます。本書では、勾陳の裏に白虎が隠れて同宮、朱雀の裏に玄武が隠れて同宮と考えます。

本書には、沢山の事例が紹介されていますが、盤では勾陳または朱雀と表記されていても、実際の解読では白虎と玄武で解釈している事例が多数ありますので、ご注意ください。

また、本書では活盤式の作盤を紹介していますが、飛盤式では八神に「太常」を加えて九神とします。

※騰蛇の「騰（とう）」の字は、「馬」の字ではなく、虫の字を使用する場合もあります。

5　紫白星

紫白星は、日本の気学でいうところの九星です。「一白・二黒・三碧・四緑・五黄・六白・七赤・八白・九紫」のことを指します。原書によっては七色星と表記しているものもあります。なぜか日本の奇門遁甲では九宮と呼ばれています。

本来の九宮という用語は、乾宮・兌宮・離宮・震宮・巽宮・坎宮・艮宮・坤宮に中宮を加えた9つの固定された宮のことを指します。

6 九宮

九宮とは後天定位のことです。乾宮、兌宮、離宮、震宮、巽宮、坎宮、艮宮、坤宮に中宮を加えた9つの宮をいいます。

第5項　基本宮と飛泊

1　基本宮

前項で説明した、各構成要素には基本の宮の位置が決まっているものがあります。これを「定位」といいます。

九星の定位

輔	英	内
衝	禽	柱
任	蓬	心

八門の定位

杜	景	死
傷		驚
生	休	開

紫白九星の定位

四緑	九紫	二黒
三碧	五黄	七赤
八白	一白	六白

この定位は、奇門遁甲の盤を作盤する時に必須です。

2　飛　泊

奇門遁甲の作盤では三奇六儀・紫白星は特殊な移動をします。これを飛泊といいます。気学等の知識がある方は、気学の九星の運行と同じだと理解してください。

9つの宮位を「中宮・乾・兌・艮・離・坎・坤・震・巽」の順番で移動します。これを順行といい、逆の順番に移動することを、逆行といいます。

【飛泊順行図】

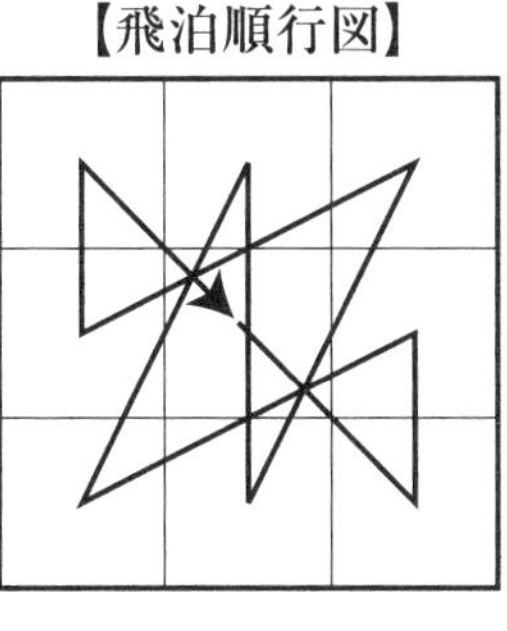

この飛泊は作盤では大変重要ですからぜひ記憶してください。作盤編では具体例を交えて解説します。

第2章　奇門遁甲の作盤

第1項　奇門遁甲作盤の基本

奇門遁甲では、まず奇門遁甲盤という専用の盤を作成する必要があります。奇門遁甲で使用する盤は、基本となるものに年盤・月盤・日盤・時盤の4種類があり、さらに流派によっては特殊な盤を加える場合もあります。

奇門遁甲盤の作成は複雑です。奇門遁甲は難解な占術といわれますが、初心者の方が最初にぶつかる壁が、この作盤の難しさです。

奇門遁甲の作盤法は大別すると、活盤式と飛盤式の2種類があり、さらに、この2つの作盤方式をミックスする流派もあります。

ここでは中国でもっとも主流の作盤法である活盤式を紹介いたします。

①局数

奇門遁甲の作盤をする場合の基となるものに局数があります。この局数の取り方にも数種類があります。

現在の日本国内では、1年1局・10月1局・1日1局・10時1局の作盤が主流ですが、中国や韓国では60干支で1局とするのが一般的で、60年1局・60月1局・60日1局・60時1局の局数を使用します。なお、日本において江戸期から昭和初期までの奇門遁甲の文献では60干支1局を記載しています。

	年	月	日	時
日本	1	10	1	10
中国	60	60	60	60

中国暦の1時は現在の2時間に相当します。つまり1日は12時となり、60時は5日となります。このことから、60時1局を5日1局ともいいます。

本書は、中国でも一般的な60時1局を用いることにします。

ただし、私の経験則から、日盤のみは1日1局を使います。

つまり、以下のようになります。

	年	月	日	時
本書の局数	60	60	1	60

②干支暦

奇門遁甲の遁甲盤を作成するためには、年盤・月盤・日盤・時盤のそれぞれの干支を知る必要があります。干支とは、

・十干（甲・乙・丙・丁・戊・己・庚・辛・壬・癸）と

・十二支（子・丑・寅・卯・辰・巳・午・未・申・酉・戌・亥）

の組み合わせで表されたもので、これを使用する暦を干支暦といいます。干支暦では、年・月・日・時をそれぞれ干支で表します。例えば、平成27年10月1日午後8時を干支暦で表すと、乙未年・乙酉月・庚戌日・庚辰時となります。

年盤・月盤・日盤の局数は、巻末の局数表をご覧ください。時盤については第3項で局数の出し方を解説します。

第2項　作盤の手順

遁甲盤には年盤・月盤・日盤・時盤がありますが、全ての盤の作盤は以下の手順を踏みます。

（1）干支と局数を知る。

（2）地盤干を配置する。

（3）天盤干を配置する。
（4）八門を配置する。
（5）九星を配置する。
（6）八神を配置する。

（1）の局数の決め方は、年・月・日・時盤で各々異なります。
（2）～（6）は、年・月・日・時盤で同じです。
このなかで最も難しいのが（1）の局数の決め方です。特に日盤・時盤の局数の決め方は難しいです。

第3項　干支と局数の求め方

a．年盤の干支と局数の求め方

巻末の年盤局数表（396頁）をご覧ください。
西暦2015年から2030年までの干支と局数を掲載しています。
例えば、2015年の干支と局数は「乙未陰7局」になります。
年盤は60年1局ですから、60年間局数は変わりません。

西暦１９８４年から２０４３年までの60年間は陰７局です。

【注意】

奇門遁甲の暦では、立春（毎年2月4日頃）が年の変わり目になります。立春以前は、前年になります。

b. 月盤の干支と局数の求め方

月盤も巻末の月盤局数表（３９６頁）をご覧ください。

年盤と同様に、西暦２０１５年から２０３０年までの干支と局数を掲載しています。

例えば、２０１５年の9月の干支と局数は「乙酉陰１局」になります。

月盤は、60月１局ですから５年ごとに局数が変わります。

【注意】

年の境目同様に、月の境目も西暦とは異なりますので注意してください。

例えば2月は、２月４日から3月５日頃となります。おおむね、月初は前月となります。

次にまとめてみましたが、日付は毎年多少のズレがありますので、月の境目付近は注意が必要です。なお、１年の始まりは子月ではなく、寅月です。

月の支

２月４日～３月５日頃　→「寅」

3月6日〜4月4日頃 ↓「卯」
4月5日〜5月4日頃 ↓「辰」
5月5日〜6月5日頃 ↓「巳」
6月6日〜7月6日頃 ↓「午」
7月7日〜8月6日頃 ↓「未」
8月7日〜9月7日頃 ↓「申」
9月8日〜10月7日頃 ↓「酉」
10月8日〜11月7日頃 ↓「戌」
11月8日〜12月7日頃 ↓「亥」
12月8日〜1月5日頃 ↓「子」
1月6日〜2月3日頃 ↓「丑」

c. 日盤の干支と局数の求め方

巻末の暦をご覧ください。西暦2015年から2030年までの暦を掲載しています。例えば、2015年9月5日の干支と局数を知ろうと思えば、巻末の暦の2015年9月5日の欄を見れば、日盤局数の欄に「甲申陰1局」と記載されています。

【注意：夏至・冬至日の局数の表記について】

本書では、巻末に日盤の局数表を掲載しています。日の局数には陽局と陰局があるわけですが、これは夏至および冬至を境目として変わります。

巻末の暦で、夏至と冬至の日の欄は、陰局と陽局が併記されています。

これは、以下の理由によります。夏至・冬至の日は毎年夏至が6月22日頃で冬至は12月22日頃ですが、毎年同じ日ではなく、年ごとに若干前後します。しかも、夏至と冬至というのは日で変わるのではなく時間で変わります。例えば、２０１５年の冬至は、日本時間で12月22日の13時40分頃です。したがって、厳密には12月22日の13時40分以前は陰局であり、13時40分以降は陽局に変わります。

d．時盤の干支と局数の求め方

巻末の暦には、時盤の局数は載っていますが、時干支が載っていません。時干支は計算する必要があります。

例えば、２０１５年8月2日の午後4時の時盤を作るとします。

巻末の暦の２０１５年8月2日を見ると日盤局数の欄に「庚戌陰8局」と記載されています。この日干支は、時干支の計算が必要なので控えておいてください。そして時盤局数の欄に「陰2局」とあります。つまり、局数は陰2局で決定です。

次に、時干支を求めます。

時干支を求めるには、まず作成する時間の時支を求めます。

表をご覧ください。午後4時、つまり16時は、15~17時の間ですから、時支は申になります。

続いて、時干を求めます。時干は、日干と時支から求められます。

8月2日の日干支は庚戌でした。前の表で日干が庚の列を見ます。右から4列目が庚の日です。その列を、時支である申時の横列と交差する箇所を見ると「甲」と書かれています。

よって、この時間の干支は「甲申」となります。

		日　干				
時間	時支	甲・己日	乙・庚日	丙・辛日	丁・壬日	戊・癸日
前日 23 ～ 1 時	子	甲	丙	戊	庚	壬
1 時～ 3 時	丑	乙	丁	己	辛	癸
3 時～ 5 時	寅	丙	戊	庚	壬	甲
5 時～ 7 時	卯	丁	己	辛	癸	乙
7 時～ 9 時	辰	戊	庚	壬	甲	丙
9 時～ 11 時	巳	己	辛	癸	乙	丁
11 時～ 13 時	午	庚	壬	甲	丙	戊
13 時～ 15 時	未	辛	癸	乙	丁	己
15 時～ 17 時	申	壬	甲	丙	戊	庚
17 時～ 19 時	酉	癸	乙	丁	己	辛
19 時～ 21 時	戌	甲	丙	戊	庚	壬
21 時～ 23 時	亥	乙	丁	己	辛	癸

つまり、２０１５年8月2日午後4時の干支と局数は「甲申陰2局」となります。

【注意：自然時について】

時盤を作成する場合に、特に時刻の境目に注意してください。

中国占術では、「標準時」ではなく「自然時」を使用するためです。

通常、私たちが使用している時間は標準時であり、これは日本の場合、東経１３５度の明石市を基準としています。

すでに学んだように干支暦では、午前11時や午後9時等のように、奇数時をもって、2時間ごとに時間を区切ります。したがって午前10時や午後8時のように偶数時付近は問題ありません、午前11時5分や午後8時50分のように時刻の変わり目付近で遁甲の時盤を使用する場合、標準時と自然時の時差が問題となる場合があります。

以下に全国主要都市での時差を記しておきますので、所在地に応じて時間を加減してください。明石市以東にお住まいの方は、時刻に時差を加えることになり、明石市以西にお住まいの方は、時刻から時差をマイナスすることになります。

◎全国主要都市の標準時と自然時の時差一覧

札幌　プラス25分

秋田　プラス20分
仙台　プラス22分
宇都宮　プラス18分
東京　プラス18分
新潟　プラス15分
長野　プラス12分
金沢　プラス5分
静岡　プラス12分
名古屋　プラス6分
奈良　プラス2分
大阪　プラス1分
岡山　マイナス6分
広島　マイナス12分
山口　マイナス16分
高知　マイナス6分
福岡　マイナス20分
長崎　マイナス22分

鹿児島　マイナス20分
那覇　　マイナス31分

第4項　陰局の作盤

奇門遁甲には陰局と陽局があり、作盤方法が異なります。まず、陰局の作盤方法を紹介します。

（1）干支と局数を知る

巻末の暦をご覧ください。年盤、月盤、日盤の干支と局数と、さらに時盤の局数が記載されています。時盤だけは干支を計算する必要があります。

ここでは「壬午陰7局」を陰局の作盤例とします。

（2）地盤干を配置する

局数が分かると地盤が配置できます。地盤の配置の仕方ですが、まず局数の位置に「戊」を置きます。局数の位置とは紫白星の定位と同じで、左図のようになります。

さて、陰7局ですから戊を兌位に置きます。

4局	9局	2局
3局	5局	7局
8局	1局	6局

		戊

次に「戊・己・庚・辛・壬・癸・丁・丙・乙」と飛泊の順番で、三奇六儀を配置します。陽局は順行、陰局は逆行で配置するのが決まりです。ここでは陰局ですから、逆行で配置します。

「丁・丙・乙」の三奇と「己・庚・辛・壬・癸」の六儀は順番が逆に並んでますので注意してください。

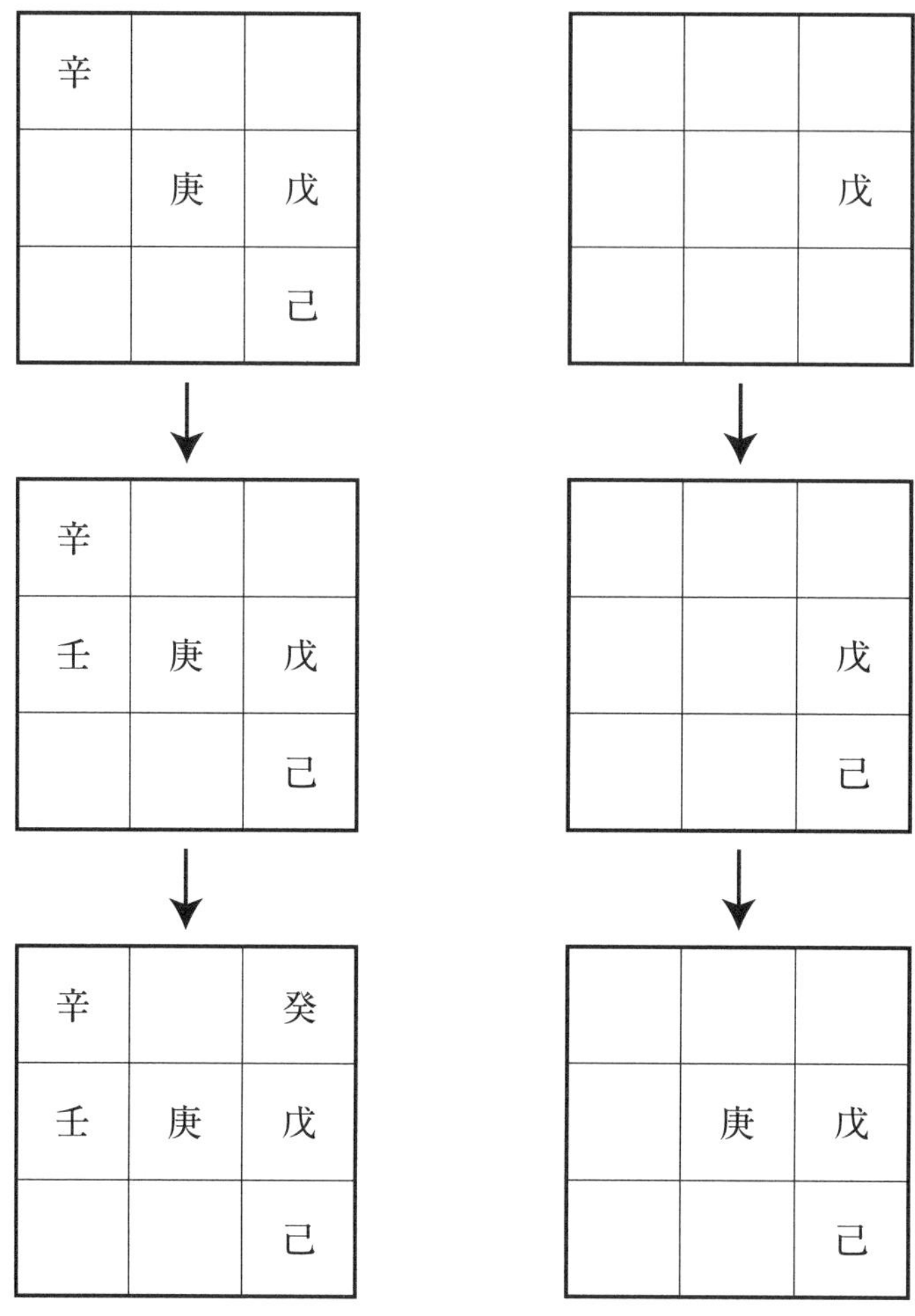
辛
庚
戊
己
戊
辛
壬
庚
戊
己
戊
己
辛
癸
壬
庚
戊
己
庚
戊
己

以上で、地盤の配置が完成しました。

(3) 天盤干を配置する

地盤を配置しましたら、次に天盤を配置しますが、天盤を配置するためには、旬首を知る必要があります。

旬首とは、六十干支を第1旬から第6旬まで十干支ごと、次のように区分したものです。

・第1旬の甲子から癸酉迄は「戊」が旬首
・第2旬の甲戌から癸未迄は「己」が旬首
・第3旬の甲申から癸巳迄は「庚」が旬首
・第4旬の甲午から癸卯迄は「辛」が旬首
・第5旬の甲辰から癸丑迄は「壬」が旬首
・第6旬の甲寅から癸亥迄は「癸」が旬首

となります。

左の表にまとめてみました。

旬首	六十干支										
戊	甲子	乙丑	丙寅	丁卯	戊辰	己巳	庚午	辛未	壬申	癸酉	第1旬
己	甲戌	乙亥	丙子	丁丑	戊寅	己卯	庚辰	辛巳	壬午	癸未	第2旬
庚	甲申	乙酉	丙戌	丁亥	戊子	己丑	庚寅	辛卯	壬辰	癸巳	第3旬
辛	甲午	乙未	丙申	丁酉	戊戌	己亥	庚子	辛丑	壬寅	癸卯	第4旬
壬	甲辰	乙巳	丙午	丁未	戊申	己酉	庚戌	辛亥	壬子	癸丑	第5旬
癸	甲寅	乙卯	丙辰	丁巳	戊午	己未	庚申	辛酉	壬戌	癸亥	第6旬

壬午は第2旬ですから旬首は「己」となります。

もう一度地盤をみますと、旬首の「己」は乾位にあります。

そこで、乾にある「己」が旬首になります。分かりやすいように旬首はカッコで囲んでおきます。

辛	丙	癸
壬	庚	戊
乙	丁	(己)

↑
旬首をカッコで囲む。

この旬首が甲の代用をします。つまり旬首の干に甲が隠れています。旬首は時間とともに変わります。ですから甲が隠れる干も変わっていきます。これを甲が遁れると称して遁甲と呼ばれます。

なお、日本の奇門遁甲の本では旬首は甲と表記するのが一般的で、甲尊といいます。本書では旬首の干を甲に書き換えずに、カッコで囲むことにします。これは、甲に書き換えてしまうと旬首は本来何の干であったか分からなくなってしまうことがあるためです。

次に旬首を時間の干の上に置きます。干支は壬午ですから、時間の干は壬となります。したがって旬首を地盤の壬の上に置き、その他の地盤の干もいっしょにダイヤルのようにグルリと回して地盤の上に置きます。これで天盤ができあがりました。

辛	丙	癸
(己) 壬	庚	戊
乙	丁	(己)

旬首「己」を地盤「壬」の上に置く。

↓

丁 辛	乙 丙	壬 癸
(己) 壬	庚	辛 戊
戊 乙	癸 丁	丙 (己)

天盤の旬首に合わせて地盤をまわす。

以上で天盤の配置が終わりましたが、まだ中宮の地盤干が残っています。日本国内で知られている作盤は中宮は必ず天盤と地盤は同じ干としますが、活盤では中宮の天盤は坤の地盤の干と同宮させます。

辛	丙	癸
(己) 壬	庚	戊
乙	丁	(己)

坤の地盤干は「癸」。

↓

丁 辛	乙 丙	壬 癸
(己) 壬	庚	辛 戊
戊 乙	癸庚 丁	丙 (己)

中宮の天盤干「庚」は「癸」と同宮、中宮の地盤干はそのまま中宮に置く。

この例の場合、中宮の地盤干丙は坤の地盤干と一緒に回って配置します。
坤の地盤干は旬首己ですから、旬首己と一緒に乾の丁の上に配置されます。

【天盤の配置の例外】

天盤を配置する場合に、以下の場合は例外となります。

・旬首が中宮する場合

旬首が中宮する場合は、そのままでは天盤を回すことができません。
この場合、中宮の旬首を坤に寄せて回します。

【例】己巳陰5局

辛	癸	己
丙	(戊)	庚
乙	壬	丁

旬首（戊）が中宮して回せない。

↓

乙 辛	丙 癸	辛(戊) 己
壬 丙	(戊)	癸 庚
丁 乙	庚 壬	己 丁

坤の辛に（戊）を寄せて一緒に
時干己の上に置く。

・時干が中宮する場合

時干が中宮する場合は、旬首を置くことができませんから天盤を回せません。この場合、坤の干の上に旬首を置きます。

【例】辛巳陰8局

壬	乙	丁
癸	辛	己
戊	丙	庚

時干辛が中宮して回せない。

↓

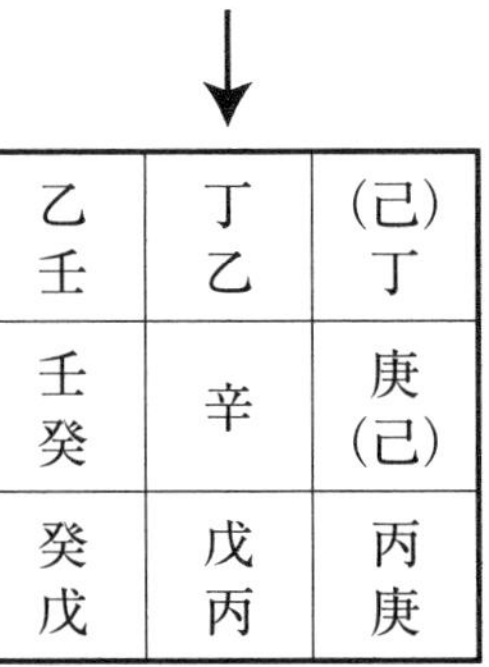

乙 壬	丁 乙	(己) 丁
壬 癸	辛	庚 (己)
癸 戊	戊 丙	丙 庚

坤の丁を時干の代用として
旬首（己）置いて天盤を回す。

（4）八門を配置する

八門を配置するには、まず「直使」を決めなくてはなりません。直使とは、地盤の旬首である宮を定位とする八門のことをいいます。壬午陰7局の地盤では、旬首は乾宮でした。乾宮を定位とする八門を調べます。

八門の定位

杜	景	死
傷		驚
生	休	開

乾宮は開門が定位。
したがって開門が直使。

乾宮の定位の八門は「開門」です。この場合「開門」が「直使」になります。

次に干の数だけ、乾宮から陽局は順に、陰局は逆に数えます。

干の数とは甲は1、乙は2、丙は3、丁は4、戊は5、己は6、庚は7、辛は8、壬は9、癸は10です。

壬午ですから、干の数は壬で9です。陰局ですから、乾宮を1として逆に9まで数えると兌宮になります。

この兌宮に直使の開門を置いて、残りの八門を配置します。

3	7	5
4	2	9
8	6	1

壬の数9を逆に数える。

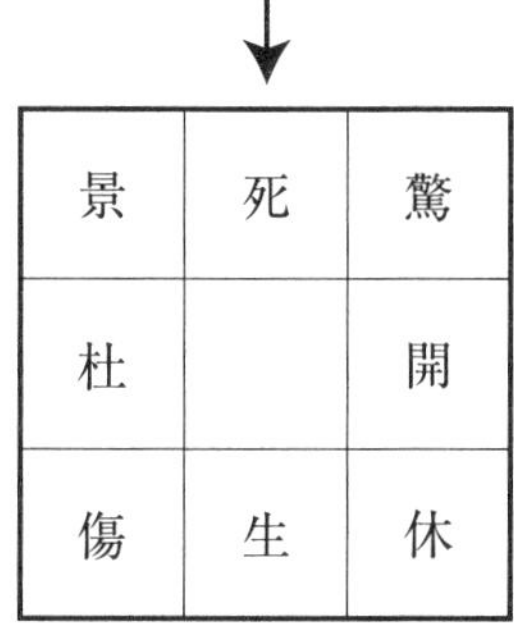

景	死	驚
杜		開
傷	生	休

数えた宮に直使「開門」を置いて他の八門を回す。

以上で八門の配置が完成しました。

【八門の配置の例外】

八門を配置する場合に、以下の場合は例外となります。

・旬首が中宮する場合

旬首が中宮すると、中宮は八門の定位がないために直使が定まりません。この場合、坤の定位の死門を代用して直使とします。

【例】丙寅陰５局

己	癸	辛
庚	（戊）	丙
丁	壬	乙

旬首（戊）が中宮にあるので直使が取れない。

↓

		死

坤宮の死門を代用。

↓

驚	開	休
死		生
景	杜	傷

中宮から丙の３を数えた震宮に死門を置き八門を配置。

・直使が中宮した場合

地盤旬首の宮から干の数を数えた結果、中宮となった場合は八門の配置ができません。この場合、直使を坤宮に置いて他の八門を配置します。

【例】乙丑陰6局

庚	丁	壬
辛	己	乙
丙	癸	（戊）

旬首（戊）が乾宮にあるので開門が直使になる。

↓

	2	
		1

地盤旬首宮の乾から乙の干の数「2」を数えると中宮になる。

↓

死	驚	開
景		休
杜	傷	生

直使開門を坤に置いて他の八門を配置。

（5）九星を配置する

九星を配置するには、まず「直符」を決める必要があります。直符とは、地盤の旬首の宮の定位の九星のことをいいます。

壬午陰7局の地盤旬首己は乾宮にありますから、乾宮の定位の天心星が直符となります。

なお、この地盤の旬首の宮の定位の九星を「直符」といいますが、八神にも直符があり、八神の直符との混同を避けるために、旬首の定位の九星を「大直符」、八神の直符を「小直符」と呼ぶ場合もあります。

地盤の旬首の宮は乾宮でした。九星の乾宮の定位は天心星です。天心星を地盤時干の壬のある震宮に置き、他の星を天盤干や八門のようにグルリと回します。なお、活盤式では中宮が定位の天禽星は天内星と一緒に同宮するのが決まりになっています。

九星の定位

輔	英	内
冲	禽	柱
任	蓬	心

坤宮の定位は天心星。
したがって直符は天心星。

↓

心		

直符の天心星を地盤
時干壬の震宮に置く。

↓

蓬	任	冲
心		輔
柱	内禽	英

天禽星が天内星と同宮
している点に注目。

【九星の配置の例外】
九星を配置する場合に、以下の場合に例外となります。

・旬首中宮の場合
旬首が中宮すると、中宮の天禽星が直符となります。天禽星は坤の天内星と同宮するのが決まりですから、天禽星を坤に寄せて天内と同宮させて、一緒に地盤時干の宮に置きます。

【例】丙寅陰5局

己	癸	辛
庚	(戊)	丙
丁	壬	乙

旬首が中宮するために
天禽星が直符となる。

↓

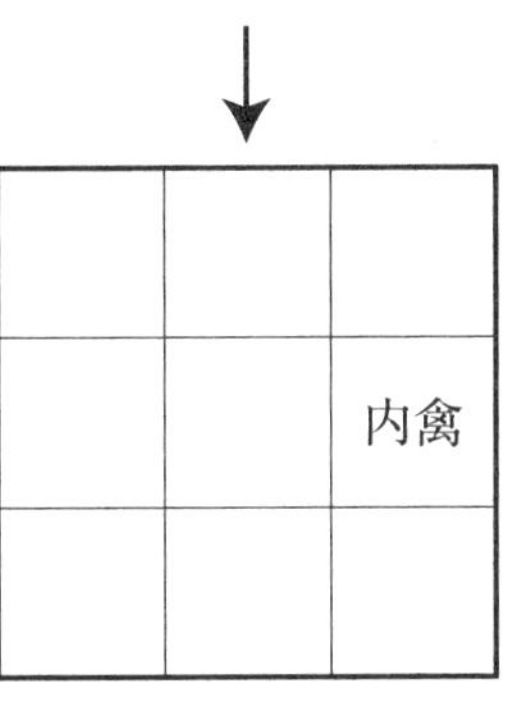

		内禽

天禽星を天内星と同宮させ
地盤時干丙の兌宮に置く。

↓

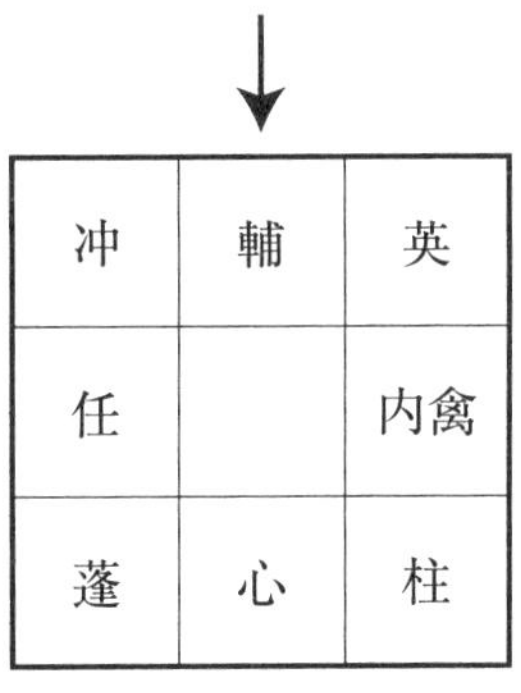

冲	輔	英
任		内禽
蓬	心	柱

他の九星を配置。

・時干が中宮する場合

時干が中宮する場合は、直符を置くことができませんから九星を配置できません。この場合、坤宮に直符を置きます。

【例】辛巳陰8局

壬	乙	丁
癸	辛	(己)
戊	丙	庚

旬首己は兌宮にあり直符天柱星、
しかし時干中宮で配置できない。

↓

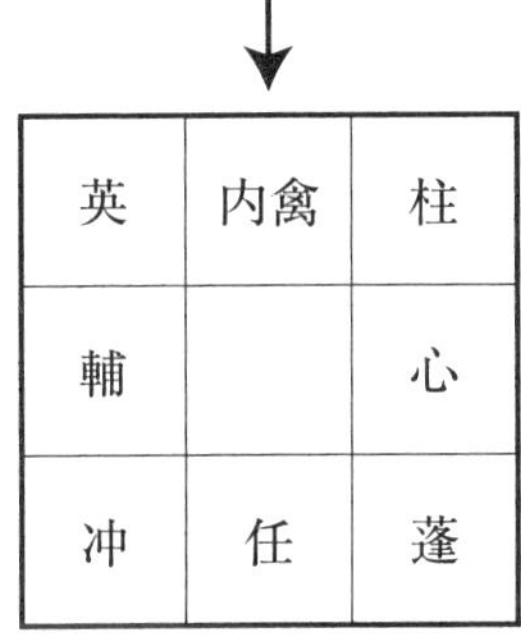

英	内禽	柱
輔		心
冲	任	蓬

直符天柱星を坤宮に寄せて配置。

（6）八神を配置する

八神は直符を地盤の時干の宮に置き、直符・騰蛇・太陰・六合・勾陳・朱雀・九地・九天の順番に陽局は時計回りに、陰局は時計の逆回りに配布します。

壬午陰7局では以下のようになります。

天	地	雀
符		陳
蛇	陰	合

なお、時干が中宮した場合は直符を「坤」に置いて回します。

以上で壬午陰7局の盤の要素をすべて表出しました。
最後に全ての要素を1つの盤にまとめて盤が完成します。
乾宮に天盤丙と天禽星が同宮している点に注意してください。

壬午陰7局完成図

丁　蓬 辛　景天	乙　任 丙　死地	壬　冲 癸　驚雀
(己)　心 壬　杜符	庚	辛　輔 戊　開陳
戊　柱 乙　傷蛇	癸庚内禽 丁　生陰	丙　英 (己)　休合

第5項　陽局の作盤

前項では、陰局の作盤を紹介しました。ここでは、陽局の作盤を紹介します。

なお陽局は、日盤と時盤しかありません。

(1) 干支と局数を知る

巻末の暦をご覧ください。年盤、月盤、日盤の干支と局数と、さらに時盤の局数が記載されています。時盤だけは干支を計算する必要があります。

ここでは「癸酉陽4局」を作盤の例とします。

(2) 地盤干を配置する

地盤の配置の仕方ですが、陰局同様に局数の位置に「戊」を置きます。

4局	9局	2局
3局	5局	7局
8局	1局	6局

さて、陽4局ですから戊を巽位に置きます。

戊		

次に「戊・己・庚・辛・壬・癸・丁・丙・乙」と飛泊の順番で、配置します。陽局は順行、陰局は逆行で配置する決まりですから、今回は、飛泊の順番通りに順行します。

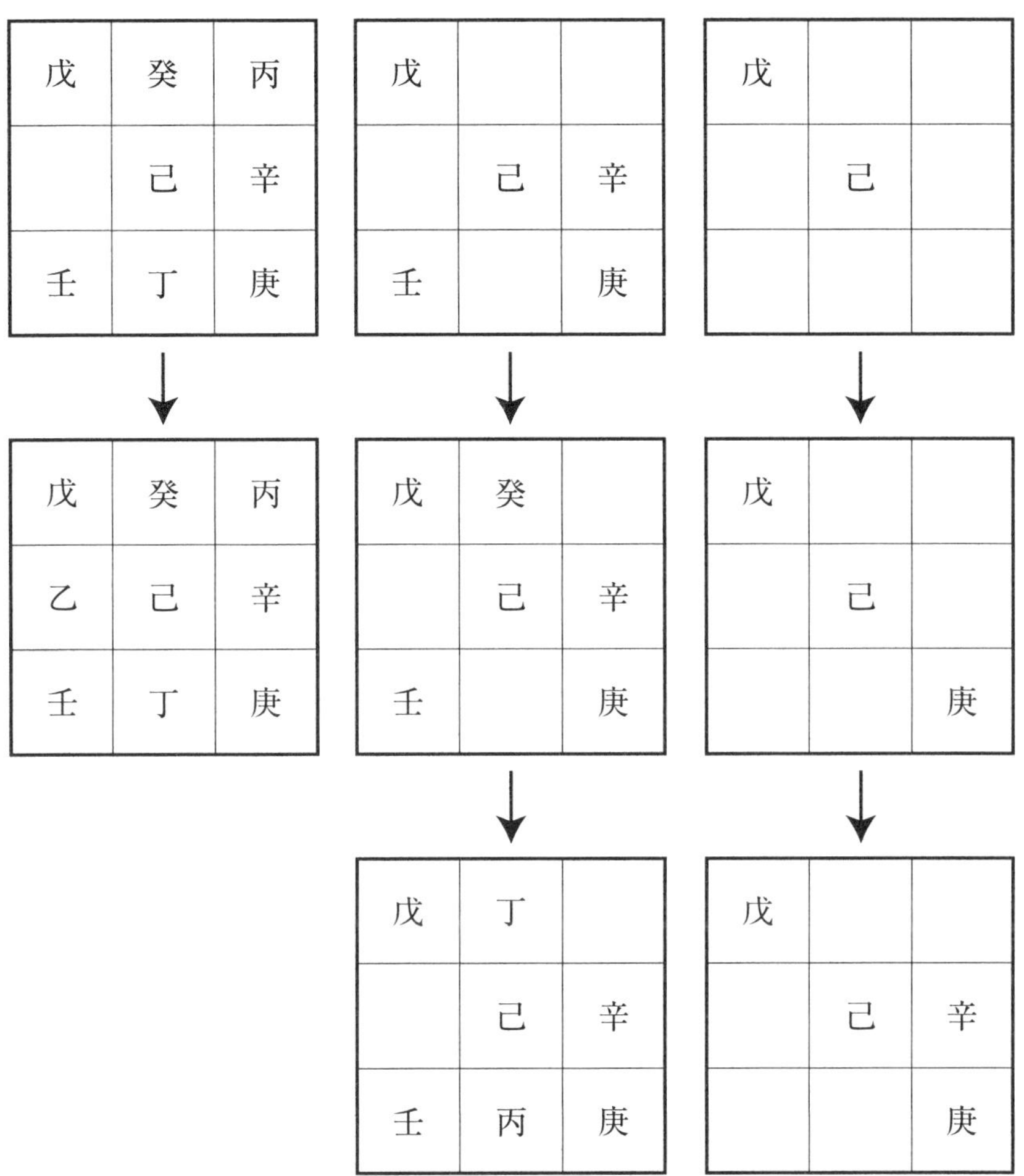
戊 癸 丙
己 辛
壬 丁 庚
戊 癸 丙
乙 己 辛
壬 丁 庚
戊
己 辛
壬 庚
戊 癸
己 辛
壬 庚
戊 丁
己 辛
壬 丙 庚
戊
己
戊
己
庚
戊
己 辛
庚

以上で、地盤の配置が完成しました。陰局とは地盤の配布が逆になる点に注意してください。

（3）天盤干を配置する

陰局と同じです。癸酉ですから、旬首は「戊」です。

戊をカッコで囲み時干癸の上に置き、その他の干をグルリと回します。

兌宮の天盤は、坤宮の丙と中宮の己が同宮している点に注意してください。

(戊)	(戊) 癸	丙
乙	己	辛
壬	丁	庚

↓

乙 (戊)	(戊) 癸	癸 丙
壬 乙	己	丙己 辛
丁 壬	庚 丁	辛 庚

（4）八門を配置する

地盤の旬主の定位は巽宮ですから、直使は杜門です。

陽局ですから、巽宮から時干の数だけ飛泊の順に数えます。

癸は10ですから、「巽」「中」「乾」……と10数えていくと「巽」で止まります。したがって巽宮に杜門を置き他の八門を配置します。

この場合、結果的に定位と同じになりました。

杜	景	死
傷		驚
生	休	開

(5) 九星を配置する

地盤の旬首の宮の定位の九星を直符として取り、直符を地盤の時干の宮へ置きます。

地盤の旬首の宮は巽宮でした。九星の巽宮の定位は天輔星です。

したがって、直符は天輔星となります。天輔星を時干の癸のある離宮に置いて、他の星をグルリと回します。天禽星を天内星と一緒に回すのを忘れないようにしてください。

九星の定位

輔	英	内
冲	禽	柱
任	蓬	心

↓

	輔	

↓

冲	輔	英
任		内禽
蓬	心	柱

（6）八神を配置する

八神は直符を地盤の時干の宮に置き、直符・騰蛇・太陰・六合・勾陳・朱雀・九地・九天の順番に陽局は時計回りに、陰局は時計の逆回りに配布します。

蛇	符	天
陰		地
合	陳	雀

以上で、癸酉陽4局の盤が完成しました。

癸　英 丙　死蛇	(戊) 輔 癸　景符	乙　冲 (戊) 杜天
丙己内禽 辛　驚陰	 己	壬　任 乙　傷地
辛　柱 庚　開合	庚　心 丁　休陳	丁　蓬 壬　生雀

第3章　奇門遁甲の吉凶判断

1　八門の吉凶判断

八門の吉凶は、原則以下のようになります。

吉　↓　休門・生門・開門　40点
平　↓　景門　20点
凶　↓　傷門・杜門・死門・驚門　0点

休門・生門・開門の三吉門は40点、中吉の景門は20点とします。

それ以外の八門は凶門で0点とします。

吉門であっても上記の表の条件に該当する場合は凶格になり減点となりますので注意が必要です。

	伏吟	反吟	門迫
休門	北	南	南
生門	北東	南西	北
開門	北西	南東	東
景門	南	北	西

これらは八門の凶格といわれるもので、凶格には「伏吟」「反吟」「門迫」の3種類があります。例えば、休門は北の方位に入ると「伏

吟」という凶格になるために使用できません。休門は、「反吟」「門迫」ともに南になります。

原則、三吉門が凶格に逢うと、10点が減点されます。結果、三吉門は30点になります。景門は、もともと20点ですが、凶格では10点が減点されるので、結果10点になります。

なお、凶門も凶格になると、さらに減点されます。

	伏吟	反吟
傷門	東	西
杜門	南東	北西
死門	南西	北東
驚門	西	東

この場合、全て10点を減点して、結果マイナス10点になります。

2　九星の吉凶判断

九星の吉凶は以下のようになります。

吉　↓　天冲星・天輔星・天禽星・天心星・天任星　10点

凶　↓　天蓬星・天内星・天柱星・天英星　0点

流派によっては、天禽星は凶とする場合もあります。
なお、九星にも凶格というものがあり、左記の方位の場合は、吉星は0点となります。

		伏吟	反吟
吉星	天冲星	東	西
	天輔星	南東	北西
	天任星	北東	南西
	天心星	北西	南東
凶星	天柱星	西	東
	天内星	南西	北東
	天英星	南	北
	天蓬星	北	南

吉星は、10点を減点されて0点。
凶星は、10点を減点されてマイナス10点になります。

3　八神の吉凶判断

八神の吉凶は以下のようになります。

吉　↓　直符・太陰・六合・九地・九天　20点
凶　↓　騰蛇・勾陳・朱雀　　　　　　　0点

八神には特別な凶格はありません。

4　三奇六儀の吉凶判断

三奇六儀の吉凶は以下のようになります。

乙・丙・丁　　　　　10点
戊・己・庚・辛・壬・癸　0点

天地盤ともに、三奇であれば20点。
天盤のみ、あるいは地盤のみであれば10点です。

5　十干剋応

天盤干と地盤干の組み合わせの吉凶です。
左の一覧表は横列が天干、縦列が地干です。

癸	壬	辛	庚	己	戊	丁	丙	乙	天干／地干
△	△	■	△	△	△	○	○	△	乙
○	×	×	■	×	◎	△	×	○	丙
■	△	○	△	△	○	○	○	○	丁
○	○	×	×	△	×	○	◎	×	戊
×	×	×	■	×	×	×	△	×	己
×	×	×	■	×	×	△	■	×	庚
×	×	×	×	×	×	×	△	■	辛
×	×	×	■	×	△	○	×	×	壬
×	×	×	■	×	×	■	×	△	癸

◎：大吉　○：吉　△：平　×：凶　■：大凶

例えば、天干丙、地干戊は大吉、天干丙、地干庚は大凶です。前の表で■は大凶となっていますが、これらは凶格と呼ばれるもので奇門遁甲では大変嫌います。

■は凶格ですのでマイナス10点とします。これらの方位への移動は十分な注意が必要です。

6 吉凶の数値判定基準

各要素の点数を以下のように配分します。

八門　40点　休門・生門・開門（景門は20点とします）
八神　20点　直符・太陰・六合・九地・九天
天盤　10点　乙・丙・丁
地盤　10点　乙・丙・丁
十干剋応　10点　天地盤の十干剋応
九星　10点　天心・天任・天冲・天輔

全てが吉だと100点になります。

60点以上で吉とします。結論として、八門が吉でないと、なかなか吉になりません。

なお、凶門や凶神でも目的によっては吉となります。

この吉凶配分は流派や老師によって多少異なります。劉氏奇門では八神が40点で、八門と逆になっています。また、十干剋応を考慮しない老師も多く、この場合は天盤を20点とします。十干剋応は記載が『奇門遁甲全書』等の一部の文献にしか記載がなく、清王朝によって編集、あるいは編纂された『古今図書集成』や四庫全書の奇門遁甲書には十干剋応の記載がないことが理由のようです。劉氏奇門では考慮します。私も一応そのように考えています。

点数についても、70点以上が吉とする老師や、50点以上は吉とする多少緩やかな見解の老師もおられます。私は60点で使用可能としています。

前記の点数が基礎となり、さらに格局が加わり修正が必要になります。

第4章　基本象意

第1項　八門の象意と吉凶

八門は、奇門遁甲の別称を八門遁甲といわれるほど、奇門遁甲では最も重要な要素です。特に休門・生門・開門は三吉門といわれます。方位使用の原則は、三奇（乙奇・丙奇・丁奇）と三吉門を合わせることであり、ここから奇門の名称が派生したといわれます。

・休門

上吉門。貴人との面謁、移転、旅行、建築、修造、和議、商取引、求財等百事に吉とされますが、訴訟等の他人との争いごとには不向き。

休門は名称からも理解できると思いますが、休息・安息・安定等の意味を持ちます。したがって、活発なこと・積極的に行動するようなことには向きません。

・生門

上吉門。就職、求財、面接、商業、治病、建築等諸事に吉。葬儀、埋葬には不向き。

生門は休門と異なり、活気・積極的の意味があります。したがって、消極的なことや受動的な事柄には不向き。この方位を使用した場合は、積極的に行動すべきです。

・傷門
中凶門。狩猟、捕獲、逮捕、索債等には吉。また、ギャンブル、株等の投機的な事柄には用いられますが、その他は一切凶。

傷門は傷つける意があり、相手が傷つくことに用いれば効があります。具体的には狩猟や、相手が損することで、こちらが利益を得るギャンブル、あるいは借金の依頼等です。しかし、悪く作用すると自身が傷つき損なわれます。怪我等の肉体的な傷にも注意が必要。したがって、使用する場合は八門以外の要素が吉である必要があります。

・杜門
中凶門。避難、潜伏、逃亡等の身を隠すことには吉。その他は一切凶。

杜門は塞がり・阻まれるの意があり、この方位を使用すると行動が阻害を受けることになります。したがって、この方位は隠密に行動すること以外には使用できません。

・景門
中吉門。試験、著作等の文書に関わる事柄に吉。口論に注意。

景門は輝き等の意があり、文書や競争の事柄に用いて効がありますが、悪く働くと、その競争性ゆえに議論・口論や文書のトラブルに巻き込まれる可能性がありますので、使用する場合、八門以外の要素の吉凶に注意が必要です。

・死門
大凶門。葬儀、埋葬には吉。その他は凶。

死門は停止等の意があり、ほとんど利用できません。

・驚門
中凶門。兵事では敵を驚かすことに使用できましたが、現代では利用しにくい門です。相手を驚かす事柄には使用できますが、その他は一切凶です。

驚門は驚きを表しますので、この方位を使用すると相手のみならず、自身も驚きや心配事、疾病、他人への猜疑心を持つような事柄が発生します。

・開門

上吉門。就職、求財、面接、商業、婚姻、移転、建築等諸事に吉。私情がからむことには不向き。開門は開かれるの意があり、公正等の意もあります。したがって吉門ではありますが、裏工作等には不向きです。

第2項　九星の象意と吉凶

九星は、国内では八門と比較すると影が薄い要素です。
各九星の吉凶は以下のとおりです。

(大吉星)　天輔星・天禽星・天心星
(次吉星)　天冲星・天任星
(小凶星)　天英星・天柱星
(大凶星)　天蓬星・天内星

現在、日本では天禽星は凶星としていますが、中国では吉星として扱うのが主流です。ただし活盤の場合、天禽星は必ず大凶星である天内星と同宮しますので、結果的に方位として使用する場合は吉方位として使用できないという点に注意してください。

・天蓬星
守りに良いが攻めには凶。婚姻・旅行・移転・修造は皆凶。
取引は損失。

・天内星
病気や紛争・訴訟を招きやすい。

・天冲星
旅行・移転は吉。婚姻・取引・経営は円滑性に欠け不利。

・天輔星
婚姻・取引・旅行・移転・修造全てに良し。

・天禽星
願望・婚姻・取引に良し、戦わずして計略にて敵を屈服させる。

・天心星

治病・婚姻・旅行・移転等に良し。

・天柱星

守りに良し、婚姻・移転・取引には不利。

・天任星

取引・財利・訪問・婚姻等に良し。移転・修造は凶。

・天英星

旅行には良し、婚姻・移転・取引・収蔵には不利。

九星については以上のように一応いえますが、この九星は旺相死休囚に敏感であるため、季節との関係が重要といわれています。

吉星といえども休囚では吉意は発揮できず、凶星も旺相に会えば凶意は薄まります。この天蓬九星の旺相休囚については第5章にて再論します。

第3項　八神の象意

八神は五吉神と三凶神とに分かれる。八神は日本国内では一般的に参考程度にしかみないことが多いようですが、中国では重要視します。

（五吉神）直符・太陰・六合・九天・九地

（三凶神）騰蛇・勾陳・朱雀

・直符（ちょくふ）

吉神。貴人の象意。旺相であれば慶びごと多く、休囚であれば愁いにしずむことになります。

・騰蛇（とうだ）

凶神。虚耗の神。偽り・人を欺くの象。契約・金銭等の象意があるため、詐欺・悪評判・汚職等に注意。

・太陰（たいいん）

吉神。正直・慈愛の象意。旺相であれば慶びごと多く、休囚であれば淫乱・詐欺・口舌・私通の意。婚姻・

出産等の私的な事柄に吉。

・六合（りくごう）
吉神。温順の象意。旺相であれば昇進・婚姻・和合・出産等の慶びごとがあり、休囚であれば口論・疾病・争いの意となります。

・勾陳（こうちん）
凶神。剛猛の神。猛烈の象意。葬儀・埋葬にはよし、訴訟・事故・疾病の意。

・朱雀（すざく）
凶神。聡明にして躁急。盗賊・口論・空想・離別・家出・遺失の意。

・九地（きゅうち）
吉神。従順・吝嗇の象意。出産・医者・占い師・悩みごとの意。

・九天（きゅうてん）
吉神。剛健・公平の象意。文書・印鑑・遠方への旅行に良し。

この八神のなかの幾つかは、六壬等で使用される十二天将と類似していますので、六壬の本も参考になると思います。なお、本書では白虎・玄武・太常は使用していませんので割愛しましたが、これも六壬の本等を参照してください。

第4項　基本象意のまとめ

実際の判断においては、幾つかのキーワードを覚えた方が、実占を進めやすくなると思います。

・八門
休門（吉）　休息、安定、集中。訴訟等の他人との争いごとには不向き。
生門（吉）　財運、発展、活発、積極。
傷門（凶）　粗暴、怪我。狩猟、捕獲、逮捕、借金には吉。
杜門（凶）　小心、猜疑心。避難、潜伏、逃亡には吉。
景門（中）　文章、華美。試験、著作等の文書に関わる事柄には吉。口論に注意。
死門（凶）　停止、頑固。葬儀、埋葬には吉。その他は凶。
驚門（凶）　驚き、ハプニング。

開門（吉）　開放、公平、地位。私情がからむことには不向き。

・八神

直符（吉）　積極的、活動、繁栄、権勢、富、威厳、上品、富貴

騰蛇（凶）　心配、不安、怪異、驚愕、偽り、不安、独善

太陰（吉）　正直、慈愛、消極、隠遁、潔白、清潔、正直、公正

六合（吉）　温順、和合、融和、交流、信用、柔和、連絡、通信

勾陳（凶）

（白虎）　地味、頑固、遅滞、愚直、勤労

朱雀（凶）　果断、即断、残酷、冷徹、理性、短気、血光

（玄武）　聡明、躁急、口論、華麗、知恵、派手、贅沢、文章

九地（吉）　陰険、悪意、不実、ずる賢い、詐欺、盗難、忘れ物

九天（吉）　従順、吝嗇、丁寧、貞節、倹約、謙譲、頑固、慎重

剛健、公平、名声、権威、法律、高級、寛大

・九星（卜占では重視するが、方位では重視しない）

天蓬星（凶）　一白　沈滞、不明朗、盗難

天内星（凶）　二黒　疾病、忍耐

天冲星（吉）　三碧　衝動、活気
天輔星（吉）　四緑　温和、従順、婚姻
天禽星（吉）　五黄　支配、統率
天心星（吉）　六白　果敢、勇気
天柱星（凶）　七赤　狡猾、陰険
天任星（吉）　八白　消極、退却
天英星（凶）　九紫　忠誠、正直

なお、巻末に象意表を付けていますので、参考にしてください。

第5章　格局と旺相

前章では、奇門遁甲盤の各要素の単独の吉凶と象意を説明しました。しかし奇門遁甲は要素が多く、実際に運用するとなると、それぞれの吉凶が入り乱れ判断に困ることとなります。

そこで本章では、これらの各要素の組み合わせによる判断を学ぶことにします。

第1項　格　局

格局とは、奇門遁甲盤の各要素の組み合わせが、ある条件を満たした場合に成立するもので、奇門遁甲の判断では重要なものです。

奇門遁甲盤を作成した後、まずこの格局があるかどうかを探すほど重要なものなのです。しかし、残念なことに格局については、その構成条件が原書ごとに記述が異なり、特に吉格の九遁には異説が多く頭を悩ませます。

格局の考察については下巻・巻末付録「格局の研究」で詳しく説明します。

ここでは『活盤奇門遁甲精義』の内容を再掲します。

1　奇門吉格

○青龍返首　天盤「甲（旬首）」地盤「丙」。

百事に吉の大吉方位。ただし秘密ごとには向きません。

○飛鳥跌穴　天盤「丙」地盤「甲（旬首）」。

百事に吉。特に財や身分の向上に効果があります。婚姻にも良い。労少なくして功を得る大吉方位ですが、チャンスは一瞬で通りすぎるため、そのチャンスをうまく掴む必要があります。

○九遁

・天遁　天盤「丙」地盤「丁」に生門が同宮。

天盤丙奇の吉作用が強まり、財的・物質的な吉作用があります。

また、交際も広くなり、考えも進歩的になります。

・地遁　天盤「乙」地盤「己」に開門が同宮。
今まで苦労してきた事柄や、蓄積してきたものが報われる意。

・人遁　天盤「丁」と休門と太陰が同宮。
人との和合の方位。周囲より人望を得ることによって利益を得ます。

・雲遁　天盤「乙」地盤「辛」に三吉門が同宮。
天盤「乙」＋開門が坤宮にある。
権謀術数に用いて良好を得ます。

・風遁　天盤「乙」に三吉門が巽宮にある。
放送・広報・宣伝活動に用いて良好を得ます。

・龍遁　天盤「乙」に休門が坎宮にある。
龍遁の吉格は、かっては海戦や水上戦に用いられましたが、現代では特有の作用を生かすのは難しいと思います。出港や漁業、海釣等でしょうか？　しかしながら吉格には違いありませんので、乙奇と休門の吉意が増すと解釈して良いと思います。

・虎遁　天盤「乙」地盤「辛」に休門が艮宮にある。
力づくで物事を運ぶのに用いて良し。

・神遁　天盤「丙」に生門に九天が同宮。
天遁に九地が加わるため、さらに丙奇の吉意が増します。財的・物質的な吉方位ですが、自分の実力以上のものを手に入れることができます。

・鬼遁　天盤「乙」に杜門に九地が同宮。
天盤「乙」に開門に九地が同宮。
鬼遁は相手の虚を突いて効果のある方位です。かっては奇襲に用いられました。

○三奇得使
三奇得使とは、三奇が各々の場所を得る方位で（得地という）三奇の吉意が増す意味があります。実際の使用には三吉門の同宮が必要です。

・乙奇得使　天盤「乙」が乾宮か離宮にある。

・丙奇得使　天盤「丙」が坤宮か坎宮にある。
・丁奇得使　天盤「丁」が巽宮か艮宮にある。

○三奇昇殿
先の三奇得使よりは吉意は劣りますが、やはり三奇の吉意が増します。
三奇得使同様に、三吉門の同宮が条件です。

・乙奇昇殿　天盤「乙」が震宮にある。
・丙奇昇殿　天盤「丙」が離宮にある。
・丁奇昇殿　天盤「丁」が兌宮にある。

○玉女守門　天盤「丁」に八門の直使が同宮。
人間関係の和合。男女の和合。試験等にも良好。

以上、吉格について説明しました。甲（旬首）を構成要素として成立する「青龍返首」と「飛鳥跌穴」は、日本の奇門遁甲の愛好家のなかでは大変人気のある格局ですが、この2つの格局は効き難いといわれます。このことについての理由は煩雑となるので割愛しますが、特に「青龍返首」は効き難いということだけは覚えておいてください。

2　奇門凶格

○庚の凶格

庚は遁甲で最も恐れる干であり、多くの凶格を成立させます。ここでは庚が構成する凶格をまとめて紹介します。遁甲盤で庚の入る方位は要注意です。

最初は庚の入る方位は使用しないと決めてかかる方が無難といえます。

・伏宮格　天盤「庚」地盤「甲」
・飛宮格　天盤「甲」地盤「庚」
・戦格　　天盤「庚」地盤「庚」

以上の3つの格は、最も恐れる大凶格です。突然の災いや事故等の恐れがあります。場合によっては生命の危険もあります。

親しい人との生離死別、動くことは行き詰まり、商売は損失します。

・大格　天盤「庚」地盤「癸」

・小格　天盤「庚」地盤「壬」
物事が順調に進まなくなる意があります。
・刑格　天盤「庚」地盤「己」
刑罰に触れたり、交通事故の危険があります。類書によっては色情の問題を起こすとするものもあります。
・熒入太白　天盤「丙」地盤「庚」
・太白入熒　天盤「庚」地盤「丙」
この2つの格は、丙と庚が火剋金と激しく剋しあうことによる凶意が生じます。
喧嘩・争いが生じます。盗難にも注意が必要です。
・歳格　天盤「庚」地盤「年干」
・月格　天盤「庚」地盤「月干」
・日格　天盤「庚」地盤「日干」
・時格　天盤「庚」地盤「時干」
これらの格は、それぞれ時間の単位を含めて下位の盤に作用します。
つまり、

歳格は、年盤・月盤・日盤・時盤
月格は、月盤・日盤・時盤
日格は、日盤・時盤
時格は、時盤
――に作用します。
古書には、年格は父母に、月格は兄弟に、日格は自分自身に、時格は妻や子供に災いが起こるとしている書もあれば、十干によって異なる象意を記載している書もあります。いずれにせよ、凶格ということで避けた方が賢明でしょう。

・伏干　天盤「庚」地盤「日干」
・雲干　天盤「日干」地盤「庚」
この2つの格は、日盤と時盤のみで成立します。争って互いが傷つく意があります。なお伏干は先の日格と重複するため、より凶意が強まります。

○青龍逃走　天盤「乙」地盤「辛」
○白虎猖狂　天盤「辛」地盤「乙」
この2つの格は、辛が乙を金剋木と剋することにより、乙奇が害されることによる凶意が生じます。

つまり、今まで順調であったものが急速に悪くなる、突然の災い等です。

交通事故等の突発的な事故には要注意です。

また、乙奇は婚姻にかかわるため、恋愛・縁談・結婚等は皆破れることとなります。特に女性は貞操に注意がいります。

○螣蛇妖矯　天盤「癸」地盤「丁」
○朱雀投江　天盤「丁」地盤「癸」
この2つの格は、癸が丁を水剋火と剋することで、丁奇が害されることによる凶意が生じます。

つまり、試験・契約・訴訟・印鑑等文書に関わる事柄で凶意が出ます。

交渉事は不利で損失を招くほか、火災等の災難にも注意。

○天羅　天盤「癸」地盤「時干」
○地網　天盤「壬」地盤「時干」
捕獲用の網にかけられる意味があり、身動きか取れず逃げられなくなる様子を表します。

つまり、相手の術中にはまることとなります。人から騙されやすくなりますので注意が必要です。

○三奇入墓

吉格の三奇得使や三奇昇殿の逆で、三奇が十二長生の墓（詳しくは四柱推命の本を参照）にあたる宮に入り、力を失います。三奇の吉意は失われます。

・天盤「乙」が坤宮にある。
・天盤「丙」が乾宮にある。
・天盤「丁」が艮宮にある。

○六儀撃刑格

この格は、六儀の旬首の地支が刑となる宮に入るものです。六儀の凶意が強まる意があります。

・天盤「戊」が震宮にある。信用を失います。
・天盤「己」が坤宮にある。チャンスを失います。
・天盤「庚」が艮宮にある。他人から背かれます。
・天盤「辛」が離宮にある。計画が挫折します。
・天盤「壬」が巽宮にある。計画が挫折します。
・天盤「癸」が巽宮にある。争いに負けます。

○伏吟

・干の伏吟　天盤と地盤が同じ干となるもの。
・門の伏吟　八門が定位から動かないもの。
・星の伏吟　九天星が定位から動かないもの。

物事が動かず生気がない様子を表し、身動きが取れない意や停滞する意があります。

○反吟

・門の反吟　八門が定位の対冲宮に入るもの。
・星の反吟　九星が定位の対冲宮に入るもの。

吉門・吉星は吉意を失い、凶門凶星はより凶意を増します。

○門迫

・休門が離宮に入るもの。
・生門が坎宮に入るもの。
・景門が兌宮に入るもの。
・開門が震宮に入るもの。

吉門の吉意が失われます。八門受制格ともいわれます。

○五不遇時

五不遇時とは、特定の方位ではなく、特定の時間を指します。時干が日干を剋す時間帯をいいます（陽干剋陽干・陰干剋陰干）。

・甲日の庚午時
・乙日の辛巳時
・丙日の壬辰時
・丁日の癸卯時
・戊日の甲寅時
・己日の乙丑時
・庚日の丙子時
・辛日の丁酉時
・壬日の戊申時
・癸日の己未時

この時に動くと、不和が起こります。

以上、紹介したもの以外にも、原書中では多くのものが記載されていますが、ここでは類書でよく取り上げられているものを幾つか紹介しました。

その他の格局ついても機会があれば、また紹介したいと思います。

なお、国内では奇門四十格といって、40種の格局のみを利用する流派が多く、格局は四十格しかないと思い込んでいる方も多いのですが、原書中ではさらに多くの格局の記載がありますし、やっかいなことに、その構成条件や象意も異なります。現代の台湾の書籍も著者によって異なる内容を記載しています。

また、原書の中でも『奇門遁甲統宗大全』等のように格局奇門四十格としているものもありますので四十格とするのは、決して誤りではなく流派の違いであり、基づく原書の違いだといえるでしょう。ただ、日本の流派では、ほとんど四十格しか利用されておらず、これも現在の日本の奇門遁甲の特徴だといえるでしょう。

第2項　十干剋応

この十干剋応は天盤と地盤の、干と干の関係について説明したものですが、古典中でこれを記載したものは少なく、わずかに『奇門遁甲全書』と『奇門一得』くらいしかありません。

今日、中国の奇門遁甲家が使用しているのは『奇門遁甲全書』のものです。いわば、現在はこれが標準となっています。なお、十干剋応は一切使用しない流派もあります。これは『古今図書集成・奇門遁甲』や『遁甲演義』等では十干剋応について触れていないからです。これらの流派の人は『奇門遁甲全書』は信用に足らないとして、十干剋応を使用しません。

このように、十干剋応については多少の難しい問題があります。実際に十干剋応を利用する流派でも実態としては、八門や八神を重視し、十干剋応は参考程度にみるのが一般的です。

なお、国内で流布している大部分の奇門遁甲書では、本書で紹介する十干剋応とは別の、天盤地盤の関係の吉凶判断を使っています。これは、台湾から来日された故張曜文氏がもたらした透派のもので、この天盤と地盤の関係を四柱推命の十干関係で解釈したもののようです。

また、日本ではこの天盤と地盤の関係をことさら重要視する傾向があり、なかにはこれのみで奇門遁甲を論じる人さえいます。

なお、文中に格局についての記述があり、第1項で紹介した格局とは異なる記述がなされている部分もありますが、そのまま記載させていただきました。

1 乙が天盤の場合

・乙乙（△）「日奇伏吟」 貴人を訪問したり名声を求めるには良くない。分相応に身を守るのに宜しい。

・乙丙（○）「奇儀順遂」 吉星があれば昇進や仕事が進むことになる。凶星があれば夫婦別離の危険。

・乙丁（○）「奇儀相佐」 文書に関することで百事に吉。

・乙戊（×）「利陰害陽」 門迫に逢えば、財は破れ人は傷つく。

・乙己（×）「日奇入霧」　物事がはっきりしない。先の見通しが立たない。門が凶であれば必ず凶となる。もし三吉門を得れば地遁の吉格になる。

・乙庚（×）「日奇被刑」　財産のことで争いや訴訟が起きたり、夫婦の間で懐疑心を持つことになる。

・乙辛（×）「青龍逃走」　同僚や友人あるいは使用人や部下等から欺かれる。家畜は皆傷つく。

・乙壬（×）「日奇入地」　訴訟や争いに注意。

・乙癸（△）「華蓋蓬星」　陰遁したり、姿を隠し難を避けるのに良い。

2　天盤が丙の場合

・丙乙（◯）「日月併用」　公私ともに思いが吉となる。

・丙丙（×）「月奇孛師」　文書に関する争いが起きたり、破れ損失を招く。

・丙丁（◯）「星奇朱雀」　貴人は文書のことで吉。常人は平静。三吉門を得ると天遁となる。

・丙戊（◯）「飛鳥跌穴」　百事の思いごとが成就する。

・丙己（△）「太孛入刑」　文書に関することはうまくいかない。吉門を得れば吉。凶門はさらに凶。

・丙庚（×）「熒入太白」　盗難や損失の恐れがある。

・丙辛（△）「謀事成就」　思いが成就する。病人は凶にはならない。

・丙壬（×）「火入天羅」　積極的に動くと不利。面倒なことが多くなる。

・丙癸（×）「華蓋孛師」　悪いことが続けて起きるようになる。

3 天盤が丁の場合

・丁乙（○）「人遁吉格」 貴人は身分が上がり、常人は婚姻や財の喜びごとがある。
・丁丙（△）「星髄月転」 貴人は身分の向上があるが、常人は楽しみの裏に悲しみが生じる。
・丁丁（○）「奇入太陰」 文書の喜びごとや、希望が叶う。
・丁戊（○）「青龍転光」 勤め人は昇進し、自営業は昌盛となる。
・丁己（×）「火入勾陳」 女性関係による災いに巻き込まれる。
・丁庚（△）「年月日時」 文書に関することは行き詰まり、行く人は中途で戻ることになる。
・丁辛（×）「朱雀入獄」 地位を失う恐れがある。
・丁壬（○）「五神互合」 貴人は表彰される。訴訟や刑罰は公平。
・丁癸（×）「朱雀投江」 文書に関する争い。音信が途絶える。

4 天盤が戊の場合

・戊乙（△）「青龍合霊」 吉門があれば吉。凶門があれば凶。
・戊丙（○）「青龍返首」 動いて大きな利がある。もし、迫墓撃刑にあえば吉事も凶となる。
・戊丁（○）「青龍耀明」 貴人を訪問し、名声を求めるのに吉。もし、墓迫にあえば、良いことも悪いことも招く。

・戊戊（×）「伏吟」　全てのことで行き詰まる。静守する方が吉。
・戊己（×）「貴人入獄」　公私にわたって不利。
・戊庚（×）「値符飛宮」　吉事も吉とならず。凶時はさらに凶となる。
・戊辛（×）「青龍折足」　吉門があれば助けがあるが、凶門があれば財を失い足に疵を負う。
・戊壬（×）「龍入天牢」　全てのことで不利。
・戊癸（△）「青龍華蓋」　吉格・吉門があれば福を招くが、凶門があれば予定通りにいかないことが多い。

5　天盤が己の場合

・己乙（△）「地戸蓬星」　跡を消したり、形を隠すことに良い。
・己丙（×）「火孛地戸」　争いや色情問題が起きやすい。
・己丁（△）「朱雀入墓」　最初は障害があるが後は順調となる。
・己戊（△）「犬遇青龍」　吉門があれば思いが予定通りに進むが、凶門であれば心労がたえない。
・己己（×）「地戸逢鬼」　百事が思い通りにいかなくなる。病人は死の危険。
・己庚（×）「刑格返名」　積極的に動けば、かえって損失する。
・己辛（×）「遊魂入墓」　怪異や祖先の祟りがある。
・己壬（×）「地網高張」　色情や傷害問題に巻き込まれる。
・己癸（×）「地刑玄武」　病気や怪我、刑罰の恐れあり。

6　天盤が庚の場合

・庚乙（△）「太白蓬星」　退くに吉。進んで凶。
・庚丙（×）「太白入熒」　盗難の恐れあり。積極的に動けば利があるが守れば財を失う。
・庚丁（△）「丁丁之格」　自分自身が原因で問題を起こす。吉門があれば助けがある。
・庚戊（×）「太白伏官」　百事に不可。計画は達成できない。
・庚己（×）「官符刑格」　刑罰を被る恐れあり。
・庚庚（×）「太白同宮」　突然の災いに襲われる。兄弟・同僚と仲たがいする。
・庚辛（×）「白虎干格」　旅行中の事故や交通事故に注意。
・庚壬（×）「金華水流」　旅行は道に迷う。音信が途絶える。
・庚癸（×）「反吟大格」　行く手を阻まれる。出産は凶。

7　天盤が辛の場合

・辛乙（×）「白虎猖狂」　災いが多い。事故に要注意。
・辛丙（×）「干合孛師」　必要な時に必要なものが得られなくなる。
・辛丁（◯）「獄神得奇」　商売は倍の利益を得、囚人は恩赦に逢う。
・辛戊（×）「因龍被傷」　自らの分を守るべし、みだりに動けば災いを呼ぶ。

・辛己（×）「入獄自刑」

使用人は主に背き、争いは長引く。

・辛庚（×）「白虎出力」

泥沼の争いとなる。時には傷害事件に発展する。

・辛辛（×）「伏吟天庭」

公のことは良くないが、私的なことは順調に運ぶ。

・辛壬（×）「凶蛇入獄」

三角関係。争いは負ける。先に動くと理が通らなくなる。

・辛癸（×）「天牢華蓋」

日月が光を失ったように、先が見えなくなり、身動きも取れなくなる。

8　天盤が壬の場合

・壬乙（△）「格名小蛇」

女性は順調だが、男性には良くない。

・壬丙（×）「水蛇入火」

刑罰を受ける恐れがある。

・壬丁（△）「干合蛇刑」

文書に関することが原因で多忙となる。女性には吉だが、男性には凶。

・壬戊（◯）「小蛇化龍」

男子は発達し、女子を子供を産む。

・壬己（×）「凶蛇入獄」

大きな災いが襲いかかる。順守する方が吉。訴訟は敗れる。

・壬庚（×）「太白擒蛇」

刑獄は公平であり、正邪を判定される。

・壬辛（×）「螣蛇相纏」

吉門を得ても良くない、他人にだまされる。

・壬壬（×）「蛇入地羅」

外では人付き合いが煩わしくなり、内では思い通りにことが運ばない。吉門があれば多少は良くなる。

・壬癸（×）「幼女奸淫」

スキャンダルに巻き込まれる。吉門があれば、かえってそれをチャンスとする。

9 天盤が癸の場合

・癸乙（△）「華蓋逢星」　貴人は身分が向上する。常人は平安に過ごす。
・癸丙（◯）「華蓋孛師」　身分に関係なく、喜びごとがある。
・癸丁（×）「騰蛇妖嬌」　火災の恐れがある。
・癸戊（◯）「天乙会合」　財を得て喜びごとあり。婚姻は援助を得て成立する。凶門があれば、かえって凶となる。
・癸己（×）「華蓋地戸」　男女の離別がある。
・癸庚（×）「太白入網」　自ら堕落する。
・癸辛（×）「網蓋天牢」　争いや疾病があれば大凶となる。
・癸壬（×）「復見騰蛇」　婚姻のトラブル。子供ができない。
・癸癸（×）「天網四張」　離別や疾病の災いがある。

第3項　八門・九星の旺相

1　八門の旺相

八門と季節の関係について解説します。

吉門は旺相であれば、さらに吉意が増します。凶門は旺相であれば凶意が薄れるので、故意に凶門を使用したい時には、旺相の時に使用すれば害が少ないといわれます。

季節の五行は、以下のようになります。
・春月（木）、夏月（火）、秋月（金）、冬月（水）、土用（土）
・春月とは、寅月卯月と辰月の節入後12日までをいいます。
・夏月とは、巳月午月と未月の節入後12日までをいいます。
・秋月とは、申月酉月と戌月の節入後12日までをいいます。
・冬月とは、亥月子月と丑月の節入後12日までをいいます。
・土用とは、丑・辰・未・戌月の節入後13日以降をいいます。
つまり、丑辰未戌月の最後の18日のことです。

※土用を具体的に西暦でいいますと、以下のようになります。
・丑月の土用は、1月18日～2月3日頃
・辰月の土用は、4月17日～5月4日頃
・未月の土用は、7月19日～8月6日頃
・戌月の土用は、10月20日～11月7日頃

・季節と八門が、同じ五行の場合……旺
・季節から八門が、生じられる場合…相
・季節を八門が、生じる場合…………休
・季節を八門が、剋す場合…………囚
・季節から八門が、剋される場合……死

	休門	生門	傷門	杜門	景門	死門	驚門	開門
	水	土	木	木	火	土	金	金
春	休	死	旺	旺	相	死	囚	囚
夏	囚	相	休	休	旺	相	死	死
秋	相	休	死	死	囚	休	旺	旺
冬	旺	囚	相	相	死	囚	休	休
土用	死	旺	囚	囚	休	旺	相	相

2　九星の旺相

九星にも旺相があります。九星と季節との関係は、八門の場合と逆になるので注意が必要です。

九星と季節の関係から、

・季節と星が、同じ五行の場合……相
・季節を星が、生じる場合…………旺
・季節から星が、生じられる場合…死
・季節を星が、剋す場合……………休
・季節から星が、剋される場合……囚

となります。

表にまとめると下記のようになります。

・吉星が旺相であれば、吉意は増すことになります。
・吉星が死休囚であれば、吉意はなくなります。
・凶星が旺相であれば、凶意は薄れます。
・凶星が死休囚であれば、凶意は増します。

		春	夏	秋	冬	土用
天蓬星	水	旺	休	死	相	囚
天内星	土	囚	死	旺	休	相
天冲星	木	相	旺	囚	死	休
天輔星	木	相	旺	囚	死	休
天禽星	土	囚	死	旺	休	相
天心星	金	休	囚	相	旺	死
天柱星	金	休	囚	相	旺	死
天任星	土	囚	死	旺	休	相
天英星	火	死	相	休	囚	旺

第6章　活用方法

この章では、初級における活用方法をご紹介します。初級では単宮判断ですので、方位的な判断が主となります。単宮判断で卜占や推命ができないわけではありませんが、単宮判断では奇門遁甲の醍醐味を味わえませんので、初級では方位の活用のみ紹介させていただきます。

第1項　年盤・月盤の利用法

1　年　盤

年盤は、日本では移転等に用いられますが、中国では風水や特殊な年運判断などに用いられます。

風水的な判断を簡略に述べますと、住宅の周囲に風水上の凶相がある場合、年盤で凶方位となった年に凶作用が出ます。

その他、玄関の位置やベッドの位置の吉凶を見る技法などありますが、判断には風水に関する知識に加えて、全宮判断が必要なため、この項で簡略に紹介するのみに留めます。

2 月 盤

月盤も、日本では移転等に用いられますが、前述のように中国では移転にも時盤を使います。月盤そのものは、やはり風水等の特殊な見方にしか用いられることはありません。

一応、ここでは日本的な方位学として移転の利用法を紹介します。

移転においては、奇門遁甲では月盤が主で年盤は参考程度に見る場合が多いです。年盤を参考程度にしか見ない理由は、奇門遁甲の盤を実際に作り、第3章で解説した吉凶の判断をやってみれば分かりますが、奇門遁甲では、なかなか吉方位がありません。

年盤は1年単位ですから、あらかじめ移転する方位が決まっている場合に、移転する方位に奇門遁甲の年盤の吉方位が回ってくるのを待つと、数年も先のことになってしまう場合が少なくありません。場合によっては10年以上先にならないと吉方位とならない場合さえあります。したがって、移転で年盤を主に判断するのは現実的ではありません。

もう1つの理由として、年盤は作用がゆっくりとしているために、移転で使用しても移転先の住居の風水の吉凶や、四柱推命等で判断できる個人の毎年の運勢等の影響と交じり合い、はっきりとした作用が出難いという点もあります。

以上のような理由から、奇門遁甲では移転の場合、月盤を中心に見ます。ただし、年盤でも大凶等の場合は、やはり注意が必要です。月盤が吉で年盤が凶の場合、最初の5年間は月盤の方が強く作用しますから、移転後5年以内に吉方位に転居することで、年盤の凶作用を軽減する方法もあります。

したがって、移転の場合、住居を購入して永住したり、長期にわたって住むことになる場合は年盤も吉方位であることが望まれます。逆に、数年後には転居する予定であれば、年盤は多少の凶方位であれば利用できるといえます。ただし、第5章で説明した凶格になる場合は、その方位への移転は避けた方が賢明です。

第2項　日盤の利用法

日盤は、旅行等に用います。方位学でいう吉方位取り的な使い方となります。日盤の吉方位を選んで移動します。

1　距　離

日盤を利用するには、距離は最低50キロ以上移動する必要があります。毎日通勤や仕事で何十キロと移動している人は、１００キロ以上移動しないと効果が現れにくいようです。逆にほとんど自宅から出ない方は、30キロ程度で効果が出ることもあります。

短い距離の移動の場合は、はっきりとした効果が出ないとはいえ、吉方位に移動すれば吉であることは間違いありません。できるだけ吉方位へ出かけることで、はっきりとした効果は現れなくても、吉方位の累積効果が期待できます。したがって、休日等で吉方位があれば、例えば10キロ程度の短い距離の移動でも、できるだけ吉方位へ出かけて少しずつでも吉を積み上げていくことをお勧めします。

2　時　間

移動の目的地に着いたら、数時間は滞在する必要があります。移動距離にもよりますが、目安としては3〜6時間程度留まればよいでしょう。宿泊できればベストですが日帰りでも構いません。なお、宿泊が数日におよぶ場合は、帰りの方位も見る必要が出てきます。したがって、日帰りや1泊程度の旅行の方が、かえって利用しやすいといえるでしょう。

3　目的地

目的地は、吉方位の範囲内から出なければ数カ所でも構いませんが、数カ所移動するよりも、1カ所に長く滞在する方がより効果があります。長時間時間をつぶせるレジャーランドやアミューズメント施設等を目的地に選ばれるのもよいでしょう。観光等で数カ所を回る場合は、どこか一カ所で少し長めに滞在するか宿泊するようにしましょう。

目的地では、できるだけ歩くことをお勧めします。または、温泉などでゆっくりとくつろぐのも悪くありません。できれば、その地方の名産品等を食材に使った食事を取りましょう。

目的地はできるだけ風水等で見て吉地となる場所を選ぶべきです。観光名所やレジャーランド等の人の集まる場所は、良い場所が多いようです。不浄な場所や、いわくつきの場所等は避けてください。

4　経由地について

例えば、目的地が北の場合に、道路や利用する交通機関の関係で、一度東の方向へ移動して、その後に目的地に向かうような場合があります。日盤の場合は、よほど長時間にわたって途中の駅などで停まらない限り、目的地の方位が吉であれば、途中で別の方位を迂回しても問題ありません。ただし、第3項で解説する時盤では注意が必要になります。

5　効果の現れる時期

日盤の効果は、距離や滞在時間等で異なりますが、1週間～2週間後頃に現れることが多いようです。中には3～4週間程して現れる場合もあります。

注意が必要なのは、日盤の効果はその日に現れるものではないということです。例えば、日盤の吉方位を利用して出かけた場合、出先でトラブルが起きることもあります。これは、日盤の吉方位による効果は、すぐに現れるわけではなく、早くても数日後になるからです。このような出先でのトラブルを避けるためには、日盤ではなく時盤の吉方位を選ぶ必要があります。

第3項　時盤の利用法

1　時盤の特徴

時盤は年盤・月盤・日盤等と比較すると作用が弱く、なかなかはっきりと効果が現れません。しかし、時盤は2時間ごとに変わるために、吉方位が取りやすいのが特徴です。日盤で北が凶方位だとすると、その日は1日中、凶方位の北へは向かえませんが、時盤では2時間ごとに盤が移り変わるため、吉方位となる時間を選択すればよいのです。

つまり時盤は、2時間毎に刻々と変わる為に、吉方位を選びやすいという特徴があります。奇門遁甲が、古代の中国では兵法の奥義とされ軍事目的に利用されたことは有名ですが、この軍事利用されたのも時盤です。戦場において敵の行動に応じて臨機応変に対応するには時盤をおいて他にはありません。時盤の利用は、奇門遁甲の真髄ともいわれます。

もう1つの時盤の特徴として、距離が短くても利用できることがあげられます。日盤等では数十キロ以上の移動が必要であり、日常の行動範囲から出る必要がありますが、時盤はむしろ日常の行動範囲で利用できます。したがって時盤は大変応用範囲が広く、かつ手軽に利用できる盤です。

2　時盤の活用法

時盤は様々な日常行動に利用にできます。例えば、デート・見合い・買い物・商談等に使用できます。通常は自宅を出発点として時盤を作り吉方位を選びます。目的地へはなるべく寄り道をせずに直行します。デート等はお互いの自宅から吉方位となる場所を選べばよいのですが、会社が終わった後にデートに出かける場合は、会社を出発点として、会社を出る時間の時盤を作り吉方位を選びます。この場合もお互いの仕事場からみて吉方位になることが必要なのは当然です。注意が必要なのは、営業職等の外勤の方の場合です。外勤の方は、会社に戻って最低1時間以上経過してから会社を出てデートの待ち合わせ場所へ向かってください。

商談等に利用する場合は、会社から商談場所が吉方位になる時を選んで出かけます。もし、商談場所と時間がすでに決まっており、どうしても吉方位が取れない場合は、あらかじめ商談場所が吉方位となる場所へ一度出かけて、しばらく時間をつぶしてから商談場所へ向かいます。例えば、商談場所が北にあり、西が吉方位となるような場合は、商談場所の東の方角にあたる箇所へ出かけて、十分に時間をつぶしてから、西の吉方位を利用して商談場所へ向かいます。できれば1時間以上は時間をつぶしてください。商談等の利用の場合も、朝会社へ出社して1時間も経たないうちに商談場所へ出かけると、会社ではなく自宅が出発点となってしまう場合があります。できれば出社後、1時間以上は会社に留まってから出かけてください。

買い物などに利用する場合は、自宅を出発する時間で時盤を作り、買い物に行く先が吉方位になる時間を選びます。買い物で注意が必要なことは、同じ商品が方位で逸品になったり粗悪品になったりはしないということです。これは、方位を利用される方が勘違いしやすい重要なポイントです。例えば、住宅を購入するような場合に、同じ物件が、今買えば欠陥住宅だが2時間後に買えば良い建て付けの家に建て変わるようなことは絶対にありません。つまり、同じ物件である限りいつ契約して購入しようと、物件の優劣には無関係ということです。買い物の吉方位利用は、すでに買うと決めた物品の購入に使うよりも、良い品物を探すことに利用した方がよいでしょう。

3　時盤の利用上の注意

○自然時について

作盤の章でも述べましたように、奇門遁甲では、時盤を利用する場合に、一般に用いられている標準時ではなく自然時を用います。

通常、私たちが使用している時間は日本標準時です。これは東経135度の明石市を基準とした時間です。しかし、奇門遁甲を利用する場合は、標準時ではなく、私たちが住んでいる場所や、奇門遁甲を利用する場所の経度での時間を用いる必要があります。

奇門遁甲の時盤は、2時間ごとに変わります。この変わる時間は以下の通りです。

午前1時

午前3時

午前5時

午前7時
午前9時
午前11時
午後1時
午後3時
午後5時
午後7時
午後9時
午後11時

これら奇数の時間に切り替わります。ですから午前10時や午後8時のように、偶数の時間付近では問題ありませんが、午前11時5分や午後8時50分のように、奇数の時刻の変わり目付近の場合は注意が必要です。

次に全国主要都市での時差を記しておきますので、住んでいる場所によって時間を加減してください。明石市以東の場合は、時間に時差をプラスすることになり、明石市以西の場合は、時差をマイナスすることになります。

札幌　プラス25分
秋田　プラス20分
仙台　プラス22分

宇都宮　プラス18分
東京　プラス18分
新潟　プラス15分
長野　プラス12分
金沢　プラス5分
静岡　プラス12分
名古屋　プラス6分
奈良　プラス2分
大阪　プラス1分
岡山　マイナス6分
広島　マイナス12分
山口　マイナス16分
高知　マイナス6分
福岡　マイナス20分
長崎　マイナス22分
鹿児島　マイナス20分
那覇　マイナス31分

例えば、東京で時計が午前11時5分であれば、自然時では19分をプラスして、午前11時24分となります。同じく時計が午前11時5分であっても、沖縄の場合は29分をマイナスしますから、午前10時36分となります。以上は作盤上大変重要な点ですから、よく理解してください。

【例】

7時～9時は、各地において以下のようになります。

・札幌だと6時35分～8時35分
・東京だと6時40分～8時40分
・名古屋だと6時54分～8時54分
・福岡だと7時20分～9時20分
・那覇だと7時31分～9時31分

○寄り道をしない

時盤の場合、目的地へ向かう途中で30分以上同じ場所に留まると出発点や出発時間がくるうことがあります。ですから途中で長時間寄り道をすると、その寄り道した場所からスタートしたことになってしまう場合があります。

徒歩等の移動ではあまり問題がありませんが、交通機関を利用する場合は、途中の乗り継ぎ等に長く時間がかかることがあります。この場合も寄り道と同様にくるう危険性があります。交通機関を利用する場合は、時刻表等であらかじめ調べておいて、乗り継ぎに費やす時間を最少になるように配慮してください。自動車を使った移動も、途中で休憩したり渋滞に巻き込まれると、やはりくるう場合があります。

第４項　目的別の利用法

○結婚運・恋愛運アップ

結婚運や恋愛運をアップさせたいのであれば、八門は安定を表す「休門」を選択します。休門が利用できない場合、八神で和合を意味する「六合」で代用します。双方が揃えばベストです。また、男性らしさを表す「九天」は男性用に、女性らしさを表す「九地」、もしくは「太陰」は女性用に使うこともできます。

○金銭運アップ

金銭運をアップさせたいのであれば、八門は発展を表す「生門」を使います。生門が利用できない場合、八神で富や経営力を表す「直符」で代用します。双方が揃えばベストです。また、勢いを表す「九天」も代用できます。

○仕事運アップ

仕事運をアップさせたいのであれば、八門は才能の開花を表す「開門」を使います。開門が使えない場合、八神は、権威を表す「九天」や堅実を表す「九地」で代用します。

○学力アップ

学力をアップさせたいのであれば、八門は集中力を表す「休門」や閃きを表す「景門」を選びます。休門や景門が使えない場合の代用候補としては、第一候補としては「朱雀」があります。朱雀は試験を表しますが、本来は凶神ですから、試験以外にはあまり良い作用がありません。ですから、朱雀を利用するときは、天盤干や地盤干が三奇（乙・丙・丁）や九星が吉星（天輔・天心・天任・天冲）等の吉である必要があります。

第二候補として権威を表す「九天」か、積極性を表す「直符」を代用します。

なお試験には、九星の「天輔星」は学問を表し、「丁奇」は文章を表しますので、可能であれば「天輔星」と「丁奇」も一緒にあるとなおよいです。

第5項　八門の活用

前項で、八門の目的別利用法として、以下のように説明しました。

・休門　↓　恋愛結婚

・生門　↓　金運
・開門　↓　仕事
・休門景門　↓　試験
これはあくまでも一般論です。


実際に運用するには、八門の持つ意味をよく吟味してください。

仕事運は開門と述べましたが、開門は才能開花の意味がありますので、ビジネスには向きますが、仮にプレゼン等でいつもあがってしまう人は、休門を使ってリラックスした方がよいでしょう。しかし、クロージングであれば休門は消極的なので、むしろ活発な生門を使うべきです。

恋愛結婚は休門と述べましたが、あまり出会いのない人は、積極的に行動できるように生門の方がよいでしょう。また、自分の気持ちを相手にうまく伝えられないのであれば開門を使うべきです。

試験では、筆記試験ならば集中力が増す休門や、閃きの景門が最適ですが、技術試験であれば開門の方が向きます。また、面接試験の場合、元気な生門の方が面接官には好印象でしょう。


つまり、自分の目的に対して、どの八門を使えば目的を達成できるかを考えてください。

八門には、以下のような意味があります。
・休門　落ち着き、リラックス、集中力

・生門　活力、バイタリティ
・開門　解放、開花
・景門　閃き、雄弁
今の自分に足りないのは何かを考えて、八門を選んでください。
また、八門には以下のようなデメリットもあります。
・休門　消極的、保守的
・生門　あせり、せっかち
・開門　私的なことや秘密の暴露、本音の告白、公開
・景門　口論、浪費
このデメリットも考慮して、使うべき門を決定してください。

第6項　活用方法

1　移　転

移転は、日本式の月盤での移転と、中国式の時盤を使う方法があります。月盤を使った移転については、第1項「年盤・月盤の利用法」を参照してください。中国式の時盤の場合、座向の座が吉方位となる時間に

移転します。

玄関が北向きの家であれば離宮、玄関が南向きであれば坎宮が吉方位になる時間に入宅します。

2　吉方位旅行

日盤を利用して、日盤の吉方位へ、日帰りから一泊くらいの小旅行で吉運を高めます。月に1回程度、毎月行ってください。この場合、年盤や月盤は、まったく無視して構いません。時盤も可能であれば、吉方位を利用します。この場合、自宅を出る方位は、旅行の目的地を直接見て吉凶判断するのではなく、次の出門を参照してください。

3　出　門（吉方歩き）

これは、以前出版しました『1日10分の吉方歩きで幸せをつかむ』（主婦と生活社）で紹介した方法です。毎日、通勤や通学で出かけられる時に、時盤の吉方位を使います。

家を出発する時間の時盤を使います、直接最寄りの駅に向かうのではなく、時盤の吉方位へ500メートルほど歩き、5分～15分程その場所に留まってから、最寄りの駅などへ向かいます。車での通勤の方も、同様に一度吉方位へ徒歩で向かい、5～15分その場所に留まり、それから駐車場へ向かいます。または、先に車に乗って、5～15分程車で吉方位へ移動して、その場所に5～15分留まってから、会社などへ向かいます。自転車の方も、車の移動と同じ考えで構いません。

この方法は、一日を吉方位でスタートする方法です。人生のスタートである生まれた時間がその人の一生に影響する、それが推命でした。その住居での生活のスタート時間が、その住居での生活の吉凶に影響を与える、これが中国の択日における移転の考え方です。ですから、同様に一日のスタートは、その日の生活に影響を与えると考えられます。

そこで、一日の行動の始まりである、毎朝自宅から出る時間に吉方位を取ることで、一日を吉からスタートさせます。吉凶を計算するのが面倒臭い方は、私の有料メルマガに毎日の卯時と辰時の吉方位を掲載していますので、そちらを参考にしてください。なお、『1日10分の吉方歩きで幸せをつかむ』に掲載されている暦は現在、期限が過ぎておりますが、この有料メルマガにて毎週吉時間をお知らせしています。

4　商談での活用

商談は、時盤を利用します。商談が、相手先で行われる場合、前記の出門を利用します。

この場合は、会社を出る時間の盤を使います。商談が自社で行われる場合、あるいはこちら側が場所を指定できる場合は、その部屋の時盤の吉方位に座るようにします。または、テーブルを中心として、吉方位に座ります。

5　コンパ、パーティー

コンパやパーティーの催される会場の中心から見て、その時間の時盤の吉方位にいるようにします。

6　受験での活用

受験の場合、受験勉強の期間は、日盤で吉方位を定期的に取ります。そして、試験当日は時盤の吉方位を使って、会場に行きます。

7　開　業

入口の向きが吉方位になる時間にオープンします。北向きであれば坎宮、南向きであれば離宮を見ます。最も良い八門は、開門ですが、生門でも構いません。

初級編の最後に、実例を挙げていますので、そちらも参考にしてください。

第7項　注意事項

1　方位区分にこだわらない

日本の方位学では、8方位を、東西南北＝各30度、北東・北西・南東・南西＝各60度とする説と、45度で等分割する説とがあります。前者は主に気学系の人達が用い、方鑑学や奇門遁甲を使う人は後者の説を使う人が多いようです。中国では、8方位を30度と60度に分ける説はほとんど見かけません。

私の所では、原則は45度で8方位を分割しますが、あまり方位区分にはこだわりません。どの方位へ移動するかだけではなく、どんな場所へ移動するかを重視しています。

例えば、離は南ですが、離の象意は南だけではありません。私の所では南極は坎で見ます。それは、離の「明るい・暖かい」という象意よりも、坎の「暗い・寒い・氷」の象意に、南極の状況が近いからです。

例を出しましょう。

２０１４年に、御嶽山が噴火して、沢山の方が犠牲になられました。

以下は、その時間の盤です。

２０１４年9月27日

甲午陰１局　旬首〔辛〕

まず、全体を見ると三伏吟の凶格です。

次に、日干辛と、時干甲午は辛に変換するので、どちらも兌宮で驚門。

驚門は、驚き・ハプニングを表します。

丁　輔 丁　杜合	己　英 己　景陰	乙　癸内 乙　死蛇
丙　冲 丙　傷陳	癸	辛　柱 辛　驚符
庚　任 庚　生雀	戊　蓬 戊　休地	壬　心 壬　開天

さらに、艮宮を見ると、庚の戦格、六儀撃刑、朱雀（玄武）が入っています。
全宮判断で見ていくと、対冲坤宮に死門と天内星に騰蛇。
艮を剋す震宮に、傷門と勾陳（白虎）。
艮は山の意味があり、この時盤は山が危険なことを表しています。

つまり、この時間の盤では、艮宮が非常によくありません。艮には北東という意味のほか、山という意味もあり、この時間に山が危険であることも表示しています。

この噴火で亡くなられた方々は、皆さん偶然にも凶方位を利用した人ばかりなのでしょうか？ 実際には、吉方位を利用した人も、凶方位を利用した人もいたはずです。亡くなった方々に共通なのは、凶方位を使ったのではなく、凶の場所にいたということなのです。

例えば、卜占で失くし物を探すとします。そして、それが坎宮だとします。この場合、北の方位から出てくることも当然ありますが、水回りの近くや、普段日の当たらない場所から出てくることもあります。これらは皆、坎の象意です。

このように奇門遁甲の卜占を行っている人は、坎宮が必ずしも北を示さないのは常識となります。しかし、方位学の奇門遁甲しか学んだことのない人は、坎=北と決めつける傾向があります。

つまり、あまり方位の角度に神経質になるよりも、どんな場所かを考慮することも大切です。

2 真北と磁北

北には、地図上の北と、磁石の示す北があります。日本の方位学では磁北を使う人が多いのですが、本書では真北を用います。

第7章　初級方位の実例

この章では、初級レベルの方位を使った実例を紹介いたします。

なお、主婦と生活社より出版しました『1日10分の吉方歩きで幸せをつかむ』にも多数の実例を掲載していますので、ご参照ください。

実例　1（結婚運）

丙辰陰5局　旬首［癸］

丁　任 己　生合	庚　冲 癸　傷陰	己　輔 辛　杜蛇
壬　蓬 庚　休陳	戊	癸　英 丙　景符
乙　心 丁　開雀	丙　柱 壬　驚地	辛戊　内 乙　死天

ある時、30代の女性が鑑定でお見えになりました。同年代の周りの女性達は次々と結婚していくのに、ご本人はなかなか良い人と巡り会わないとのことでした。最初に四柱推命等で運勢を見ると、今年あたりに婚期が来てもよい運勢でした。

結婚運は上昇期なのに、相手が現れないのは、ご本人の運勢にスイッチが入らないためと考え、奇門遁甲による方位取りをお勧めし、吉方位の候補日を幾つか挙げて実行するようにお願いしました。

しばらくしてから「昨日、吉方位に行ってきました」と連絡があったので、「2週間ほどしたら、良い知らせが来るかもしれないよ」といっておきました。2週間ほどたってから、彼女から「最近知り合った人から、両親と会ってほしいといわれたので、その男性との相性を見てほしい」と報告がありました。その後、彼女は年内に結婚しました。

通常、恋愛には休門を使いますが、この時は彼女に開放的になるように「開門」を使ってもらったのが功を奏したようです。

結婚運が上昇期なのに、彼女に男性が現れないのは、彼女の視野が狭くなっているか、自分の殻に閉じこもっているからと考え、開放的となる開門を使ってもらったのです。

このように、単純に恋愛ならば「休門」と決めつけずに、本人に何が必要かを見定めることが大切です。

実例　2（仕事運）

これは私自身（黒門）の使用例です。

2001年のある日、まだ私が福岡に住んでいた頃。東京へ1週間ほど出張することになったので、奇門遁甲の日盤の吉方位を利用しました。この時の出張がきっかけとなり『活盤奇門遁甲精義』を出版することが決まり、また@Niftyさんで占いコンテンツをリリースすることになりました。八門が活発・発展を表す生門に、八神が占いを表す太陰の方位でした。

戊午陰9局　旬首［癸］

丁　沖 癸　傷蛇	癸　輔 戊　杜符	戊　英 丙　景天
己　任 丁　生陰	壬	丙壬　内 庚　死地
乙　蓬 己　休合	辛　心 乙　開陳	庚　柱 辛　驚雀

吉凶判断は、八門が吉門の生門、八神が吉神の太陰なので吉方位。

点数では、

・八門：生門の吉門で40点

・八神：太陰の吉神で20点
・九星：天任星の吉星で10点
・天盤干：己で0点
・地盤干：丁で10点
・天地盤の関係：0点
合計＝80点の大吉方位です。

実例　3

２０１２年11月30日　15時
甲申陰4局　旬首［庚］

車を買い替えて１カ月も経たない頃、所用で南西方位に車で向かったのですが、あいにく道路が混んで、待ち合わせ時刻より10分程遅れて現場近くの駐車場に車を入れました。

バックでハンドルを切りながら、急いで車庫入れしている最中に、待ち合わせの相手から携帯電話に着信。慌てて電話に出て「今、近くの駐車場に車庫入れ中なので、すぐに着きます」と答えたあと、車を切り返すためにギアを前進に入れたつもりが、買い替えた新しい車のギアに慣れていなかったせいもあったのか、車はバックして後部を鉄の支柱にぶつけてしまいました。

戊　輔 戊　杜陰	壬　英 壬　景蛇	庚乙　内 庚　死符
己　冲 己　傷合	乙	丁　柱 丁　驚天
癸　任 癸　生陳	辛　蓬 辛　休雀	丙　心 丙　開地

修理に40万円もかかってしまいました。

盤は三伏吟の凶格、死門と天内星。
天盤庚、地盤庚で戦格。
庚は旬首でもあるので、
天盤庚、地盤旬首で伏宮格。
天盤旬首、地盤庚で飛宮格。
天盤が日干乙で、地盤庚で雲干。

中宮の地盤干乙は、坤宮にもあることになるので、
天盤庚、地盤日干乙で伏干＋日格

伏吟を別にしても、戦格、伏宮格、飛宮格、雲干、伏干、日格と6つも凶格が入った大凶方でした。
しかも、日干乙、時干庚が同宮でした。

実例　4（試験運）

風雅先生（公認インストラクター：宮城在住）の実例です。

2011年8月21日
これは、私が平成23年度土地家屋調査士の試験を受けた時に使用した盤です。
これから試験を受ける予定の方、もしくは身内の方で大事な試験が控えている方のために参考になればと思う。
試験日は、こちらから選ぶことができないので、その日の中から一番使えそうな盤を使います。
時盤：2011年8月21日　7時［丙辰］
陰8局　旬首［癸］

丁辛　内 壬　死雀	己　柱 乙　驚陳	庚　心 丁　開合
乙　英 癸　景地	辛	丙　蓬 己　休陰
壬　輔 戊　杜天	癸　沖 丙　傷符	戊　任 庚　生蛇

試験開始時間は13時で、開場時間も12時30分だったので、出かけるには早かったのですが、試験開始に間に合う時間で、良い盤だったのがこの時間帯だったので、早めに出かけました。

使いたかった方位は、休門のある西です。

景門も試験には良いのだが、ケアレスミスをなくすのには休門が良いと思い、西方位を使いました。

結果としては、試験はぶじ合格できました。

土地家屋調査士試験は比較的難易度が高く、平成23年度は合格率が6・2%だったそうです。

資格試験のための予備校に通っていましたが、その予備校で私はいつも2番の成績でした。

いつも1番の成績だった方は合格できず、この年のこの予備校からの合格者は私1人でした。
奇門遁甲を使用し、時間と方位を味方につけると、このようなことも起こるのです。

実例　5（金運）

広谷匠宥先生（公認インストラクター：京都在住）の実例です。

2012年6月8日　日盤で西に行く
壬辰年　丙午月　庚子日
陽4局　旬首［辛］　辰巳空亡

乙　冲 戊　驚陳	戊　輔 癸　開雀	癸　英 丙　休地
壬　任 乙　死合	己	丙己　内 （辛）生天
丁　蓬 壬　景陰	庚　心 丁　杜蛇	（辛）柱 庚　傷符

西の方角へ母と2人で日帰りの温泉旅行に行く。

温泉施設で約4時間滞在。


生門、九天、丙辛：謀事成就の吉格、丙甲：飛鳥跌穴。

天芮星は兌宮を生じるので凶意薄れる。

丙＋生門＋九天：神遁　丙奇の吉意が増し、財・物質の吉方位。

西は日干落宮の坎宮を生じる。


6月11日、母が2年前に、庭で片方だけ失くして以来ずっと探していたイヤリングが見つかった。

庭を歩いていて、たまたま足元の雑草を抜くために砂利を手でよけたらイヤリングが落ちていた。

純金でエメラルドの装飾がされた20万円相当の高価なものだったので、大変喜んだ。


吉格吉門吉神、地盤八神の直符などの効果により貴重品が現れたのかもしれない。

また九天は作用が早く現れることを示す。

西＝喜び、金属。坎＝耳→イヤリング。

実例　6（金運）

広谷匠宥先生（公認インストラクター：京都在住）の実例です。

2013年5月20日　日盤で艮へ行く

癸巳年　丁巳月　丙戌日

陽2局　旬首［庚］　時干中宮　午未空亡

（庚）輔 戊　杜符	己　冲 丙　傷天	丁　任 （庚）生地
丙　英 癸　景蛇	 辛	乙　蓬 己　休雀
戊辛　内 壬　死陰	癸　柱 乙　驚合	壬　心 丁　開陳

艮の方角へ母と2人で日帰りの温泉旅行に行く。

温泉施設で約6時間滞在。

開門、天心星、壬丁：文書に関することで多忙で、女性には吉。
勾陳で凶だが、地盤※八神では九地で吉。

※地盤八神とは、地盤旬首に直符を寄せて配置する八神のこと。

艮は日干落宮の兌宮を生じる。

3日後ゆうちょ銀行より連絡があり、死後32年経つ母方の祖父の貯金残額が40万円近くあるので引き出してもらいたいとのことであった。全く知らなかった存在の貯金であったため、臨時収入となった。しかし引き出すのに、多くの書類を揃える必要があったため、役所に何度も足を運ぶことになった。兌宮に騰蛇（契約書）があり、景門（書類）が門迫にあうことによるものと思われる。

艮＝貯蓄。兌＝現金。

実例　7（融資）

広谷匠宥先生（公認インストラクター：京都在住）の実例です。

自営業の方が金融機関に融資を申し込むが、申込み多数のため抽選になり、確率が2分の1なので、時盤と日盤を使うことにした。融資を受けられないと経営存続の危機になる恐れがあった。

融資申請書類の提出に時盤で吉方位、抽選が行われる前に日盤で吉方位に日帰り旅行を勧めました。

２００９年５月20日　午時
融資申請書類を提出するのに時盤で乾へ出発
己丑年　己巳月　乙丑日　壬午時
陽５局　旬首［己］　直使中宮　申酉空亡

庚　柱 乙　死天	(己)　心 壬　驚符	癸　蓬 丁　開蛇
丁戊　内 丙　景地	戊	辛　任 庚　休陰
壬　英 辛　杜雀	乙　輔 癸　傷陳	丙　冲 (己)　生合

直符を金融機関、直使を借り入れる人とする。

離宮の直符天心星が、坤宮の直使開門を生じるので借り入れることができる。

乾にお金を表す生門があり、日干落宮の坎宮を生じる。また乾は公の機関・役所を表す。

この時間内で乾方位に向けて出発して15分ほど滞在してから、金融機関に書類を提出しに行った。

（実際の金融機関の方角は家からみて北）

２００９年６月21日　日盤で南へ行く

己丑年　庚午月　丁酉日

陽１局　旬首［辛］　辰巳空亡

戊　蓬 辛　休雀	丙　任 乙　生地	庚　冲 己　傷天
癸　心 庚　開陳	壬	辛　輔 丁　杜符
丁　柱 丙　驚合	己壬　内 戊　死陰	乙　英 癸　景蛇

南の方角へ日帰り旅行に行き、温泉施設で４時間滞在。

お金を表す生門、丙奇昇殿で吉格、天任星、九地全て吉。

南は日干落宮の艮宮を生じる。

5日後の6月26日に抽選に受かったと連絡を受ける。

実例　8（時盤）

常見多聞先生（公認インストラクター：千葉在住）の実例です。

ある会社の従業員が、勤務条件に関する交渉のため、社長と面談することとなった。社風や社長のタイプからして、その社長の気分や態度いかんによって解雇となることも考えられる状況であった。面接当日に会社へ向かう際に時盤による吉方位を使用した。結果は従業員の要望が１００％受け入れられた。従業員が終始優勢の形であった。

いままでのお互いの関係性からして考えられない展開。第三者の役員が社長の過ちを指摘してくれるような助けもあった。

7時（家を出る時）

時盤：２０１４年12月24日　7時［戊辰］

陽7局　旬首［戊］

丁　輔 丁　景雀	庚　英 庚　死地	壬丙　内 壬　驚天
癸　冲 癸　杜陳	丙	(戊) 柱 (戊) 開符
己　任 己　傷合	辛　蓬 辛　生陰	乙　心 乙　休蛇

北西を使用。

・休門：40点
・乙奇（天盤）：10点
・乙奇（地盤）：10点
・格局（乙奇得使）：10点

合計70点で吉。

実例　9（日盤）

常見多聞先生（公認インストラクター：千葉在住）の実例です。

ある女性が大腸の検査にて異常がみられた（2年前に大腸ガンを手術している）。お腹の調子も悪く、時々痛みや便秘があり1カ月後の精密検査まで不安なため、健康回復を目的に吉方位（日盤）を使用した。この日帰り旅行をきっかけに女性のお腹の調子に明らかな回復がみられ、精密検査では異常なしと診断された。

日盤：2014年11月22日［丁酉］
陰9局　旬首［辛］

乙　蓬 癸　休天	己　任 戊　生地	丁　冲 丙　傷雀
辛　心 丁　開符	壬	癸　輔 庚　杜陳
庚　柱 己　驚蛇	丙壬　内 乙　死陰	戊　英合 辛　景

【移動方位】

南東を利用。

・休門：40点
・九天：20点
・乙奇（天盤）：10点
・格局（風遁）：10点

巽宮は大腸の象意もある。
休門は安定・休息の象意がある。

実例　10（月盤）

常見多聞先生（公認インストラクター：千葉在住）の実例です。

ある家族が引っ越しをした直後に、長男が引きこもりとなり学校に行かなくなってしまった（風水の処方などもあわせて現在は回復）。

月盤：２０１３年5月22日［丁巳］

陰7局　旬首［癸］

丁　蓬 辛　開雀	乙　任 丙　休陳	壬　冲 癸　生合
己　心 壬　驚地	庚	辛　輔 戊　傷陰
戊　柱 乙　死天	癸庚　内 丁　景符	丙　英 己　杜蛇

【引っ越した方位】

西へ引っ越した。

・傷門：兌宮より剋され凶

・反吟で凶

・太陰で20点だが凶が重なり点数がほとんどつかない

【引っ越し後に長男が住む部屋の方位】

・北と北西が共存する部屋に住む

【坎宮】

・景門（火入水郷）　反吟で凶
・景門は学校・勉強の意味あり（学校へ行かない）
・天芮星で凶

【乾宮】

・杜門で宮より剋されている
・杜門はふさがるという意味（引きこもり）
・三奇入墓（穴に入る：引きこもり）
・天英星は勉強の意味あり

実例　11（試験運）

紫鳳先生（公認インストラクター：東京在住）の実例です。

試験当日に遁甲盤を使って効果を上げた例。

資格試験取得のために筆記試験に加えて面接試験を突破する必要に迫られおり、少しでも運気を上げたいというニーズがあり時盤を使ってみることにした。
試験会場は自宅から東にあたり、2時間近くかかる。
試験は未時開始であるので、巳時か午時の盤をいかに使うかを検討する。

＜移動方位の選定＞

己巳時
陰7局　旬首［戊］

<table>
<tr><td>壬　沖
辛　景陳</td><td>辛　輔
丙　死合</td><td>丙　英
癸　驚陰</td></tr>
<tr><td>乙　任
壬　杜雀</td><td>庚</td><td>癸庚　内
戊　開蛇</td></tr>
<tr><td>丁　蓬
乙　傷地</td><td>己　心
丁　生天</td><td>戊　柱
己　休符</td></tr>
</table>

庚午時
陰7局　旬首［戊］　五不遇時

<table>
<tr><td>丙　英
辛　生陰</td><td>癸庚　内
丙　傷蛇</td><td>戊　柱
癸　杜符</td></tr>
<tr><td>辛　輔
壬　休合</td><td>庚</td><td>己　心
戊　景天</td></tr>
<tr><td>壬　沖
乙　開陳</td><td>乙　任
丁　驚雀</td><td>丁　蓬
己　死地</td></tr>
</table>

①試験会場は東方位である。巳時と午時の盤の震宮を比較すると、午時の盤の震宮には休門・天輔星が入っているためこちらを使いたい。しかし、この日午時は五不遇時でもあるため、家を出る時間は五不遇時を避けて巳時に出発し、電車の発車時刻が午時になるように調整することにした。

②自宅から駅に行くにはバスを使う必要がある。駅までのバス停は兌か巽にしかなかったため、巳時の盤の兌と巽を比較し、吉門が入っている兌のバス停を使うことにした。自宅を出発した後、兌方位で15分程度滞在し、そこからバスに乗り駅へ向かう。待ち時間もほぼなく、午時に電車に乗ることができた。

その結果、一緒に受験勉強でしのぎを削った仲間が全員落ちる中、ただ1人ぶじに合格した。

実際に使う時になると、交通機関や立地の制限から吉方位が取れるとは限らない。ましてや吉方位取りのために歩いて疲れてしまい、本番で実力を発揮できなければ本末転倒である。限られた条件の中でいかに方位をうまく活用するかがポイントとなる。

実例　12（恋愛運）

八角（ほずみ）先生（公認インストラクター：福岡在住）の実例です。

日盤：２００８年5月23日

癸亥陽９局　旬首［癸］

直使中宮　日干：癸　空亡：子丑

壬　輔 壬　杜地	戊　英 戊　景天	庚癸　内 庚　死符
辛　冲 辛　傷雀	癸	丙　柱 丙　驚蛇
乙　任 乙　生陳	己　蓬 己　休合	丁　心 丁　開陰

日盤での開運旅行の事例です。友人とともに東京から北西（乾宮）に位置する群馬県の川原湯温泉に日帰り旅行に行った。東京からは直線で１３０キロ程度あります。川原湯温泉は八ッ場ダムが完成するとダム湖の底に沈む予定の温泉地です。混浴の共同浴場があり、とても風情があります。

癸亥陽９局の日盤で全伏吟です。北西の乾宮には開門、太陰、天心星があり、天地干は丁丁。日干は坤宮にあり、死門、戦格の凶格、天内星とかなり良くありません。というか悪いです。日干宮が移動宮の乾宮を生じており、漏らすカタチになってしまいます。黒門先生のところで習い始めたばかりの実例で、北西の点数が高かったので、単宮判断で単純に決めたように思います。

私は仕事を増やしたいとの思いがあり、友人は彼女と別れたばかりで「彼女が欲しいなあ」といっていました。開門で新しい仕事。天地干の丁丁は「文書の喜びごとや、希望が叶う」。雑誌ライターの仕事をしているので、文章の仕事が増えるかなという思いがありました。太陰があるので、友人に彼女ができればと思って出かけました。

当日は温泉に入り、2~3時間滞在して帰ってきました。数日後、友人から少し興奮気味に電話がありました。書店に本を買いに行ったところ、マレーシア人女性に逆ナンパされたそうです。地下の駐車場でキスを迫られ、自宅にまで誘われたけど、美人局(つつもたせ)かも? と思い、彼女がシャワーを浴びている間に逃げてきたとの事でした。「もったいないことしたかなあ」という話でした。

その後、2カ月間くらい友人は複数の知り合いから女の子を紹介されたそうです。友人はこれらの出来事に大喜びでした。

実例 13(金運)

生道松佳先生(公認インストラクター:大阪在住)の実例です。

貴金属店を経営している60代女性からの依頼でした。

10日程あとにまとまった金額の支払いがあるが、夫との離別や経済が不安定な頃だったこともあり経営不振が重なり、支払いが困難な状況という。

女性の友人に相談すると、「神社にてご祈祷をしてもらうと良いのでは」との話が出たとのことで、これもご縁だと感じ、１週間後ぐらいで良い日はないかとの相談だった。

正式に時間をとっての依頼ではなく、お互いの時間もあまりなかったことから、私は単宮判断での日程選びを行うことにした。

指定した、神社へ入りご祈祷を受ける日時は、２００９年６月18日９時～11時の間。

日盤と時盤の両方で乾宮（神社の象意を持つ）の良い時間を選んだ。

依頼者の家から、乾（北西）方位15キロぐらいの場所に正門が兌（西）方位にある一之宮の神社が浮かんだので、提案してみたところ、そちらの神社を選んでくださった。

当日は、22時頃に乾方向に頭を向けて就寝するようにお願いした。

作盤日：２００９年６月18日

日盤：己丑年　庚午月　甲午日、陽７局

旬首：辛、直使：休門、直符：天蓬星、空亡：辰巳

丁　輔 丁　杜合	庚　英 庚　景陳	壬丙内禽 壬　死雀
癸　冲 癸　傷陰	丙	戊　柱 戊　驚地
己　任 己　生蛇	(辛)　蓬 (辛)　休符	乙　心 乙　開天

作盤日：２００９年６月18日　９時０分（日本標準時）
節気三元：夏至上元
時盤：己丑年　庚午月　甲午日　己巳時、陰９局
旬首：戊、直使：景門、直符：天英星、空亡：戌亥

庚　柱 癸　景地	辛　心 (戊) 死雀	乙　蓬 丙　驚陳
丙壬内禽 丁　杜天	 壬	己　任 庚　開合
(戊)　英 己　傷符	癸　輔 乙　生蛇	丁　冲 辛　休陰

①ご祈祷日の日盤の乾宮は、伏吟ではあるが、乙奇得使の吉格もあり初級判断の計算方法で80点以上。
②ご祈祷時間の時盤は、五不遇時ではなく、乾宮は人遁の吉格であり初級判断の計算方法で80点以上。

当日の夕に、依頼主より時間どおりに神社に入りご祈祷を受けることができたとの電話連絡がありました。

次の日の昼頃、興奮ぎみの声でまた依頼主から電話があった。朝に、知り合いが訪ねてきて、「このお金を使ってください」と、数十万円のお金を置いていったとの事でした。

その知り合いはキリスト教徒で、朝のお勤めの最中に、家で貯蓄しているお金を困っている知人のために使いなさいとのお告げを受けたので、訪れたとのこと。

依頼者は半月ほど前に、この知り合いにも相談していたようでした。

ちなみに依頼者は、仏教徒で毎朝お勤めをしているとのことであった。

依頼者の女性は、ぶじに支払いに間に合わせることができ、この後に私は風水の鑑定依頼も受けることになった。

本件では、中国伝統の奇門遁甲ではあるが、神様や宗派に関係なく、よく効くことを実感させられました。

実例 14

最後に、方位の具体例ではありませんが、私がまだ福岡に住んでいた頃の生徒さんからいただいたメールを引用させていただきます。

以前お世話になりましたFです。

覚えておられますでしょうか？

忘れらてしまっていることでしょうね。

先生が、東京に行かれてからは、益々ご活躍されていて、テレビ、週刊誌など拝見させていただいております。

先日、たまたま書店で黒門先生の本に出会い、「奇門遁甲の方位術の成果などありましたらご連絡ください」との欄を拝見しまして、ぜひ先生に私の実体験の数々を話したくメールさせていただきました。


奇門遁甲の凄さは私が確信し、全て想像以上の成果にびっくりしております。

ありがとうございました。

数例を列記します。
①定期検査を吉方位の日に。私の病気が判明（がん）、早期発見。
②主人の転勤、○○から○○に引っ越し、営業成績全国トップに！
③子供の中学受験。志望中学にぶじ合格。
④父の脳梗塞治療で、入院、退院、リハビリセンター通院を全て吉日に。現在、1人で全てできるようになるという奇跡的な回復。
⑤兄の再婚。○○から○○に引っ越しして、ぶじ良縁。子宝にも恵まれる。
——など、私の家族すべてに使い、開運をしてきました。

全て、黒門先生のおかげです。ありがとうございました。教えていただけた方位を使って、こんなに開運できました。

ご多忙の毎日かと思いますが、時間があれば、ご連絡をいただけたら嬉しく思います。まさしく神わざ方位術ですね。

先生との出会いがなければ、このような体験はできなかったと……。

また先生にお会いできる日を楽しみにしております。

第3部　中級編

この章では中級レベルにおける奇門遁甲の盤の読み方を学んでいきます。

中級レベルでは、初級のような単宮判断ではなく、複数の宮を見て判断します。奇門遁甲の盤には９つの宮があり、活盤式の奇門遁甲の場合、通常８つの宮を判断に使います。

この８つの宮の中から、判断に重要な複数の宮に着眼して判断をするのです。

なお、中級技法には卜占、推命、択日（方位含む）、風水等の用法がありますが、本書では最も基本となる卜占を紹介します。

方位に関しては出行占（第５章）を参考にしてください。

第1章　判断の要点

第1項　奇門用神

中級技法で奇門遁甲の盤を解読する場合、目のつけどころが必要となります。これを用神といいます。日干と時干が主要な用神となります。

基本は日干が本人、時干が相手あるいは対象物を表します。

遁甲盤を作成したら、各宮の天盤干を見まわします。そして各宮の天盤の中で、日干が入る宮と、時干が入る宮を探します。これらの宮を、日干と時干の落宮といいます。

日干落宮と時干落宮の、八門・八神・九星・格局が、吉であるか凶であるか、さらには日干宮と時干宮の生剋などで判断します。

宮の生剋は、後天定位の五行の生剋を見ます。例えば、日干が丙で乾に落宮し、時干が壬で震に落宮する場合、乾は金で、震は木ですから、金剋木の関係です。日干が丙で、時干が壬なので、水剋火とは見ません。あくまで宮と宮の五行生剋を見ます。

しかし、占う目的や事柄によっては用神が変わったり、追加されたりします。

代表的なものとしては、子供が父親のことを占う場合は年干落宮が用神となります。逆に父親が子供のことを占う場合は時干落宮、兄弟のことであれば月干落宮が用神であり、判断の重要なポイントとなります。

また、男女関係を占う場合、庚が男性、乙が女性を表します。病占では、天内星が病気を表し、天心星と乙奇が医療を表します。そして、これらの宮の状態や、宮と宮の相剋関係で吉凶の判断を行います。

第2項　内宮と外宮

内宮と外宮という概念があります。

陽遁では、一・八・三・四宮、つまり坎・艮・震・巽宮が内宮。九・二・七・六宮、つまり離・坤・兌・乾宮が外宮になります。

陰遁では、九・二・七・六宮、つまり離・坤・兌・乾宮が内宮。一・八・三・四宮、つまり坎・艮・震・巽宮が外宮になります。


この内外宮の応用法としては、例えば、失せ物の判断をする場合、失せ物を表す宮が内宮であれば家の中か近所に、外宮であれば家の外あるいは遠方等にあると判断します。

なお、内宮と外宮を、内盤と外盤と呼ぶ場合もあります。

第3項　旺　衰

旺衰の判断には、幾つかの方法があります。

①月と宮の関係

月との関係です。例えば子月は坎宮が旺じて強くなります。

・坎宮　子月
・艮宮　丑月寅月
・震宮　卯月
・巽宮　辰月巳月
・離宮　午月
・坤宮　未月申月
・兌宮　酉月
・乾宮　戌月亥月

旺じた宮が吉なら、吉が強くなり、凶であれば凶が強くなります。

②八門と宮の関係

八門の五行と、宮の五行の生剋関係を見ます。

・吉門は、宮と相生であれば吉意は増します。

・吉門が、宮と相克であれば吉意を減じます。

・凶門は、宮と相生であれば凶意は薄れます。

・凶門が、宮と相克であれば凶意が増します。

③干と宮の関係

乙は震宮では強く、兌宮では弱くなります。丙や丁は離宮で強く、坎宮では弱くなります。庚辛は兌宮では強く、震宮では弱くなります。壬癸は坎宮では強く、離宮では弱くなります。

第4項　空亡

空亡は左記の表から求められます。

時干支										空亡
甲子	乙丑	丙寅	丁卯	戊辰	己巳	庚午	辛未	壬申	癸酉	戌・亥
甲戌	乙亥	丙子	丁丑	戊寅	己卯	庚辰	辛巳	壬午	癸未	申・酉
甲申	乙酉	丙戌	丁亥	戊子	己丑	庚寅	辛卯	壬辰	癸巳	午・未
甲午	乙未	丙申	丁酉	戊戌	己亥	庚子	辛丑	壬寅	癸卯	辰・巳
甲辰	乙巳	丙午	丁未	戊申	己酉	庚戌	辛亥	壬子	癸丑	寅・卯
甲寅	乙卯	丙辰	丁巳	戊午	己未	庚申	辛酉	壬戌	癸亥	子・丑

・戌亥空亡では、乾宮が空亡になります。
・申酉空亡では、坤宮と兌宮が空亡になります。
・午未空亡では、離宮と坤宮が空亡になります。
・辰巳空亡では、巽宮が空亡になります。
・寅卯空亡では、艮宮と震宮が空亡になります。
・子丑空亡では、坎宮と艮宮が空亡になります。

宮が空亡になると、その宮は吉意は弱くなります。逆に凶意は強くなります。

四柱推命等では一般に、空亡は日干支から求めますが、奇門遁甲では時干支から求めますので注意してください。人によっては、日干支からも空亡を求める人もいます。この場合、時干支から算出される空亡を時空、日干支から算出される空亡を日空と呼んで区別します。なお、韓国奇門では、この時空ではなく日空を用います。

第2章　失せ物占

奇門遁甲が最も得意とする占断の1つです。また、奇門遁甲での卜占技法を学んだ後の実践練習として、最初にトライされるには最も適した技法です。初心者の方でも比較的簡単に使える技法ですので、読者の方々もぜひチャレンジしてみてください。

失せ物占は、日干＝失くした本人、時干＝失くした物とします。

日干落宮と時干落宮の生剋で、失くし物が見つかりやすいか、見つけ難いかを判断します。

日干落宮を時干落宮が生じる場合、日干落宮と時干落宮が同じ、あるいは比和宮の場合は、割合に見つけやすいと判断します。

日干落宮が、時干落宮を生じていたり、剋していたりした場合は、見つけるのに苦労することが多くなります。日干落宮が、時干落宮から剋される場合は、見つからないか、見つけ難い、またはこれまで探したが結局見つからないことが多くなります。

紛失場所は、時干落宮が表します。

まず、時干落宮の内外を見ます。時干落宮が内宮であれば、家の中または付近である可能性があります。外宮であれば、家の外あるいは遠方の可能性があります。

次に、九宮（後天定位）から場所を絞っていきます。離宮は南の方位の可能性もありますが、明るい場所や暖かい場所、艶やかな場所等も考えられます。巽宮は南東、あるいは風通しの良い場所。震宮は東、騒々しい場所、振動する場所。艮宮は北東、高い場所。坎宮は北、水回り、暗い場所、寒い場所。乾は北西、威厳のある場所、立派な場所。兌宮は西、あるいは飲食する場所、語らう場所。坤宮は南西、あるいは作業を行う場所等。

八卦の象意から、場所を絞ります。

そして、八門、九星、八神、三奇六儀の象意から、さらに場所を絞っていきます。巻末の象意表を参考にしてください。

実例　１

私（黒門）が、奇門遁甲の授業をしている時です。その時間の盤をホワイトボードに書いて講義をしていると、突然生徒さんの１人から「先生、私の娘のゲーム機がどこにあるか分かりますか？」と尋ねられました。

２０１５年3月8日　12時
戊午陽１局　旬首［癸］
日干は坎に落宮、時干は艮に落宮。時干が日干を剋するので、なかなか見つかり難い。

実際に、何度探しても見つからないとのこと。
失くし物の場所は、時干宮の状況から判断する。

庚　冲 辛　傷合	辛　輔 乙　杜陳	乙　英 己　景雀
丙　任 庚　生陰	壬	己壬　内 丁　死地
戊　蓬 丙　休蛇	癸　心 戊　開符	丁　柱 癸　驚天

時干宮は、艮宮で、北東の方角か、何かが山のように積み上げられた場所。光が差し込む日当たりのよい部屋（丙）だが、ゲーム機そのものには光が当たっていない（天蓬星）ので、何かの下になっているか袋の中にある、ひょっとしたら寝室か、あるいはあまり使っていない部屋（休門）かもしれない。周りに紐やコードの様な物（騰蛇）がある。生徒さんが自宅か実家かのどちらかだというので、多分実家（艮宮）だと思うと答えておいた。

翌月の講義の際、同じ生徒さんから見つかったとの報告を受けた、判断通り実家で日当たりのよい部屋の隅に、布の袋に入ったまま置いてあり、その袋の中に浴衣の紐帯がぐちゃぐちゃになって一緒に入っていたとのこと。

その部屋は何に使っている部屋ですかと聞くと、仏間で普段は使っていないとのこと。

もう一度盤を見直して、なるほど仏間（艮宮）かと納得。

実例　2

青龍先生（公認インストラクター：神奈川在住）の実例です。

深夜、友人から電話があった。

大切な手帳を失くしてしまったそうで、その手帳が手元に戻ってくるかどうかを奇門遁甲で占ってほしいとのことでした。

「失くした、と気づいた時間は分かりますか？」

「はい。12月4日の10時です」

友人から伝えられた時間で作盤をしてみました。

2013年12月4日　10時

甲辰日　己巳時

陰2局　旬首［戊］

己　蓬 丙　生雀	辛　任 庚　傷陳	乙丁　冲 戊　杜合
癸　心 乙　休地	丁	丙　輔 壬　景陰
壬　柱 辛　開天	戊　内 己　驚符	庚　英 癸　死蛇

①日干落宮が坎、時干落宮が巽、水生木で日干落宮が時干落宮を生じて洩らされています。

「これはすぐには見つからないのでは……」

と話しながらさらに盤を見つめてみますと、時干宮に朱雀（玄武）が同宮しております。

また、時干宮に天蓬星も同宮していることから盗まれたものではないと判断し、これは本人が落としたものか置き忘れたものと判断しました。

「置き忘れた場所は何となく分かりますか?」

「たぶん、普段通っているダンススタジオか電車の中ですね」

②そこで次に「失くし物」そのものを表す時干宮の「巽宮」に注目しました。

時干の己には「歌手」や「踊り子」、そして巽の特徴である「整った」容姿のイメージなどからダンススタジオの可能性を強く感じた。

そして初めは、「あなたの通うダンススタジオに置き忘れてきたのではないでしょうか？　よく探せば出てくるかもしれません」と答えました。

一段落した後、さらに先ほどの時盤を何げなく眺めていると、次第にまったく違うイメージが湧いてきました。

③そのイメージは電車でした（少し独特で直感的な見方かもしれませんが）。

私は電車を強くイメージしました。

巽の五行「木」から長細い物、そして同宮の生門から活発に動いている、そして地図を真上から遠く眺めていると、東南の方向に少しくねりながら移動している長細い電車がだんだんと見えてきました。

私は深夜も構わずにすぐに友人に電話をしました。

「手帳は電車の中に置き忘れたと思います。その手帳は終点まで運ばれているでしょう。すぐには見つからないかもしれませんが、早ければ〝巳日〟である明日には手元に戻るでしょう」

結果としましては、翌日の午後4時15分に終点駅より、忘れ物預り所で保管されている旨の連絡があったとの知らせを受けました。

この占断時は、日干落宮が時干落宮に洩らされてはいますが剋されてはいないこと、あまり強くはありませんが「生門」が同宮していること、そして盗まれて持ち去られていないこと等から、結果的には見つかる可能性が強いと判断しました。

実例　3

斎静祥先生（研究会員：宮城在住）の実例です。

2011年1月4日　10時
庚寅年　戊子月　己未日　己巳時
冬至下元陽四局
旬首：甲子戊
直符：天輔星
子供の学校の冬休み。書き初めの手本が見つからない。
子供部屋等を探しても見つからず、学校に出向いて宿直の先生と教室を探しても出てこず。占断を頼まれた。

任　壬 傷　戊地	冲　乙 杜　癸天	輔　戊 景　丙符
蓬　丁 生　乙雀	己	英　癸 死　辛蛇
心　庚 休　壬陳	柱　辛 開　丁合	芮　己丙 驚　庚陰

10時に盤を立てた。

日干、時干とも己で乾六宮に所在で空亡。丙＋庚は熒入太白で盗難・損失の恐れ。

己＋庚は刑格返名で積極的に動くと損失。ただ、日干時干同宮なので見つかるだろう。

太陰に字画筆跡などの象意もあり空亡で書き初めの手本が見つからず、驚いているのが分かる。

景門を書き初めの手本とした。坤二宮に所在し戊＋丙は青龍返首の吉格。天輔星の吉星も同宮し日干時干落宮の乾宮を生かす。外盤に日干時干落宮となるが、さしあたり再び家の中を探してみようと思った。


あるとすると日干時干落宮の乾宮か景門落宮の坤宮だと思った。家の中では乾宮は水まわりなので可能性は少ない。坤宮は子供部屋にあたるので再び自分たちの部屋を探させた。

そうしたところ、坤宮にあたる部屋、さらに坤位にあたる弟の机（天輔星の象意）の下より発見することができた。

実例　4

亮成先生（公認インストラクター：東京在住）の実例です。

癸巳年　己未月　乙酉日　乙酉時
陰2局　旬首［庚］

戊　丁内 丙　驚天	壬　柱 庚　開地	癸　心 戊　休武
庚　英 乙　死符	 丁	己　蓬 壬　生虎
丙　輔 辛　景蛇	乙　冲 己　杜陰	辛　任 癸　傷合

1週間くらい前に送られてきた書類が見当たらないので失せ物占で鑑定してみました。

日干と時干が同干なので坎宮に同宮。日時同宮は失っていないので探すことが出来ます。

坎宮の中を見ると天冲星・杜門・太陰が入っています。

天冲星は定位震宮で音・振動。杜門は定位巽宮で風・長い。太陰は暗い所・陰。坎宮で水・悩み。

この条件に当てはまる場所を家の中で考えてみました。

すると自分がいつもいる事務所がこの条件にピッタリ合いました。

普段、音楽を流しており、この時は夏場なのでエアコンの風が流れていました。

トイレと水道は事務所を出た所にあります。

事務所は占いの勉強や鑑定をする場所なので、いつも頭を悩ましている場所です。

己はサラサラした土やホコリ。事務所自体は土足なのでややホコリっぽい。

つまり当てはまる場所は、自分がいつもいる事務所となります。

書類は本と本の間から出てきました。太陰は、本と本の間が暗いので陰を表していたことになります。

実例　5

紫鳳先生（公認インストラクター：東京在住）の実例です。

ある日、「大事なアクセサリーが見当たらず困っている。見つけてほしい」との鑑定依頼が入った。早速依頼メールが来た時間で盤を立てた。

占時：壬辰年　癸丑月　癸未日　丁巳時

陽3局　旬首［癸］

<table>
<tr><td>丙　蓬
己　開天</td><td>癸　任
丁　休符</td><td>戊　冲
乙　生蛇</td></tr>
<tr><td>辛　心
戊　驚地</td><td>庚</td><td>己　輔
壬　傷陰</td></tr>
<tr><td>壬　柱
癸　死雀</td><td>乙庚　内
丙　景陳</td><td>丁　英
辛　杜合</td></tr>
</table>

失くした場所の目星がある程度つく場合は、その場所の象意に合わせて詳細を判断していくが、今回は「久しぶりにそのアクセサリーを着けようとしたら見つからず、いつどこで失くしたか皆目見当がつかない」という状況だったため、まずは家の中か外かを判断し、そこから絞り込むことにした。

①日干癸は依頼者を、時干丁は遺失物を表す。占時は丑月であり日干時干落宮はともに外盤であることか

ら対象物は家の中ではなく外、しかも近くではなく遠方に落としたのではないかと予想した。ここ数カ月間に遠方に出かけたことがあるかをたずねたところ、「1カ月ほど前に遠方に旅行に出かけた（行き先は兌方位）」との回答だったため、その旅行先で落とした可能性が高いと判断した。

②時干は、特に玄武や天逢星の剋を受けてはおらず、また日干と時干の関係を見ると、日干が時干を剋しているこ とから、遺失物は盗まれたわけではなく自身の過失による紛失と思われる。

③時干落宮乾には、都市、繁華街、神社仏閣、高所、等々の象意があり、観光地であることが分かる。また、天英星は、きらびやかなもの（アクセサリー）と同時に旅行をも表す。杜門は塞がった場所を表し、反吟である。

以上の状況から、「旅行先の繁華街の建物内の狭いところで落としたが、盗まれてはおらず見つかる」と判断し、思い当たる関連施設に問い合わせるようアドバイス。

その結果、旅行先の駅ビル最上階のトイレで拾得されていたとのことで、ぶじ見つかった。

ちなみに、拾得時刻から推定される紛失時は乙丑日辛巳時、すなわち五不遇時であった。

実例　6

紫鳳先生（公認インストラクター：東京在住）の実例です。

翌日に茶会を控えて出かける準備をしていたが、肝心の茶会席の券が見当たらない。外に落とした可能性はなく、自室のどこかにあるはずなのだが、いくら探しても見つからない。焦った私は奇門遁甲の盤を立ててみることにした。

占時：甲午年　己巳月　己丑日　乙亥時
陽7局　旬首［己］

壬丙　内 丁　休陳	戊　柱 庚　生雀	乙　心 壬　傷地
庚　英 癸　開合	丙	辛　蓬 戊　杜天
丁　輔 己　驚陰	癸　冲 辛　死蛇	己　任 乙　景符

①己日乙時は五不遇時であり、時干落宮の坤宮は空亡で乙奇は入墓である。容易には見つからないことが予想される。しかし時干乙が日干己を生じており乾宮には天地盤に日時干が同宮していること、天任星や直府など吉星も入っていること等から、最終的には見つかるのではないかと望みをかけた。

②時干乙は遺失物を表す。時干落宮坤に入った星・門の象意から遺失物の在り所を推測する。坤には一般的な象意として、南西・母・物置・暗い所・大地等がある。いつも茶道関係の道具を保管している場所は自室の南西側にある棚付近なので、この付近のどこかにあるに違いないと判断。実はこの付近はすでに散々捜したが見当たらなかったため別の場所に片づけてしまったのかと疑ったのだが、遁甲盤により改めて棚付近であることを確信した。

傷門の定位は震宮であり、医薬品・碧色などの象意を含む。九地はテーブル・箱・布類、天盤乙は遺失物・緑色のもの、地盤壬は黒色などを表すことがある。確かにこの棚の中には、盤が示すように黒い箱や茶色い箱、そしてなぜか包帯（医薬品）まで置いてあり、この付近に間違いないということを教えてくれていた。私は再度全ての箱を開けて隅々まで確認した。

最終的には、棚の一角に積んであった茶色の箱の内、下から2番目の箱の中、緑の紙と古袱紗（茶色の布）の間に挟まれる形で見つかった。この箱の中はすでに何度も確認していたが、慌てていた私は箱の蓋を開けた後、古袱紗の間や古袱紗の下ばかり見ており、緑色の紙にすっぽりと覆い隠された券が古袱紗との間に挟まっているのを見落としたらしい。

ぶじ券を見つけた私は、翌日晴れやかな気持ちで茶会を楽しむことができた。

実例　7

広谷匠宥先生（公認インストラクター：京都在住）の実例です。

2015年5月27日　16時　申時

乙未年　辛巳月　癸卯日　庚申時　空亡：子丑

陽2局　旬首［癸］

直符：天柱星　直使：驚門

(癸)　柱 庚　驚符	壬　心 丙　開蛇	乙　蓬 戊　休陰
戊辛　内 己　死天	辛	丁　任 (癸)　生合
丙　英 丁　景地	庚　輔 乙　杜雀	己　冲 壬　傷陳

自宅内でスマートフォンがないことに気づくが、充電がゼロになっており着信音で探すこともできず、奇門遁甲で探すことにした。

①時干庚
坎宮：北の部屋、暗い場所
玄武：暗い場所、自分が置き忘れている
天輔星：通信手段（スマートフォン）
杜門：塞がっている

②時干坎宮が日干巽宮を生じている
すぐに見つかる。

③巽宮＝通信手段、震宮＝機械製品　どちらも凶門と撃刑の凶格
スマートフォンに、紛失というトラブルが発生している。

結果は、時干落宮の北の方角の部屋を探すとすぐに見つかる。
家の中の陽が当たらない暗い部屋で洋服の間に挟まっていた。

その部屋で洋服を脱いだ時に、一緒に置き忘れていたことを思い出した。

実例　8

広谷匠宥先生（公認インストラクター：京都在住）の実例です。

２００９年９月１日　酉時

己丑年　壬申月　己酉日　癸酉時　空亡：戌亥

陰９局　旬首［戊］

直符：天英星　直使：景門

(戊)　英 癸　杜符	丙壬　内 (戊)　景天	庚　柱 丙　死地
癸　輔 丁　傷蛇	壬	辛　心 庚　驚雀
丁　冲 己　生陰	己　任 乙　休合	乙　蓬 辛　開陳

母が帰宅後すぐに、家の中で眼鏡を紛失した。

①離には「目・明らかに見える」などの象意。直符は天英星で占機がとれている。

②日干（自分）が時干（失せ物）を生じるので、見つけるのに苦労する。

③門が伏吟。眼鏡は場所を移動しておらず、何かの間に挟まる。

④時干震宮を判断。

家の東の方角、機械・電気製品・音の鳴るもののそば

騰蛇：本人が置き忘れているか勘違いしている

騰蛇妖矯：転げ落ちる

傷門：眼鏡が傷ついている可能性

⑤目＝離＝景門により離宮を判断。

丙奇昇殿・飛鳥跌穴の吉格：眼鏡はぶじの可能性

九天：早急に見つかりやすい

天芮星：布に包まれている

東や機器類の周りを探すも見つからず、目の象意のある丁のある艮方位を探して見つかる。

除湿器の裏側の床の上、洋服にクシャッと包まれた状態で見つかる。

母が帰宅後、洋服と眼鏡を除湿器の上に置いたことを忘れて、服と一緒に裏側に落ちていた。

再度考察。

⑥艮宮：台の上（除湿器の上）
太陰：陰で見えにくい場所
地盤干に日干己：眼鏡が元は本人とともにあった

⑦震宮・傷門：機械製品
丁・癸：電気・水より除湿器
天輔星：除湿器より出る風
震宮：除湿器より風が出ている時は音がうるさい
騰蛇妖矯：ひっくり返って落ちる
騰蛇：布やひも等のクシャッとした状態

実例　9

紫雲先生（研究会員：東京在住）の実例です。

紫雲先生の実例はクライアント様の都合により奇門遁甲盤を略式にて記載させていただきます。

クライアントから、失せ物に関して相談があった。

時刻は14時30分位。

早速、その時間で作盤。

		庚壬
		壬

日干と時干が同じ五行の宮にあり、加えて日干と時干が同宮。

これをみて以下の通り回答した。

「失せ物はすぐ出てきます。向こうから連絡があります。
ご自宅から西の方角から出てきます。
時間にしてみると、夕方15時~17時位の間には連絡があると思います」

そう伝えた40分後、再び電話が鳴る。相談者からだった。

「言われた後、20分位ですぐ連絡がありました。
自宅から真西にある、昨晩飲んでいた居酒屋から出てきました。なくなったと思ってすぐ居酒屋に問い合わせたときは出てこなかったのですが、なんとテーブルの上にポツンとあったそうです。時間も場所もぴったりだったので、びっくりしました」

※その他、失せ物に関する実例は他にも数十件あるが、ほぼ100%出てくる。多すぎるので割愛させていただく。

実例　10

八角（ほずみ）先生（公認インストラクター：福岡在住）の実例です。

サングラスを失くす。
2014年7月23日　19時30分
甲午年　辛未月　乙未日　丙戌時
丙戌陰7局
旬首［庚］　旬首中宮　空亡：午未
日干：乙　時干：丙

丙　英 辛　驚蛇	癸庚　内 丙　開符	戊　柱 癸　休天
辛　輔 壬　死陰	 庚	己　心 戊　生地
壬　冲 乙　景合	乙　任 丁　杜陳	丁　蓬 己　傷雀

7月、光がとても眩しく、少しの照り返しでも気持ち悪くなってしまい、サングラスが手放せません。サングラスを失くし、家の中を探してもどこにもないので、卜占を行いました。

時干は丙で巽宮にあります。方位だと南東。巽なので風の吹きぬける場所。天英星を頭部、巽宮なので対（ツイ）と考えるとサングラスとも考えられます。

まず、家の南東を探しました。南東にあたる場所はバスと洗面台です。洗面台とバスは24時間換気しているので、風が通っていると言えばいえなくもありません。ただ、そこにはありませんでした。

日干乙は坎宮（水）にあります。時干丙は巽宮（木）にあります。水生木で日干が時干を生じているので、失くしていないか出てくる、と考えました。

ただ、日干と時干が外盤にあるので、家の中ではなく外にあるのではないかと思いました。

しばらく、思い当たることはなかったのですすが、夜になり、生協の宅配ボックスをマンション1階の階段下に置いてきたこと思い出しました。

行ってみると、宅配ボックスの横に落ちていたサングラスを見つける事ができました。

巽宮の五行は木で、木は上に伸びていきます。騰蛇は曲がりくねるなどの意味もありますので、合わせると階段とも考えられます。巽宮なので階段の上の方という感じもするのだが……。1階の階段の上り口に落ちてました。

この場所は部屋からはちょうど南東にあり、外階段で、常に風が吹きぬけていて、象意と合致する。

見事ビンゴな卜占でした。

実例 11

風雅先生（公認インストラクター：宮城在住）の実例です。

携帯電話、スマートフォンは現代において、なくてはならないものになってきている。

しかし私はこれらを失くすことがよくある。

失くしたときの対応は、スマートフォンだと位置確認のサービスなどもありますが、奇門遁甲で探すこともできます。

買ったばかりのＰｏｋｅｔＷｉ・Ｆｉを失くしたときの盤です。

２０１４年９月29日　10時

丁巳陰１局　旬首［癸］　旬首中宮

乙癸　内 丁　杜符	辛　柱 己　景天	壬　心 乙　死地
己　英 丙　傷蛇	 癸	戊　蓬 辛　驚雀
丁　輔 庚　生陰	丙　冲 戊　休合	庚　任 壬　開陳

失せ物占

日干：癸　日干落宮：巽

時干：丁　時干落宮：艮

日干落宮は時干落宮を剋しているので、見つけることができる。

日干落宮、地盤時干丁が同宮なので、すぐに見つかる。

巽宮の象意風の意味から、移動を意味する。

移動中に失くしたと考えられる。

移動に使用したものは、夜行バスです。

艮宮の象意から倉庫のような所にあると判断。

門が伏吟しており、今は動いていない。

この後バス会社に連絡し、仙台車庫で預かっているとのことでした。
巽の象意より夜行バス、
艮の象意より車庫、
伏吟より動いていない。
全て盤の通りでした。

実例 12

風雅先生（公認インストラクター：宮城在住）の実例です。

前回のＰｏｋｅｔＷｉＦｉに引き続き、買って2カ月でｉＰｈｏｎｅ6を失くしてしまいました。

これはその時の盤です。

２０１４年12月20日　17時
乙酉陽1局　旬首［庚］

丙　任 辛　傷天	庚　沖 乙　杜符	辛　輔 己　景蛇
戊　蓬 庚　生地	壬	乙　英 丁　死陰
癸　心 丙　休雀	丁　柱 戊　開陳	己壬　内 癸　驚合

日干：乙　日干落宮：兌
時干：乙　時干落宮：兌
日干、時干が同宮していて、すぐに見つかる。
兌宮の象意より、沢地か窪地にある。
死門の象意より、隠れていて見つかりづらい。

当日に仕事で行った工事現場をその日のうちに捜すが、あたりも暗くなったせいか見つかりませんでした。

翌日明るくなってから再び工事現場付近の沢地を重点的に捜すも見つかりません。

さらにその翌日、工事現場の水たまりの中（窪地）から見つけました。

水たまり内の泥に隠れていて、見つけにくい状態でした。

まさに盤の通りでした。

死門だったので、壊れていることも懸念しましたが、洗ってよく乾燥させたら使える状態でした。

実例　13

風雅先生（公認インストラクター：宮城在住）の実例です。

私が奇門遁甲を習いたての頃に行った失物占です。
依頼者はＡＫさん（女性）。
探し物は赤いポーチでした。
２００８年1月14日　13時
己未陽２局　旬首［癸］　五不遇時

壬　心 庚　開蛇	乙　蓬 丙　休陰	丁　任 戊　生合
癸　柱 己　驚符	辛	己　冲 癸　傷陳
戊辛　内 丁　死天	丙　英 乙　景地	庚　輔 壬　杜雀

探す人、日干：癸　日干落宮：震宮

失せ物、時干：己　時干落宮：兌宮

時干が日干を剋していて、五不遇時ということもあり見つけにくい。

時干が外盤なので、家の外にある可能性が高い。

兌宮の象意から、窪地、溝の中とも考えられる。

時干落球の傷門、白虎の象意より失せ物は傷ついているか、車に関係する場所にある可能性がある。

日干落宮に地盤時干、時干落宮に地盤日干がともに同宮しているので、身近な場所にあるかもしれない。

私は、ＡＫさんの車の中にあるのではないかと伝えました。

ＡＫさんによると、やはりすぐには見つからなかったようですが、数日後、車に祖母を乗せるとき、シートを倒したら見つかったそうです。

外盤であることから、家の外にある。

また、シートを倒して出てきたということから、シートの隙間、溝に隠れていたということで兌の象意。

白虎、傷門から車。

日干落宮と地盤時干、時干落宮と地盤日干の同宮により、身近な場所。

これらが当てはまる結果となりました。

実例　14

照竜先生（公認インストラクター：東京都在住）の実例です。

探し物は、お守りとして常に持ち歩いている風水八卦盤。

ある朝起きると、いつもある位置に八卦盤がなく、布団やシーツをめくっても見つかりませんでした。

前夜就寝前に枕の下に入れたか記憶が定かではありません。どこに置いたか思い当たらず、奇門遁甲で探すことを決めました。出勤のためしっかり探す時間がなく、やむなく出社。

いつも八卦盤を持ち歩き、寝る時も枕の下に入れていた。

決めて作盤したのが次の時間と時盤で、屋外で失くしたものではなく、屋内、しかも元々の場所に極めて近い所にあるはずだと判断した。

乙未年　庚辰月　壬戌日　乙巳時

陽7局　旬首［壬］

帰宅後、ベッドの、特に枕回りを入念に探すと、枕とベッドの隙間に落ちていました（奇門遁甲の時盤が的中していた！）。

己　任 丁　驚陳	癸　冲 庚　開雀	丁　輔 壬　休地
辛　蓬 癸　死合	丙	庚　英 戊　生天
乙　心 己　景陰	戊　柱 辛　杜蛇	壬丙　内 乙　傷符

日干：壬（旬首・探し主）　時干：乙（失くし物）

日干は六宮に落宮（地盤時干同宮）、時干は八宮に落宮。

天盤日干と地盤時干が同宮しており、天盤時干も日干を生じているので、遠くではなく、ごく身近に失くし物はあり、間もなく見つかる様相と取れる。

八神：直符↓最悪の事態にはならず良い方向で解決されると判断。
八門：傷門↓失くしたという事実で多少痛い目に遭うかもしれない。
天芮：病符の星だが訓練や躾けの象意から妻の叱咤と理解する。
乾宮：体部で頭の象意、また家長の意から自身の枕周辺と判断できる。

実例　15

常見多聞先生（公認インストラクター：千葉在住）の実例です。

ある人と話をしていたとき「ＰＡＳＭＯを失くしてしまったが、ぶじ見つけることができた。どこにあったと思いますか？」という話になり、そのときの時間で盤を作成。

バッグの中に他の荷物にはさまれて隠れるようにしてあった、つまりもともとバッグにあったのを忘れていて失くしたと勘違いしていた、ということが分かった。

乙未年　戊寅月　辛酉日　丁酉時

２０１５年２月14年　17時
丁酉陽２局　旬首［辛］　五不遇時

壬　心 庚　開陰	乙　蓬 丙　休合	丁　任 戊　生陳
癸　柱 己　驚蛇	辛	己　冲 癸　傷雀
戊辛　内 丁　死符	丙　英 乙　景天	庚　輔 壬　杜地

【時干：坤宮】

坤（包む）と生門（変化するもの）。包むもので変化（出入り）が多いでバッグ。

白虎（交通）、丁（光が灯る）、戊（書類）、総合してＰＡＳＭＯ。

ＰＡＳＭＯはピッと光が灯るような反応をする書類。

【玄武：兌宮】

時干に生じられているため盗難ではない。

【天蓬星：離宮】
時干を生じているため盗難ではない。

【日干】
日干（辛）は時干と同宮、失くしていない、見つかる。
日干は時干と対冲で最初は見つかりにくい。
丁（同宮で光が灯る・書類でＰＡＳＭＯ）
地盤：下に隠れている（灯台もと暗し）
芮は病、死門が加わり見つけるための正常な意識が停止。
五不遇時で状況がかみあわない。勘違い。

実例 16

常見多聞先生（公認インストラクター：千葉在住）の実例です。

2015年3月19日　23時49分
乙未年　己卯月　乙未日　己巳時
2015年3月19日　9時
己巳陽3局　旬首［戊］

戊　冲 己　景符	己　輔 丁　死蛇	丁　英 乙　驚陰
癸　任 戊　杜天	庚	乙庚　内 壬　開合
丙　蓬 癸　傷地	辛　心 丙　生雀	壬　柱 辛　休陳

ある人と話をしていたとき「昨日会社から家に帰ったら、家の鍵がないことに気がついた。会社に戻ったら鍵が見つかった。会社のどこにあったと思いますか?」という話になり、そのときの時間で盤を作成。机の脇の書類を入れる引き出しにあった、ということが分かった。

【時干（己）：離宮】

離・丁は文書・書類。

己は包むもの（格納）、輔は移動する（引き出し）、死は動かない（格納、書類が眠っている）、蛇（書類が連なってる形）。

【玄武：坎宮】

門迫で離宮を剋す力がない。盗難ではない。

【天蓬星：艮宮】

時干（離宮）に生じられているため、盗難ではない。

【日干（乙）：兌宮】

時干から剋され、見つけるのに体力を消耗（会社から自宅へ帰り、また会社へ戻り、また帰宅）。

開門が旺で見つかる、合もあり鍵と合う。

あるいは開と合で開く・閉じるで鍵の意味がある、庚は金属、日干と同宮で見つかる。

実例　17

海月はるか先生（公認インストラクター：東京在住）の実例です。

会社で結構重要な書類を失くしたので、奇門遁甲を使って探した。

日時：２０１５年1月23日　10時９分

八字：甲午年　丁丑月　己亥日　己巳時

局数：陽９局

丁　心 壬　傷合	己　蓬 戊　杜陳	乙　任 庚　景雀
丙　柱 辛　生陰	癸	辛　冲 丙　死地
庚癸　内 乙　休蛇	戊　英 己　開符	壬　輔 丁　驚天

日干・時干が同じだったため書類は近くにある。

ただ天蓬星や杜門が同宮しているので、近くではあるがかなり奥まったところにある。

職場で奇門盤を長時間眺めるわけにはいかないので、右記のようなことをざっと判断して、私の書類置き場を探してみたところ、ぶじ書類は見つかった。確かに身近（私の机の上）にはあるが、いくつかのクリアファイルを探さないと見つからなかった。

実例　18

岡本有央先生（研究会員：愛媛在住）の実例です。

少し前から、最近見ていないな、と気になっていた書籍があったので奇門遁甲での、失せ物占を試してみようと思い立った。思い立った時刻で時盤を作成した。

作盤日時：２０１４年６月７日　13時20分
節気三元：芒種上元
干支表現：甲午年　庚午月　己酉日　辛未時
節気三元：芒種上元（陽６局）

書籍を探している本人は、日干己で、巽に落宮。失せ物の書籍を表す、時干辛は艮に落宮。

日干と時干は同宮ではないが、反吟なので探すことはできる。
日干と時干はともに内盤なので、家の中か近辺にはある。書籍なので、近辺ということはなく、家の中だろうと思った。

<table>
<tr><td>己　柱
丙　開天</td><td>(戊)　心
辛　休符</td><td>壬　蓬
癸　生蛇</td></tr>
<tr><td>癸乙内禽
丁　驚地</td><td>
乙</td><td>庚　任
己　傷陰</td></tr>
<tr><td>辛　英
庚　死雀</td><td>丙　輔
壬　景陳</td><td>丁　冲
(戊)　杜合</td></tr>
</table>

玄武は時干と同宮しているので、自分が置き場所を忘れた、という事実に一致している。
時干と同宮している天英星には、図書という象意があり、失せ物の書籍と通じる。
死門の象意に黒い物。艮宮は山という意味を持ち、方位が北東になる。
家の中の北東を見てみると、黒い箪笥の上に、30センチ以上いろいろな書籍を積み重ねて整理せずにおいている場所が確かにある。そこはすでに、何度かざっとは探した場所ではあったものの、もう一度探してみることにした。

結果、まさに箪笥の上の、書籍の山の中にあった。探していた書籍が薄い文庫本だったので、他の本に埋もれていて、ぱっと見ただけでは気がつかず、見落としていたようだ。

天英星と艮宮の組み合わせで、失せ物が書籍だという以外にも、置き場所が本の山という意味にも通じるのだと思った。むやみやたらに探すより、方位やポイントを押さえて探せると、本当に楽だなとつくづく感じた。

もともとは、整理せずに置きっぱなしにしていた上に、さらにどこに置いたか忘れた自分が悪いのだが、その自分が忘れているということすら、時干と玄武が同宮というところに現れていることや、象意が次々に実際のものとして現れてくるのが、本当に面白いと感じた。

実例 19

岡本有央先生（研究会員：愛媛在住）の実例です。

1週間ほど使っていなかった職場のカッターがどうしても見つからない。

最後に使用したのは、購入した家具の組み立てをした時だと思う。ドライバーなどと一緒にしまったのかと思い、心当たりを探すが見つからない。

むやみに探すより、奇門遁甲で探してみようと思い、思い立った時刻で時盤を作成した。

作盤日時：2014年11月28日　17時20分
節気三元：小雪中元
干支表現：甲午年　乙亥月　癸卯日　辛酉時
節気三元：小雪中元（陰8局）

丙　蓬 壬　休陰	戊　任 乙　生蛇	(癸)　冲 丁　傷符
庚　心 (癸)　開合	辛	壬　輔 己　杜天
己　柱 戊　驚陳	丁辛内禽 丙　死雀	乙　英 庚　景地

探している本人は、日干癸で、坤に落宮。

失せ物のカッターを表す、時干辛は中宮。

中宮の日干は、坤宮にあるものとして扱うので、日干時干が同宮しているとみなすと、探すことができるという結果になる。日干と時干は、内盤なので事務所の中か近辺にはある。

泥棒を示す玄武は坎宮にあり、時干と同宮していないし、時干を剋してもいないので、誰かが持ち去ったものではない。

探しているカッターの時干の状態を坤宮から見る。

方位は南西。

辛には斧の象意があり、傷門には傷つける、また直符には金銀の象意がそれぞれある。今回探しているカッターは、切る物、いわば傷つける物、そして色自体も刃の部分だけでなく、本体自体もシルバーなので、まさにカッターそのものを表している。

比和である艮宮を見ても、百虎が同宮していて、刃物を表す。驚門も同宮しているので、なんでこんなところに、という場所にあるのだろう。

普段このカッターは、事務所の南西に置いてあるキャビネットの引き出しにしまっていた。坤宮の南西であり、右記のことなどからも、探しているカッターという意味合いがとても強く出てくるので、すでに何度も探してはいたが、通常カッターを保管していた場所をもう一度探してみることにした。

その結果、普段ペンと一緒に入れてあったカッターの置き場所の向こう側、すぐ隣の物入れのところに落ちているのが見つかった。引き出しの中は、何度も見たつもりだったが、この場所は影になっていて見ていなかった。

何度も探した引き出しだったので、別のどこかに置き忘れたと思っていたが、象意の中にあまりにカッターを表す物が出てきたので、もともとの置き場所を探そうと思うことで見つかった。少々こじつけかもしれないが、引き出しの中だけで見ると、艮宮の南東の位置であり、しかも艮宮の象意の山、まさにペンの山の隣にあった。

いろいろな場所を自分なりに探した後での、奇門遁甲での場所探しだった、あっという間に見つかり、しかも占い通りの結果だったので、かなりすっきりした。最初から奇門遁甲で探しておけばよかったと思うほどだった。

実例　20

生道松佳先生（公認インストラクター：大阪在住）の実例です。

ある朝のこと。その日は午前中、妻に来客がある予定で、彼女は慌ただしく客間を掃除していました。約束の時間が近づくと、妻がエアコンのリモコンが見つからないので、私にも一緒に探すようにと頼んできました。

私は奇門遁甲の時盤をたて、失せ物占を行おうとしましたが、すぐに客が着いてしまい、探すこともできない状況になったので、そのまま客を迎え入れました。

その時は、妻の掃除の際に不要な書類を別の部屋に移していたので、リモコンも一緒に持って行ったのではないかと、想像していました。
客が帰る時間になり、妻は近くの駅まで見送りに出ました。
私はリモコンを探すことを思い出し、妻から依頼を受けた時間から奇門遁甲の時盤をたて、失せ物占を行いました。

２０１５年５月28日　９時50分（大阪）
乙未年　辛巳月　甲辰日　己巳時、陽８局
旬首：戊　直使：生門　直符：天任星　空亡：戊亥

<table>
<tr><td>庚　蓬
癸　生天</td><td>(戊)　任
己　傷符</td><td>壬　冲
辛　杜蛇</td></tr>
<tr><td>丙　心
壬　休地</td><td>丁</td><td>癸　輔
乙　景陰</td></tr>
<tr><td>乙　柱
(戊)　開雀</td><td>辛丁内禽
庚　驚陳</td><td>己　英
丙　死合</td></tr>
</table>

①自分（＝妻）の状態を、日干落宮ではなく、今回は妻である坤宮で見ることにした。
杜門：ふさがる、途方にくれる
天冲星：後天定位震宮より、楽器・音の出る物
騰蛇：偽り、ろうそくの火
壬：黒色
辛：シルバー色
——等のキーワードが浮かんだ。

②場所の状態を、時干落宮である乾宮で見る。
死門：暗い場所、デッドスペース
天英星：後天定位離宮より、絵画・化粧品
六合：応接間、合わさった
己：湿土、黄土色
丙：烈火、真紅、センセーション
——等のキーワードが浮かんだ。

③結末を、自分の宮である坤宮と、場所の宮である乾宮の生剋で見る。

自分が、場所を生じていることより、自分がどこかにうっかり置いたことになる。

④結果、妻自身が誤ってどこかに移動してしまったと推測した。
坤宮の、天冲星・騰蛇より掃除機のイメージ、壬と辛より黒い物と灰色の物のある場所。

乾宮の、死門よりデッドスペース、天英星よりテレビ、六合より合わさったところのイメージが出てきたことから、妻が掃除機をかけているときに、誤ってリモコンを掃除機の柄で突いてしまい、黒いテレビ台と、灰色の床の間に追いやったイメージが浮かんできた。

すぐに私は、黒いテレビ台と灰色の床の間の3センチ程の隙間を、懐中電灯を使って覗いてみた。すると、隙間の奥の方からリモコンを見つけ出すことができた。

第3章　病　占

奇門遁甲による病気の判断は、天内星を病気とし、天心星と乙奇を医者や薬などの治療とします。天内星がどの宮に落宮するかで、病気や病状を判断します。

部位では、

・離は頭部。
・坤は右手、右肩、右耳。
・巽は左手、左肩、左耳。
・兌は右胸。
・震は左胸。
・乾は右足。
・艮は左足。
・坎は下腹部。

また、五行の象意から、

・震巽は、肝臓、胆嚢、神経、目。

・離は、心臓、小腸、舌、脳や血に関する病気。
・坤艮は、脾臓、胃等の消化器系。
・乾兌は、肺、大腸、鼻。
・坎は、腎臓、膀胱、耳。
また、八卦の象意から、
・巽は気管支、血管。
・震は咽喉、足。
・兌は口。
・乾は頭。
・艮は手足。
・坎は泌尿器、生殖器。
同宮する八門や八神や吉格凶格で、病気の重さを判断します。

天心星と乙奇が、天内星を弱めれば治療は効果があり、そうでなければ効果がありません。

そして、最終的には日干と時干の関係を見て、総合的に判断をします。

実例　1

紫鳳先生（公認インストラクター：東京在住）の実例です。

ある日、急に一本の電話が入った。その方の家の近所には長年癌を患っている女性が住んでいるが、「今救急車が来ており、とても心配なので病状を占ってほしい」との依頼であった。私は早速その時の盤を立てた。

時盤：辛卯年　壬辰月　戊午日　戊午時
陽2局　旬首［癸］

<table>
<tr><td>丙　英
庚　景地</td><td>戊辛　内
丙　死天</td><td>癸　柱
戊　驚符</td></tr>
<tr><td>庚　輔
己　杜雀</td><td>辛</td><td>壬　心
癸　開蛇</td></tr>
<tr><td>己　冲
丁　傷陳</td><td>丁　任
乙　生合</td><td>乙　蓬
壬　休陰</td></tr>
</table>

①日時干はともに戊で離宮にあり、病気を表す天内星と同宮している。しかも、この天内星は医薬を表す

天心星や乙を剋している。一方、天心星・乙と癌を表す庚の関係を見ると、天心星・乙がともに癌を剋す形になっており、癌に対しては一定の抑えが効いているとも読める。これらから、医薬は癌に対しては一定の効果を示しているものの、治しきることができず、長患いであることが読み取れる。依頼者の話では、発症当初は乳癌だったが現在はあちこち転移しており、現在の病状詳細は不明とのことであった。胸の位置に相当する震宮に癌を表す庚が入り、離宮を生じていること、また震宮に庚・己、離宮に戊、天内星、死門と、土の象意が多く入っていることから、胃腸系に転移したのではないかと推測した。

②次に、現在辰月であることと、女性の姓から木行を連想したため巽宮に注目した。いや、正確には、巽宮の凶格が目に入ってしまった。熒入太白の凶格があり、丙・天英星・景門と火の象意が重なり、宮から生じられて勢いがある。知人の話を聞く限りでは白血病など血液の癌や心臓病ではなさそうだし、どちらかというと血なまぐさい印象を受ける。戻って隣接する震宮を見ると、凶神の朱雀が在り、庚己で刑格ができている。癌より血の印象を強く受けるが、もしかして大手術で大量出血するのか？　私は何だか訳が分からなくなった。

後日判明したことだが、なんと、救急車は癌の女性のところに来たのではなく、その向かいの家で停まったのだった。向かいの家の独居老人が鬱から刃物を使って自殺を図ったとのことであった。そして、癌の女性はその後巳月に入ってほどなくしてから亡くなられたそうである。

今回は図らずも病占と事件占を一度に行ったことになった。依頼者が状況を間違えて認識していても、遁甲盤は正しい状況を示してくれるのだと教えられた一件であった。

実例　2

風雅先生（公認インストラクター：宮城在住）の実例です。


父の手術の日に行った卜占。

比較的難しい手術であったのと、医師の説明では腹水に癌細胞がある場合手術はできず、切開した結果転移が見られれば手術は取りやめるといわれていたので、結果を知るのが怖く、それまで積極的に占おうとはしなかったのですが、夜中にふと目が覚めたのです。

時計を見ると1時20分でした。

これは外応だと思い、作盤しました。

２０１５年1月14日　丑時
丁丑陽5局　旬首［己］

病占では、日干を対象者、時干を結果、天内星を病、乙および天心星を医療とみます。

日干：庚　日干落宮：離宮

開門がついているので、父が手術で切開することを表しています。

丁戊　内 乙　驚地	庚　柱 壬　開天	己　心 丁　休符
壬　英 丙　死雀	戊	癸　蓬 庚　生蛇
乙　輔 辛　景陳	丙　冲 癸　杜合	辛　任 己　傷陰

天内星は巽宮、木の象意から肝胆の病、父が受ける手術は膵頭十二指腸切除術、この名称からは分かりにくいかもしれませんが、胆嚢に深い関係がある手術です。

ここでも象意が表れている。

医療を見ていきます。

乙は艮宮にあります。艮は土で、火生土と日干落宮を洩らしています。

また、青龍逃走の凶格があってよい状態ではありません。

天心星は坤宮です。こちらも火生土で日干落宮を洩らしてしまっています。

そして、乙も天心星も天内星からは、木剋土で剋されてしまっています。

医療に効果がないことを表しています。

現況、状態は悪いのですが、最後に結果を見ます。

時干丁は巽宮にあり、木生火で日干を生じています。

結果を見ると手術は成功のようですが、医療の効果がない中なぜ手術が成功するのか腑に落ちません。

再度、盤全体を見回してみて、辛が気になりました。

なぜならば、病院の名前が、辛酉会東北大学病院という病院だったからです。

辛は乾宮で、金剋木で天内星を剋します。

また、辛は小さな刃物でありメスを意味し、傷門が切り取ることをイメージさせます。


手術はぶじ成功しました。

手術後の医師の説明を聞き、納得がいきました。

手術は予定時間よりも長くかかったのと、医療に効果がないという点では、抗癌剤が効いておらず、癌細胞が減っていなかったようです。

また、天内星が日干を生じているのですが、このことについても思い当たることがありました。

血管が複雑に絡まっていたせいで、血流が弱まっており、血流が弱いおかげで、手術後の縫合部に圧力がかからないので、合併症のおそれが少ないというようなことを医師が話していたのです。

天内星が日干を生じることについて、私は見抜けなかったのですが、このようなこともあるのだなと思い、改めて奇門遁甲の精度に感心しました。

実例　3

珠生先生（公認インストラクター：大阪在住）の実例です。

２０１２年12月７日　午前１時25分

飲食店を営む夫から電話があり、従業員のＳ君が腹痛のため救急病院に連れていくと、連絡が入った。電話を切ってからすぐに作盤をした。

壬辰年壬子月壬寅日辛丑時

陰７局　旬首：甲午（辛）

直符：天輔星　直使：杜門

門は反吟、星は伏吟、天地干伏吟である。

病神の天内星は、坤二宮にあり、胃腸、消化器系の病を指している。

癸癸「天網四張」も疾病の意味を持ち、庚庚「太白同宮」、庚癸「反吟大格」、癸庚「太白入網」凶格が並ぶ。生門が隣接するが、反吟し、吉門とはならず、病が活発化したことを示す。

(辛) 輔 (辛) 開符	丙　英 丙　休天	癸庚内禽 癸庚生地
壬　冲 壬　驚蛇	庚	戊　柱 戊　傷雀
乙　任 乙　死陰	丁　蓬 丁　景合	己　心 己　杜陳

九地は安静の必要性を示している。

S君を示す用神として、電話をかけてきた主人から見て従業員となり、時干の辛が用神となる。

また、１９７８年生まれで、年干戊も彼を示す。

時干辛は巽四宮にあり、開門の吉門がついているが、空亡しているうえに、病を見るとき、開門は手術の必要を示す。ただ、直符同宮で、本人の気力は強いようだ。

もう一つの用神戊は、兌七宮に落宮し、傷門、朱雀が同宮。ここも、傷が残ることを示していた。

この戊は、坤宮の天内星から生じられていて本人が、病状を軽くみて対応が遅れることを意味する。

次に治療の星、天心星と乙を見る。

天心星は、乾六宮にあり、病気の坤宮のエネルギーを医療に流しているので、治療は効果がある。

また、医薬品を示す乙は艮八宮にあり、坤宮と比和してしまうため、あまり効果がない。

その後すぐ、夫が帰宅し、「病院で点滴をしてもらったら痛みが治まったようだ。今日は夜中で詳しく検査ができないため、改めて検査に行くことになった。でも、大丈夫そうだ」といった。

私は、そんなに甘く考えられない状況だから病院に必ず行くべきと伝えたが、夫は、深刻には捉えていない様子だったので、翌日S君の様子を見にいくと、彼は普通に仕事をしていて、「まだ病院には行っていません。多分、冷たいものを飲み過ぎただけです」というので、私は、明日病院へ検査に行くことを約束してもらった。

翌日彼が検査に行くと、「十二指腸に穴が空いている。絶対安静」といわれ、そのまま、緊急入院となり、2週間戻れなかった。

結果を考察すると、開門が回復手術というより、すでに穴が空いていることを示していた。

実例　4

青龍先生（公認インストラクター：神奈川在住）の実例です。

ある知人女性から、彼女の母親の病気について占断してほしいとの相談があった。

その相談があった時間で作盤をした。

甲午年　壬申月　辛未日　己亥時

陰4局　旬首［辛］　直使中宮

癸　任 戊　驚天	己　冲 壬　開地	戊　輔 庚　休雀
辛　蓬 己　死符	乙	壬　英 丁　生陳
丙　心 癸　景蛇	丁　柱 辛　杜陰	庚乙　内 丙　傷合

２０１４年８月28日の占断時、母親は肺に癌が転移した時期だった。

それまでの流れを先に記す。

２００６年～２００７年　乳癌（左胸）が発見されステージ３Ａで手術。

２０１０年　再発。

２０１２年～２０１３年　反対の胸に転移、全摘出。

２０１４年　今回は肺に転移。

親である年干の辛は、日干と同じく震宮にあります。
震宮には死門があり、震の位置で左胸ともとれます。

病気の天芮星は乾宮にあり、傷門と太白入熒が入っています。
天心星は病気に洩らされていますし、乙奇は病気と同宮しています。
また、年干宮の震宮を剋しています。
そして、癌が発見された年は乾宮の戌、亥の年である２００６年、２００７年になる。

天芮星を生じる艮宮の時期（２０１０年）に再発。

病気に剋される巽宮の時期（２０１２年～２０１３年）に反対の右胸に転移。
驚門には胸の象意があり、また巽宮は先天では兌で右胸ともとれます。
六儀撃刑があり、空亡（辰巳）でもあります。

そして、年運八が同会する離宮（２０１４年）の時期に癌は肺に転移。

開門は肺の象意としてもとれます。

全体的に見まして、今回の病気が完治する、または病状が回復することは非常に難しいと判断しました。

相談にはなかったのですが、この盤で気になったのが乾宮の天芮星と同宮している天盤干の庚でした。

辛（日干の辛と同じく陰干）が母親であれば、庚を父親と考えてみました。

また、庚の状態も非常に良くありません。

そこで父親の健康状態も聞いてみたところ、やはり父親も重病でした。

２０１４年３月27日に体調が急に悪くなり急きょ病院で検査をした結果、肺気腫の診断を受け、即日入院をして現在に至るという。

実例　５

常見多聞先生（公認インストラクター：千葉在住）の実例です。

ある人が大腸の検査で出血がみられ「疑いあり」と診断されたと聞いた時に盤を作成。

１カ月後に精密検査を受け、「異常なし」と診断された。

２０１４年11月11日　７時［壬辰］

陰9局　旬首〔庚〕　五不遇時

甲午年　乙亥月　丙戌日　壬辰時

戊　英 癸　休陰	丙壬　内 戊　生蛇	(庚)　柱 丙　傷符
癸　輔 丁　開合	壬	辛　心 (庚)　杜天
丁　冲 己　驚陳	己　任 乙　死雀	乙　蓬 辛　景地

【天芮星、日干（丙）、時干（壬）：離宮】

日干（丙）、時干（壬）、天芮星、離宮に同宮（持病を指す、2011年に一度大腸癌の手術を行っている、再発予防中）。

生門（離宮に生じられ旺で吉）。

蛇（細長いもので大腸を指す、またビックリするという意味がある）。

丙（出血を指す、検査で出血がみられた）。

離宮＋丙（光を当てる・書類・明らかにするの象意から検査を指す）。

午未空亡（本人は快調とはいえないが、病も鈍い状態）。

【天心星：癸宮】

日干宮より剋されている（医者いらず、あるいは病の気を漏らしている）。

大腸（癸）の執刀医（庚・辛）。

九天：緊急性の象意より、検査の結果すぐに手術するような状況を指すが、日干宮より剋され大腸の執刀医は不要ととる。

杜門：出番なし。

【乙奇：乾宮】

日干宮より剋されている（医者いらず、あるいは病の気を漏らしている）。

乾宮（大腸）、天蓬星（悪性腫瘍）、景門（検査・出血）、地（慢性化）により大腸の精密検査の医師を指す。あるいは乙はその形から腸を指し、青龍逃走の凶格。そういった状況に日干宮の蛇からビックリするが大事にいたらずともよめる。

【その他】

五不遇時：状況はすぐに動かない（精密検査は1カ月後なのですぐには結果が出ない）。

実例　6

常見多聞先生（公認インストラクター：千葉在住）の実例です。

ある男性が、突然の腹痛に耐えきれず入院。以前手術した盲腸の周辺に膿が溜まってふさがっている状態であった。絶食と薬で回復し、退院。3月10日に職場へ復帰。入院の報せを聞いたときに盤を作成。

乙未年　戊寅月　辛未日　丙申時
2015年2月24日　15時［丙申］
陽6局　旬首［辛］

(辛) 英 丙　傷符	癸乙　内 (辛) 杜蛇	己　柱 癸　景陰
丙　輔 丁　生天	乙	戊　心 己　死合
丁　冲 庚　休地	庚　任 壬　開雀	壬　蓬 戊　驚陳

【天芮星：離宮】

腸（蛇）に膿（癸）がたまっている（杜門）状態。

日干（地盤）が同宮で持病（以前の手術から腸に持病あり）。

乙が同宮で医者が側にいる（入院）。

【日干（辛）：巽宮】

腸（巽宮）に傷（傷門）を負って化膿・出血（英・丙）の状態。

青龍返首で吉、吉格に時干同宮、時干（結果）と比和で治すというよりおさまる、とみる。日干が天芮星を生じているので、回復へのアプローチに体力消耗。

【時干（丙）：震宮】

生門で吉門だが、宮から剋され、完全回復とはいえない。

輔は腸（定位巽）、丙丁は出血。九天は急性。

【天心星：兌宮】

兌は食べる意味、そこに死門があり、絶食による治療。

戊は食べ物。合は絶食を一定期間、集中して行うことを示している。

天心星、乙奇の治療宮はどちらも芮を剋さない。治療というよりは緩和させていくと思われる。
卯月（3月10日）に職場復帰。卯月は時干宮で結果を指し、神遁と天遁で吉。
職場復帰後は静養しながら勤務している。

実例　7

常見多聞先生（公認インストラクター：千葉在住）です。

ある人が目をこすったら、傷がついて、まぶたが腫れてしまい、片目がほぼふさがってしまう状態となった。しばらくしてそのまま回復した。

2014年12年19日　9時［己巳］
陽1局　旬首［戊］
甲午年　丙子月　甲子日　己巳時

【日干（甲）：坤】
旬首・戊ともに坤宮に落宮。

丁　柱 辛　景地	癸　心 乙　死天	戊　蓬 己　驚符
己壬　内 庚　杜雀	 壬	丙　任 丁　開蛇
乙　英 丙　傷陳	辛　輔 戊　生合	庚　冲 癸　休陰

驚門（突然の目の腫れに驚く）、天蓬星（水ぶくれ・腫れ・災難とする）。

直符で吉星。大したことではない。


【時干：己】

震宮に落宮。

天芮星同宮。

先天の離宮（目）、杜門（ふさがる）、朱雀（元々離の象意あり（目）。朱雀でみた場合）、玄武（隠れる、腫れて目が隠れる）、震宮・庚（こすって傷がついた）。

【乙奇・天心星】

乙奇は日干と比和。

傷門と白虎（ケガ）と天英星（目）が艮宮（止まる）にあるので、症状が止まる。

あるいは艮を腫れているともよめる。

天心星（離宮）は、地盤に乙奇も同宮し日干を生じるので治療できる。急な（天）、目（離）の腫れ（癸）を止める（死門）。死門は目の機能停止とよめる。

乙奇が地盤にあるため、水面下の力つまり自己治癒力で治る。

実例　8　知人に胃癌の疑い

広谷匠宥先生（公認インストラクター：京都在住）の実例です。

２００８年６月13日　15時　申時

戊子年　戊午月　甲申日　壬申時　空亡：戌亥

陽３局　旬首［戊］

直符：天冲星　直使：傷門

辛　心 己　休雀	丙　蓬 丁　生地	癸　任 乙　傷天
壬　柱 (戊)　開陳	庚	(戊)　冲 壬　杜符
乙庚　内 癸　驚合	丁　英 丙　死陰	己　輔 辛　景蛇

知人女性が胃カメラの検査でポリープが見つかり、悪性腫瘍の疑いがあるとのことだった。病理検査の結果が判明するまでに不安なので尋ねてきた。

甲申＝甲申庚より日干を庚とみる。

①【日干庚と天芮星が艮宮で同宮】

艮は胃腸などの消化系等を表す。

日干が天芮星（病気）と艮宮で同宮なので、もともと胃が悪く持病を持っている。

六合は「複数」の意味から他にも病気がある。実際女性は長年胃潰瘍を患っており、他にもいくつか病気を患っていた。

日干庚が六儀撃刑で驚門があるので、胃の状態は悪く、本人もとても不安に感じている。

②【乙奇・天心星】
乙は艮宮で天芮星と同宮、天心星は巽宮で艮宮の天芮星を剋す。
よって薬・医者の効果によって病気は抑えられているので、病気の悪さは出ない。

③女性の生年干は癸で坤宮にある。地盤干に乙があり、女性にも治癒力があることを表す。
以上のことを総合判断して現段階では悪性腫瘍ではないことを伝えた。

検査の結果は悪性ではなく良性のポリープだったことが分かり、女性はとても安心した。

実例　9　すい臓癌
広谷匠宥先生（公認インストラクター：京都在住）の実例です。

2007年8月27日　丑時
丁亥年　戊申月　癸巳日　癸丑時　空亡：寅卯
陰8局　旬首［壬］

直符：天輔星　直使：杜門

乙　英 (壬)　杜天	丁　辛内 乙　景地	己　柱 丁　死雀
(壬)　輔 癸　傷符	辛	庚　心 己　驚陳
癸　沖 戊　生蛇	戊　任 丙　休陰	丙　蓬 庚　開合

親戚の大叔母（90歳）がすい臓癌と診断されて、相談があったので盤をたてた。

大叔母は年干丁でみる。門の伏吟。

①【年干丁と天芮星が離宮で同宮】

年干丁は天芮星とともに離宮にあり、白虎猖狂の凶格と九地がつくので、病気は以前からあったが悪化している。天芮星（土）が離宮（火）にあるので火生土で病状が活発化する。

②【乙奇・天心星】
乙は巽宮で離宮の天芮星を生じるので、抗がん剤等の薬の副作用がかえって病状を悪化させる。

離宮の天芮星が兌宮の天心星を剋すので、医者や薬も治療には効果がない。

③【坤宮は脾臓を表す】
己も脾臓を表し、六儀撃刑に遭う。凶神玄武と死門がある。

よって脾臓の機能が大変低下している。


総合判断して、すい臓癌は悪化しており治療効果が期待できず、なす術がない。抗がん剤はかえって副作用が重く癌には効果がない。死去までの期間を判断すると、年干丁も天芮星も内盤であるので速い。直使の杜門は巽四宮にあるので、4カ月以内に亡くなる。年干丁は子月に絶になり、また天芮星は坎宮と冲する。

よって12月が危ないと判断した。


結果は、抗がん剤治療のために口内炎がひどくなり、物を食べられなくなり体力の消耗が激しくなった末、12月に亡くなった。口を兌宮でみると、医薬の天心星があるが、口腔を表す驚門に白虎と刑格があるので、薬の災いが口に起きることを示している。

実例　10　心不全で気絶する

広谷匠宥先生（公認インストラクター：京都在住）の実例です。

2012年6月8日　午時
壬辰年　丙午月　庚子日　壬午時　空亡：申酉
陽3局　旬首［己］
直符：天輔星　直使：杜門

丙　蓬 (己)　景雀	癸　任 丁　死地	戊　冲 乙　驚天
辛　心 戊　杜陳	庚	(己)　輔 壬　開符
壬　柱 癸　傷合	乙庚　内 丙　生陰	丁　英 辛　休蛇

一人暮らしの知人女性が自宅の玄関先で心不全により昼過ぎに気絶して倒れた。幸いにも夕方頃に近所の人に玄関で倒れているのを発見されて、救急搬送され一命を取りとめた。翌日その知らせを聞いた時に盤

をたてた。

①【日干と天芮星が坎宮で同宮】
日干庚は天芮星と同宮なので持病を持っていたが、乙奇同宮なので投薬治療もしている。

坎宮は腎臓の病を示す。宮が門迫に遭い、太白入滎の凶格がつくので、腎機能が悪化している。

太陰がつくので、腎機能悪化の自覚がなく知らない間に進行している。

②【時干艮宮】
時干が日干を剋すので凶。

水の病を表す壬癸が時干にもあり、傷門と天柱星は怪我・破損を示す。よって腎臓の病気があり合併症（六合）がある。足・腰・関節にも問題がある。また艮には、新陳代謝が不十分で血液循環が滞る意味もある。

③心不全だったとのことで、心臓を表す離宮をみる。
騰蛇妖嬌の凶格と死門と九地があるので、心臓の機能も低下しており、よくないことが分かる。

④玄関を巽でみると、天蓬星と玄武の凶星凶神があるので、玄関に凶意が潜んでいることを示す。

しかし飛鳥跌穴の吉格があるので、ぶじ発見された。また天蓬星は腎臓、景門は心臓とみることもできる。

⑤坎宮の水の病が離宮の心臓を剋している。震宮の天心星（医者）は水を洩らして火を生じて通関している。よって、医者や薬の治療は有効である。

女性に確認すると、もともと足腰や関節が悪かったが、倒れたときは水分の代謝が悪く足がひどく腫れてむくんでいたとのことだった。糖尿病の持病があり、それが悪化して腎不全になっていた。倒れるまで気づかず、気絶したのは腎不全から心不全を引き起こしたことによるものだった。

足腰は悪いままだが、現在は糖尿病に加えて腎臓の治療もしているとのことだった。

また助けてくれた隣人は女性の家からみて東の家（震宮）に住んでいる人だった。

実例11　脳の先天的障害

広谷匠宥先生（公認インストラクター：京都在住）の実例です。

2010年1月28日　酉時

己丑年　丁丑月　戊寅日　辛酉時　空亡：子丑

陽6局　旬首［癸］

直符：天芮星　直使：死門

辛　英 丙　景天	(癸)乙　内 辛　死符	己　柱 (癸)　驚蛇
丙　輔 丁　杜地	乙	戊　心 己　開陰
丁　冲 庚　傷雀	庚　任 壬　生陳	壬　蓬 戊　休合

ある女性の生後8カ月の赤ちゃん（次男）の成長が遅れており、いまだに腹ばいや寝返り、座ることもできないとのことで相談があった。

子供は時干辛でみる。

①【時干辛】

時干辛は巽宮にあり、天英星・景門・九天は頭を表し、地盤干丙は脳神経を表す。巽は辛の死・墓の地にあたり凶である。

②【離宮は脳神経機能を表す】

病気の天芮星に、青龍逃走と天羅の凶格があり、機能低下を表す死門もあるので、脳神経機能に重い問題を抱えている。天盤干甲は頭を表し、地盤干には子供を表す時干辛がある。

③子供の生年干己は坤宮にある。

六儀撃刑になり、天柱星・驚門・騰蛇がつく。

④幼少の男の子なので艮宮をみる。

三奇入墓で傷門と凶神玄武がつく。空亡に遭う。丁は脳も表す。

⑤次男なので坎宮をみる。

小格と門迫に遭い、凶神白虎がつく。空亡に遭う。

多角的にどの宮を見ても子供の状態は悪いので、身体は病弱で発達の遅れや脳の機能障害がある。天心星は天芮星から剋されているが、乙が天芮星と同宮で直符がつく。積極的治療は難しいが、発達の遅れがあるにしても、悪化はせず脳に致命的なことは起きないと判断した。

その後精密検査を受けた結果、遺伝子に変異があり、生まれつき脳の表面にしわが少なく、脳の形も正常と違っていた。知的障害と発達の遅れがあるとのことだった。

3年ほど経過した後の知らせでは、まだ一人座りや立って歩くことはできないが、親子で療育教室に通い少しずつぶじに成長しているとのことだった。

第4章　恋愛結婚占

恋愛結婚線も、奇門遁甲が得意とする占断の1つです。特に、不倫や三角関係等の複雑な男女関係を得意とします。

判断の原則として、庚を男性、乙を女性とします。庚の落宮と乙の落宮で、各々の状況を判断します。庚と乙の落宮の互いの生剋関係で、2人の関係性を見ます。例えば庚が乙を生ずれば、男性の方が女性に対して積極的と判断できます。もし、庚が乙を剋する場合、男性が女性を嫌う場合と、男性が女性を拘束したいほど好きな場合とがあります。また、比和の場合は、友人のような関係の場合が多いようです。ただし、艮と坤の比和の場合は注意が必要です。艮と坤は、同じ五行なので比和の関係ですが、同時に対冲の関係でもあります。

つまり、引き合う関係と離れようとする関係が共存します。

活盤式の奇門遁甲では、天盤干が2つ、同宮する宮が1つあります。ここに庚と辛が同宮する場合、この男女の距離は近いと判断します。この場合、同じ職場などのように距離が近い場合や、すでにお付き合いしているような場合もあります。あるいは同棲している場合もあります。また、天盤干に庚と乙が同宮した場合ほどではありませんが、天盤と地盤に庚と乙が同宮しても、同様の意味になる場合もあります。

さらに、丙を第三の男性、丁を第三の女性とします。庚が乙と丁を同時に生じていれば、男性は、2人に気があることを表します。庚と丁が同宮して、かつ乙を生じていれば、男性は乙に積極的ですが、別に身近な女性がいることを表します。

庚と乙と同様に、日干と時干も大切です。日干が本人、時干が相手になります。女性が相談者で、日干が時干を生じて、庚が乙を生じれば、相思相愛の関係です。

もう1つ、男女関係を判断する場合に重要なのが六合です。中国の本には、六合は仲人を表すとありますが、私の実際の経験上では、結婚やお付き合いそのものを示す場合も多いです。

例えば、すでに結婚されている方の判断の場合、庚や乙が六合を剋すれば、離婚の可能性があります。逆に六合と同宮したり、六合を生じれば離婚は考えていません。

また、男女関係の判断で、注意が必要なのが玄武と太陰です。相手の宮に玄武があれば、相手には嘘や隠しごとがあります。また、男性で太陰が同宮すれば、女性の影があります。

実例1　友人の恋愛相談

広谷匠宥先生（公認インストラクター：京都在住）の実例です。

２００８年２月23日　９時　巳時

戊子年　甲寅月　癸巳日　丁巳時　空亡：子丑

陽２局　旬首［癸］

直符：天柱星　直使：驚門

乙　蓬 庚　生陰	丁　任 丙　傷合	己　冲 戊　杜陳
壬　心 己　休蛇	辛	庚　輔 （癸）景雀
（癸）柱 丁　開符	戊辛　内 乙　驚天	丙　英 壬　死地

友人の女性が、ある男性から交際を申し込まれるが、付き合ってよいかどうかの相談。

①時干離宮（相手男性）が日干艮宮（自分）を生じるので、相手からの告白や好意の表れ。

②【庚（男性）兌宮】
景門：見栄えの良さ、天輔星：学歴が高い、玄武：嘘・虚構
【時干（男性）離宮】
傷門：心（離）に傷を負っている、六合：女性の存在
男性は学歴・能力が高く見栄えもいいが、隠しごとがあり他に交際女性がいるか既婚者の可能性があり、悩みや問題を抱えていることを告げると、友人が全てその通りだと答えた。男性には妻がいるが精神的な病にかかっており、家庭内に問題があった。
家庭内は坤の象意であり、坤宮に撃刑や白虎、杜門（閉塞感）があり問題が多い。

③【乙（男性の妻）巽宮】
天蓬星：陰鬱、太陰：隠れている
妻はうつ状態でほとんど家の中に引きこもっている。

④乙は六合（結婚）を生じ、六合は庚を剋す。また、庚は乙を剋す。
巽宮は春月当令なので妻は結婚継続を望む気持ちが強いが、男性は結婚生活を続ける気持ちがない。

庚は乙を剋すので、もはや妻に愛情がなく別れを望んでいる。

⑤【日干（自分）艮宮】

騰蛇妖矯：交渉事は不利で損失を招く、天羅：相手の術中にはまり騙されやすい、空亡に遭い凶

友人は男性がすぐに離婚してくれるなら結婚前提で交際するつもりであった。

しかし、妻が別れたがらず、離婚には時間と労力がかかる。また、この男性にはまだ隠している二面性のようなものがあり、友人は騙されている可能性がある。結果的には彼に傷つけられることになるので交際をすすめなかった。

その後友人からの知らせによると、一カ月ほど付き合ったが、彼の狡猾な別の一面が発覚し信頼を失くした上に、離婚も全く進展する気配がないことが分かり、付き合いを断ったということだった。

実例2　知人の結婚報告

広谷匠宥先生（公認インストラクター：京都在住）の実例です。

２０１２年８月11日　20時　戌刻

壬辰年　戊申月　甲辰日　甲戌時　空亡：申酉

陰８局　旬首［己］

直符：天柱星　直使：驚門

<table>
<tr><td>壬　輔
壬　杜合</td><td>乙　英
乙　景陰</td><td>丁辛　内
丁　死蛇</td></tr>
<tr><td>癸　冲
癸　傷陳</td><td>辛</td><td>（己）柱
（己）驚符</td></tr>
<tr><td>戊　任
戊　生雀</td><td>丙　蓬
丙　休地</td><td>庚　心
庚　開天</td></tr>
</table>

知人女性から、10月に結婚式を挙げることと、数カ月前に自転車で走行中、突然耳の中に虫が侵入して鼓膜が破れ激痛と出血で救急車で病院に運ばれたとの2つの情報を知らされる。

甲辰＝甲辰壬より日干を壬とみる。

①門・星・干の全伏吟で計画は全てにおいてよくない。順調に事が進まない。

②【日干巽宮】

壬：六儀撃刑で計画の挫折、六合・天輔星：結婚する人、杜門：塞がる、壬：耳

巽宮：結婚又は結婚の運びが整う

【時干兌宮】

己＋己：思い通りにいかない凶格、天柱星：怪我、驚門：驚き、兌宮：窪み（先天では坎＝耳）

日干が巽宮で六合・天輔星と同宮なので、結婚する人を表している。

時干が日干（自分）を剋すので、突然虫が耳の窪みにはまりこんだことに驚き、怪我をした状態を表している。巽宮を外耳道とみると道が塞がれ（杜門）、耳（壬）に災い（撃刑）。

③時干を婚約者または結婚生活とすると、結婚生活には不安心配や予想外の驚くこと（驚門）がある。

日干が時干から剋されるので、婚約者や結婚生活から傷つけられる。

時干が六合を剋すので、男が結婚を嫌になる。

六合や巽宮（結婚）が撃刑の凶格と杜門に遭うので、結婚生活は順調にいかず立ちふさがる。

時干が空亡なので、結婚生活に空しさがある。また坤宮が空亡なので、空虚な家庭生活も表す。

④【庚（男性）乾宮】

乾宮・天心星・開門：社会的地位が高い→婚約者は大学で要職を務めている

庚は六合を剋すので、夫は結婚が嫌になる。

【乙（女性）離宮】

天英星・景門・乙奇得使：学歴が高い → 女性は大変高学歴である
乙が庚を剋すので、妻は夫を嫌になる。

結婚の話と耳の怪我の話のどちらの内容も盤に反映されている。怪我の話は外応であると同時に結婚生活の未来も表している。時干は虫や怪我の事象と同時に、婚約者や結婚後の未来を表す。この結婚は大凶であり両者はいずれ不仲になりお互い傷つけあうと判断した。

10月に結婚入籍後、11月に夫が浮気をしている証拠が見つかる。新婚生活は1カ月足らずで、それ以降はお互い引っ掻きあうようなひどい喧嘩が起きた。しばらく家庭内別居が続き2013年の秋に完全に別居した。

⑤【丁（男の不倫相手の女性）坤宮】
丁は庚を生じる。結婚前から浮気をしていたが、女の押しが強く結婚後も不倫を継続していた。
丁が空亡。結婚前には浮気相手の存在には全く気づかなかった。
天芮星・死門・螣蛇は陰湿な性分や執着してまとわりつくことを表す。

⑥【妻の生年干癸　震宮】傷門・白虎：怪我・災難・傷つく

【夫の生年干丁　坤宮】騰蛇：隠しごと・嘘偽り
癸震宮か丁坤宮を剋すので、妻は傷つき夫が嫌になる。

⑦開門：秘密にしていたことが明らかになる
開門が乾宮にあるので亥月（11月）に浮気が発覚。戦格がつくので争いが起きる。
結婚前は婚約者のことを欠点のない理想的な男性といっていたが、日干に杜門（はっきり分からない、盲目）がついていたからと考えられる。
別居後もずっと不倫が続き、不倫相手の女性と夫と3人で三つ巴の裁判沙汰になり心身ともに疲弊したとのことだった。

実例　3　恋愛占(1)　友人の結婚報告

広谷匠宥先生（公認インストラクター：京都在住）の実例です。

2008年11月8日　戌刻
戊子年　癸亥月　壬子日　庚戌時　空亡：寅卯
陰6局　旬首［壬］

直符：天芮星　直使：死門

(壬)己　内 庚　杜符	乙　柱 丁　景天	戊　心 (壬)死地
丁　英 辛　傷蛇	己	癸　蓬 乙　驚雀
庚　輔 丙　生陰	辛　冲 癸　休合	丙　任 戊　開陳

女性の友人から、結婚が決まり２００９年の５月頃に挙式する予定との報告を電話で受けて、その時間で盤をたてた。

①門の伏吟で人の和が欠けている。

②【日干巽宮】

壬：六儀撃刑で計画の挫折、壬＋時干：地網、甲＋庚：飛宮格、日干＋庚：雲干、天芮星：病気、杜門：塞がる、巽宮：結婚または結婚の運びが整う本人は精神的な病気（巽宮の天芮星）を抱えており、4つの凶格と杜門があり結婚できる心身状態ではないことを示す。また巽宮が沢山の凶格に遭うことから結婚が凶である。

【時干艮宮】

庚：六儀撃刑で他人から背かれる、庚＋丙：太白入熒

時干は婚約者または結婚生活であり、婚約者に問題があるか、結婚が凶である。

時干の庚は男性も表し空亡で六合を剋す。

男性に問題があり、本当のところは結婚する気持ちが足りない。

日干が時干を剋すので、本人が婚約者か結婚自体を嫌がって拒否する可能性がある。

③乙（女）は庚（男）を生じており、女性の方が積極的に結婚しようとしている。

しかし六合が乙を剋すので凶。

④5月（巳月）にあたる巽宮は大凶であり、この時期の結婚式はよくない。

はじめは結婚式の準備に楽しく取りくんでいたが、２００９年1月から体調を崩し、精神的な病気が悪化していった。結局5月の結婚式はキャンセル料を払って中止になり、この時期に男性の方から婚約破棄をい

われ破局した。

実例　4　恋愛占(2)　知人の恋愛相談

広谷匠宥先生（公認インストラクター：京都在住）の実例です。

2009年7月8日　子刻

己丑年　辛未月　甲寅日　丙子時　空亡：申酉

陰2局　旬首［己］

直符：天蓬星　直使：休門

<table>
<tr><td>(己)　蓬
丙　傷符</td><td>辛　任
庚　杜天</td><td>乙　冲
戊　景地</td></tr>
<tr><td>癸　心
乙　生蛇</td><td>丁</td><td>丙　輔
壬　死雀</td></tr>
<tr><td>壬　柱
辛　休陰</td><td>戊丁　内
(己)　開合</td><td>庚　英
癸　驚陳</td></tr>
</table>

知人男性からメールで、合コンで知り合った美容師の女性から明らかに好意を寄せられていると思うが、付き合ってもよいかどうか相談される。

甲寅＝甲寅癸より日干を癸とみる。

①【乙（女性）坤宮】

景門：美容関係

庚を生じるので女性の方から好意を寄せられている。坤宮は未月で旺じており女性からの押しが強い。入墓で素性は悪い。

②【時干（女性および未来）兌宮】

丙＋壬：積極的に動くと不利で面倒ごと多い、玄武：偽り・陰謀、天輔星：美髪美容業

女性に隠しごとや陰謀がある可能性があり、時干が日干を剋すのでトラブルに巻き込まれる。

③乙が庚を生じるも六合を剋す。

玄武の乗った時干が日干を剋す。

乙と時干が空亡。

この女性は一見好意があるように見られるが、裏に謀略・隠しごとがあり、真剣に交際を考えいている

とは思えないと伝えた。

後日、男性がこの女性と一度デートしたところ、マルチ商法の化粧品会社に連れて行かされ、熱心な勧誘を受けた。デート商法だと分かり、非常に腹立たしい思いをしたとのことだった。

実例　5

青龍先生（公認インストラクター：神奈川在住）の実例です。

ある日、恋愛の相談があった。

既婚者で結婚3年目、夫婦仲も良く順調な生活を送っているとのことですが、そのような時期に急な相談が来ました。

まずはこの相談時の盤を見てみました。

甲午年　庚午月　丙寅日　乙未時

陰9局　旬首［辛］　直使中宮

①日干宮である兌宮の状態は非常に良くありません。

丁　冲 癸　死雀	癸　輔 戊　驚陳	戊　英 丙　開合
己　任 丁　景地	壬	丙壬　内 庚　休陰
乙　蓬 己　杜天	辛　心 乙　傷符	庚　柱 辛　生蛇

癸入太白と雲干が入っており、明らかに争いごとが起こっていると判断できます。

その争いがどのような内容なのかを考えてみますと、休門、太陰から飲食、特にお酒というキーワードが出ています。

さらに、休門は異性関係、兌宮はそのまま飲食や遊興的な意味合いが強いです。

そこで私は、飲み屋やクラブで働く女性との浮気ではないかと考えました。

相談者に聞いてみたところまさにその通りでした。

「その女性と喧嘩になってしまい、私の浮気が妻にバレてしまいました。本当に大変なことになってしまった」

②次に浮気相手である第三の女性「丁」の状態を見てみました。
丁は巽宮に入っています。

朱雀投江が入っていることから損失や訴訟的争いなど、死門、天冲星からこの恋愛の発展はなく停滞している状況、また同宮している玄武から女性が本気ではなく男性を翻弄している、または騙している、という可能性を感じました。

また巽宮は空亡でもあり、やはり良くない状態です。

③男女関係で見てみますと、男性「庚」は乾宮にあります。
伏宮格があり、突発的な損失、事故や災い。

歳格と生門で、相談者の父親（乾宮）がこのトラブルを収めるために金銭的損失を被る。

騰蛇と天柱星から、物事がスムーズに進まない、先行きに不安を感じていると判断しました。

④浮気がバレてしまった奥様「乙」は艮宮にあり、杜門、天蓬星などの象意から積極的に解決をする意志が弱いことや夫に対しての猜疑心などを感じました。
相談者本人の日干宮、男女関係の「庚」ともに状態は悪く、これは相談者本人の原因によるトラブルであることがわかります。

本人も強く反省していることから、今回の件がどのような結果になるのかを予測してみました。

⑤日干宮（兌宮）は、時干宮（艮宮）から生じられています。

⑥男女関係で見ますと、夫「庚」（乾宮）は、妻「乙」（艮宮）から生じられています。

⑦そして、男性「庚」（乾宮）は、第三の女性「丁」（巽宮）を剋しています。

この状況を考えますと、妻はまだ夫に好意があり、今後の対応によっては仲直りが可能であると見ました。そして、浮気相手とも労を要しますが誠意をもって対応することでこれ以上の大きな問題には発展しないと考えました。

そこで次に、相談者（日干宮）を助けてくれる坤宮に注目しました。

坤宮には開門と六合が入っており、中立な立場の協力者がポイントになるとみました。

「結果的にはどうにかこの事態は収まると思います。奥様には6日後の申の日に結婚時の仲人さん同席でお話をしてください。浮気相手の彼女には8日後～9日後の戌日もしくは亥日に話してください。万一、金銭的な解決を要する場合はあなたのお父さんに思い切って相談してみてください。どちらにしても今回はあなた1人での解決は難しいかもしれません」

結果的に、浮気相手の彼女とはきれいに縁が切れたそうです。

父親に大変お叱りを受けたとのことなので経緯が順調でなかったことは確かでしょう。

そして、その後に妻との仲もなんとか直り、現在は仕事に精進しているとのことです。

実例 6

紫雲先生（研究会員：東京在住）の実例です。

紫雲先生の実例はクライアント様の都合により奇門遁甲盤を略式にて記載させていただきます。

某日、当時30歳のA子より恋愛の相談を受ける。

A子「私の恋愛はどうなりますか？」

紫雲「あなたは現在、2人の好きな人がいる。また、その2人は大変に近い関係だ。多分、同じ職場の上司部下か、大学の先輩後輩などだと思う。そして、あなたが特に好きなのは上司もしくは先輩の方だろう」

A子「はい、私の好きな人は2人いて、その2人は私と同じ職場の上司部下の関係の方で、特に上司の方が好きです。なぜ、それが分かったのですか?」

庚丙		
	乙	

紫雲「女性を表す乙が坎宮にあり、ここは五行水である。男性を表す庚が震宮にあり、ここは五行木である。加えて、もう1人の男性を表す丙が庚と同じ震にある。水は木を生じるので、女性から男性に気があり、庚丙が同宮にあるので、2人の男性を好きだと判断。また同宮にあることで、近い関係だと判断。庚が丙の上にあることから、上司部下、もしくは先輩後輩の関係だと判断した」

A子「その後、私はどちらとうまくいきますか?」

紫雲「とりあえず、二股状態で両方と付き合うと思うが、最終的に上司の方はあなたを傷つけ、徐々に部下の方に思いが沢山寄る」

後日、結果を聞いたところ、私の占断の通りの結末となった。

実例　7

紫雲先生（研究会員：東京在住）の実例です。

2015年2月某日

		丁　生
		庚乙
	丙	乙

妻よりご近所のご夫婦のことで相談を受ける。

妻　「〇〇さんのところの旦那さんが、奥さんに内緒で、セカンドハウスを購入していて他の女性を住ませていたんだって」

紫雲「まずその旦那さんの浮気相手は、旦那さんにお金を提供する関係だね。
　また、旦那さんと奥様は基本的に別れません。腐れ縁的にずっと一緒にいるね。
　奥さんは、誰か思いを寄せている他の男性がいるね」

後日、その奥様に私の妻がその内容を伝えたところ、最初はそんなことないと否定していたが、徐々にその内容が全部当たっていることを容認した。旦那さんの浮気相手は、かなりのお金を稼ぐ職業のようで、旦那さんの会社が傾きかけたときお金を貸したりしている関係だったことも明らかになった。

また、セカンドハウス発覚の時点で、その家の寝室は玄空風水で寝室が喧嘩、浮気等が発生する方位だったので、夫婦縁の良くなる方位に移動するようにアドバイスしていたのだが　寝室を移動していなかった。事実発覚後、寝室を移動したところ、仕事と偽ってセカンドハウスに頻繁に寝泊まりしていた旦那さんが、ほぼ毎日自宅で寝るようになった。

実例　8

常見多聞先生（公認インストラクター：千葉在住）の実例です。

ある女性が婚約をしたと聞き、盤を作成。

2014年6月7日　20時〔甲戌〕
陽6局　旬首〔己〕
甲午年　庚午月　己酉日　甲戌時

丙　輔 丙　杜雀	辛　英六 辛　景地	癸乙　内 癸　死天
丁　冲 丁　傷陳	乙	(己)　柱 (己)　驚符
庚　任 庚　生合	壬　蓬 壬　休陰	戊　心 戊　開蛇

【庚（男性）：艮宮】

六儀撃刑。

六合があり男性からプロポーズ。

生門＋艮宮で一緒に住む家を建築中。

庚は月干でもあり、兄弟を指し、六儀撃刑。その男性の兄弟は病を抱えている（知的障害）。

【乙（女性）：坤宮】

庚と対沖で比和（くされ縁）。

申酉空亡ですぐに進めない。

すぐに結婚して移住したい（九天）がなかなかできない（死門）。

天芮星：障害の要因あり。

伏吟：状況がなかなか動かない。


【日干・時：癸宮】

同宮しているので、難はあるものの一緒になる、腐れ縁で離れられない。

年干（甲）が同じ宮で男性の親（母）が同居となる。


【その他】

離宮に六儀撃刑がある。

男性の母親は脳（頭：離）の手術をしていて、味覚に難がある（癸宮で甲が宮から剋されている）。

結果は、相手が海外の人ですぐに結婚して移住できない事情があり（ビザの関係と新居の完成に時間がかかるなど）婚姻届を日本で提出するまで半年以上かかり、その後も手続きに時間を要したりして、なかなか海外へも移住して一緒に住めていない。

実例　9

常見多聞先生（公認インストラクター：千葉在住）の実例です。

ある女性より「結婚をしたいがどうしたらいいか？」との相談があり盤を作成。

甲午年　壬申月　乙卯日　甲申時

2014年8月12日　16時

甲申陰5局　旬首［庚］

己　輔 己　杜天	癸　英 癸　景地	辛戊　内 辛　死雀
(庚)　冲八 (庚)　傷符	 戊	丙　柱 丙　驚陳
丁　任 丁　生蛇	壬　蓬 壬　休陰	乙　心 乙　開合

伏吟で状況は進みにくい、結婚は当分なし。

【乙：乾宮】

震の庚を剋している。相手を望んでいない。戦格で凶。
日干と時干をみると、日干＝乙、時干＝庚で同じ。

実は周りの友人からそういわれてその気になっただけで、本当は結婚を望んでいないのが本音だった。

【丙：兌宮】

乙と比和。白虎がいる。
以前の夫にストーカーされている。

坤宮に天芮星。
年老いた母親が病気がちでその介護が大変なため友人に相談したところ、結婚して夫の助けも得ながら一緒に介護するようにとアドバイスされ、結婚運の鑑定依頼するに至った。

実例　10

岡本有央先生（研究会員：愛媛在住）の実例です。

ある男性からの恋愛と結婚に関する相談。

知人から女性を紹介してもらった。数回デートをしているものの、なかなか自分の思うように進展していない。ドライブや食事など、デートに誘うと断られることはないが、結婚に関しての話もなにも進まない上に、キスすることもできないし、性的な関係も一切持てない、とのこと。

この男性としては、この女性をかなり気に入っており、できればお付き合いをして結婚したいとのこと。紹介自体も、結婚前提での紹介であったので、今後、結婚に進展する可能性があるかどうかみてほしい、という質問であった。

質問のあった時刻の時盤を作り占った。

2014年10月5日　21時55分

甲午年　癸酉月　己酉日　乙亥時

陰6局　旬首［己］　旬首中宮

辛　冲 庚　死合	庚　輔 丁　驚陰	丁　英 壬　開蛇
丙　任 辛　景陳	(己)	壬(己) 内 乙　休符
癸　蓬 丙　杜雀	戊　心 癸　傷地	乙　柱 戊　生天

天盤庚が男性を表し、離宮に落宮しており、天盤乙の相手の女性の落宮乾を火剋金で剋している。男性の言葉通り、男性側が熱烈に気に入っている様子が現れている。勢いの差があるので、これだけでみると、結婚がすんなり進むのには多少難があると思われるが、見方を変えて、日干を本人とし、時干を相手としてみると、日干己は落宮兌、時干乙は落宮乾で、比和となるので、結婚や恋愛がうまく進む可能性がある。

もともと女性を一度気に入ると、のめり込みやすい彼なので、相手に対して思いを遂げたい、自分のほうに振り向かせて結婚したいという希望や思いが強すぎる面はあるようだ。

紹介してくれた仲介者については六合をみる。巽に落宮しており、木生火で、離宮の男性を生じているので、相談者の男性をひいきめにみて気に入っている。

相談者が自分だけで頑張るより、仲介者に応援を頼めばよい気もしたが、この六合には、死門および天冲星が同宮の上、天盤辛、地盤庚は、「百虎出力で、泥沼の争いとなる。時には傷害事件に発展する」とあったので、この仲介者が関わると余計に話がもつれる気がする。

また、この六合のある巽宮は、男性庚の落宮離を生じる宮なので、本来は吉宮ともなるのだが、凶門の死門が同宮なので、吉も無作用となる。

これらのことから、紹介者にこれ以上の応援を頼むのは勧めなかった。

この相談者によると、鑑定通り、仲介者は実際に、相手の女性より相談者のことをかなり気に入ってくれているとのこと。ただ、紹介はしてもらったが、これ以上仲立ちをお願いするつもりはないということだった。

この仲介者は、霊視のようなことをして相談を請け負っている人物だそうで、それが仲介者と同宮の死門の象意である「人の自殺や犬死を防ぐ」、景門の「ひらめき、文章」ということにもつながる。

次に、相手の女性に関してみる。この女性は婚活中で、相談者以外にも数名の男性と会う予定があるとのこと。第三者の男性は丙で落宮震。結婚によいとされる天任星と中吉門の景門が同宮しているが、勾陳が同宮の上、女性乙が金剋木で剋しているので、もし女性が気に入ったとしても、さほど順調に進むようには見えない。

なお、相手の女性は活発な性格で仕事で県内外を飛び回り、会社の代表として活躍しているとのこと。生門・九天・天柱星が同宮のことから仕事熱心で、結婚したいといいつつも、仕事優先な現状がうかがえる。

相談者には、これらの鑑定の結果を伝えた上で、可能性はあるのだから、まだ出会って3カ月程なので、あまり性急にならず、相手のペースに合わすことも考えて、少し気長に待つつもりで付き合っていくことを勧めた。また、他の男性の存在も気になるということだったが、あまり気にしないようにと伝えた。

実は、この相談者の恋愛パターンを20年近く見ているが、庚落宮離、日干己は落宮兌といったように、社会的地位は高いものの、そもそも落ち着いた現実的な結婚というよりも、楽しく恋愛したいという想いが相変わらず強いのではないかと思う。

結果は以下の通り。

1カ月後、状況はさほど変化がないとのことだった。しかし、相談後ほぼ3カ月たった頃、本人から再度連絡があり、彼女を伴っての訪問があった。結婚の話がまとまり、彼女の父親に会う日は、いつがいいかの相談であった。

鑑定通り、積極的にアピールしつつも、あきらめずに、彼女のペースに合わせ、せかさずに待ち、また相手が仕事で忙しいことにも理解をもった結果、見事結婚の約束ができたそうだ。「普段であれば、結婚できそうもないからと諦めていたと思うが、可能性があるといわれていたので、自分なりに時間をかけて待ってみて、本当によかった。彼女の状況も鑑定通りだった」とお礼を伝えられた。

20年も前からずっと結婚相手を探していたのを知っていたので、正直驚きも隠せなかったが、やっとまとまりとても嬉しく思った。日干、時干が比和だったことがよい結果となったようだ。また、風水の紅鸞方位に真紅の花を飾るなど、他のアドバイスも実行してくれていたので、これらも効果があったのだと思う。

なお、最初の相談があってから、5カ月後にぶじ入籍したとの報告があった。

第5章　その他の卜占

この章では、試験占、仕事占、胎産占、出行占等を紹介します。

第1項　試験占

試験の判断は、やや複雑です。

天輔星を試験会場、あるいは学校と見ます。景門は文書を表し試験、あるいは答案用紙。丁にも文書の意味があり、やはり答案用紙の意味があります。直符（八神の直符ではなく、九星の直符）は試験官や面接官を表します。また年干は志望校を表す場合があります。

以上の要素と日干（本人）との関係を見ます。ただ一般的には、親御さんが子供の受験について問われる場合が多く、この場合は時干との関係を見ます。

実例　1

岡本有央先生（研究会員：愛媛在住）の実例です。

友人と電話で話している際、友人が先日、会社の指示で受けた資格試験に合格しているかどうか知りたい、という質問を受けた。この試験、1回目は残念ながら不合格であり、今回が2回目のトライなので、結果が非常に気になるとのことであった。

本人いわく、がんばってみたが自信はない、合否は五分五分の感じで、近日中に合否の通知があるということだった。

その質問のあった某日某時の時盤を作盤し占った。

甲午年　甲戌月　戊午日　癸亥時
陰9局　旬首［癸］

(癸)　輔 (癸)　杜符	戊　英 戊　景天	丙　内 丙　死地
丁　冲 丁　傷蛇	壬 壬	庚　柱 庚　驚雀
己　任 己　生陰	乙　蓬 乙　休合	辛　心 辛　開陳

友人が受験者本人なので、日干戊が本人で受験生となる。日干の落宮離に三奇は同宮していないが、答案用紙を表す景門が同宮。また、同宮の九天も文書という象意があり、吉神である。

試験場を表す天輔星、試験官を表す直符、そして、資格取得を命じた会社の意味をもつ年干甲、これらすべて巽宮に落宮しており、木生火で受験者の日干落宮離宮を生じている。文書を表す丁奇は落宮震で、これも日干と答案用紙の景門を生じている。

日干落宮に三吉門は同宮していないものの、以上のことから、今回の試験は合格しているであろうと判断し、よい結果が届くことを待つとよい、という判断結果を本人に伝えた。

後日、この友人から、ぶじ試験に合格したとの報告があった。

受験者本人は自信がないとのことだったが、占い通りの好結果で非常によかった。

実例 2

常見多聞先生（公認インストラクター：千葉在住）の実例です。

ある企業の社員になることを希望しエントリーを行った男性より、「就職試験に合格するか？」と鑑定依頼があった。そのメールが来た時間で盤を作成した。

戊子陰9局　旬首〔庚〕

甲午年　庚午月　丙寅日　戊子時

丙　内 癸　開蛇	(庚)　柱 戊　休符	辛　心 丙　生天
戊　英 丁　驚陰	壬	乙　蓬 (庚)　傷地
癸　輔 己　死合	丁　冲 乙　景陳	己　任 辛　杜雀

【依頼者本人：坤宮】

巽宮に日干があるが、坤宮に日干と依頼者の年干支が同宮しているため、こちらを依頼者本人とする。

生門だが反吟でよくない。

九天・天心星（地位上昇＝アルバイトから社員へ＝を希望している）

午未空亡：凶

【丁・景門（書類）：坎宮】

日干宮（坤）より剋されて凶。

直符（試験管）からは生じられているが、面接までたどりつけず一次（書類）選考で不合格。

【天輔星（試験会場）：艮宮】

日干と対冲でよくない。

結果は、８月（申月）に一時選考（書類選考）で不合格であったとのメールが届いた。

実例　３

亮成先生（公認インストラクター：東京在住）の実例です。

甲午年　庚午月　己卯日　丁卯時

丁卯陰８局　旬首［戊］　直使中宮

２０１４年７月７日午前６時頃。メールをもらったことに気づき作盤した。

庚　心 壬　開陰	丙　蓬 乙　休蛇	戊　任 丁　生符
己　柱 癸　驚合	辛	癸　冲 己　傷天
丁辛　内 戊　死陳	乙　英 丙　景雀	壬　輔 庚　杜地

鑑定依頼のメインは、大学院受験の結果はどのようになるか？　恋愛は上手くいくか？　の2つ。

以下のように分析した。
依頼者は受験者本人なので日干己を本人として見ます。
第一志望は年干甲、試験官は直符天任星で坤宮に同宮と成ります。
日干己は震宮で木、第一志望と試験官は坤宮で土・木剋土となります。
受験生が第一志望校と試験官を剋している事が分かります。
答案用紙は景門で坎宮に落宮、坎宮は水で水生木。

試験会場は天輔星で乾宮に落宮、乾宮は金で空亡。

金剋木になるが乾宮空亡で剋す力が弱い。

丁は時干なので結果を意味します。

丁は艮宮で本人と結果の関係は木剋土。

この受験は希望校に合格できると判断しました。

メールの返事には「勉強は順調に進んでいますか。努力を続ければ希望も叶うと思います」と書きました。

恋愛については、
男性庚は巽宮（木）落宮、女性（本人）乙は坎宮（水）落宮。
2人の関係は水生木で女性側が強く好意を持っていることが考えられます。
巽宮には小格「物事が順調に進まない」が入っています。
時干の結果にも三奇入墓が入り、恋愛はすぐには進展しないと判断しました。
メールには「受験に集中するように」と書いた。
後日の9月末日頃連絡が入り、某国立大学大学院に合格した事がわかりました。

第2項　仕事占

一口に仕事占といっても、様々な形態があります。

・企業と企業の契約や取引の占断

この場合、日干が相談相手の会社、時干を取引相手と見ます。

日干が買い手、時干が売り手となる場合もあります。

・企業と消費者の契約や販売の占断

企業や商店が、消費者と契約や販売を行う場合は、日干を企業や商店、時干を消費者としますが、新製品開発やプロジェクト、キャンペーンが成功するかどうかの場合は、時干が製品であったり、キャンペーンやプロジェクトであったりもします。

・個人の方の勤め先の会社に関する占断

日干が勤めている本人、時干が勤め先の会社になりますが、特定の人物とのトラブル等であれば、時干がその相手となります。

・就職や転職等

就職や転職、あるいは個人等で企業に企画を売り込む場合などは、日干が本人、時干を会社とします。

・企業、個人事業主の仕事の業績に対する判断

原則は相談主が日干、業績が時干となります。

仕事に関する占断の場合、生門との関係が最も重要です。生門は利益を表しますので、生門から生じられると利益があり、反対に剋されると損失があります。また戊が資本や資金を表します。戊から剋されると資金不足となります。

六合は契約を表します。六合から剋されると、契約はなりません。

これらを総合して判断しています。

実例　1

八角（ほずみ）先生（公認インストラクター：福岡在住）の実例です。

辛卯年　丙申月　庚申日　癸未時

2011年9月2日　13時
癸未陰7局　旬首［己］
直使：開門　空亡：申酉　干：庚　時干：癸　八神：天盤寄せ

癸　内 辛　杜陰	戊　柱 丙　景蛇	（己）心 癸　死符
丙　英 壬　傷合	庚	丁　蓬 戊　驚天
辛　輔 乙　生陳	壬　冲 丁　休雀	乙　任 （己）開地

雑誌で連載を持っていたが、担当編集から取材日を変更してほしいと依頼がありました。編集者の希望する取材日には他の仕事が入っており、変更が難しいことを伝えました。すると編集者から、その日だけライターを変更すると言われました。もともと取材可能日は伝えてあり、編集者の手違いでの取材日変更。その上にライターを変えるという理不尽な依頼でしたので連載は降りることにして、その旨を編集者に伝えました。

電話を切り、卜占したのが前記の盤。まず、目がいったのが八門の伏吟です。伏吟は物事が動かない状態なので仕事が継続する（?）と単純に思いました。ただし、もう降りるといってしまったので、仕事がなくなることは決定なのですが……。3年以上続いた連載でしたが、こんなカタチで終わるのかと落胆しました。

日干を自分とすると、日干庚は巽宮にあり、杜門です。行き詰っている今の状態を表しているようです。時干を相手とすると、時干癸も巽宮にあります。癸が巽宮にある六儀撃刑は「争いに負ける」とあります。相手を時干とすると相手が負けるということになりますが、時干を結果と考えると争って負けるとも考えられます。

さらに、資本を表す戊は離宮にあり、艮宮にある生門（利益）を生じてます。しかし、艮宮には白虎猖狂の凶格に、勾陳（白虎）の凶神だったので、利益がなく仕事もなくなるだろうと思いました。

30分くらいして、担当編集者から連載を継続してほしいと電話がありました。取材は編集者がして、そのデータをもとに原稿を書くことになりました。

継続になった理由は、一緒に仕事をしていたカメラマンが「新しいライターを車に乗せたくない」という意外な理由でした。カメラマンの車にモデル、編集者、メイクと私が乗って取材場所まで移動していたため、知らないライターを新たに乗せることを嫌がったそうです。

震宮にある六合を仲介してくれたカメラマン、天英星をモデル、傷門を車とみることもできます。日干のある巽宮と震宮は比和（兄弟宮）。六合は吉神で、「和合・融合」の意があるので、助けになったとも考えられます。巽宮癸（時干）の六儀撃刑は相手が負ける、折れるということだったのだと思いました。

彼が説得してくれたおかげで仕事がなくならなくてすみ、良いカタチで続けることができました。伏吟の盤は物事に変化がないことをはじめて実感した事例でした。事業占という程のことではないですが……。

実例　2

青龍先生（公認インストラクター：神奈川在住）の実例です。

後輩の女性から仕事の相談がありました。

状況としては、最近ご主人がリストラされ、次の仕事が決まらずに自宅にいて、彼女が仕事に出ている。生活費が足りないため、彼女の貯金を崩しながら、どうにか持ちこたえている。

彼女の父親にお金の借り入れを相談したところ父親から激怒され、もう実家に戻って来いといわれている。

２０１０年２月１日　16時39分
己丑年　丁丑月　壬午日　戊申時
２０１０年２月１日　15時［戊申］
陽８局　旬首［壬］　五不遇時

己　英 癸　開陰	辛　内 己　休合	乙　柱 辛　生陳
癸　輔 壬　驚蛇	丁	丙　心 乙　傷雀
壬　沖 戊　死符	戊　任 庚　景天	庚　蓬 丙　杜地

五不遇時であり、八門が反吟の盤です。

日干宮の艮宮には死門、天冲星、三があり、借金、喧嘩、破産などの象意が考えられます。

また艮宮そのものから、財産が減る、財産がなくなる等の悪影響があると見ることができます。

お金としての生門は坤宮にあり、日干宮と冲しています。

坤宮には白虎、青龍逃走があり、天柱星から普段とは違う悪い状況が降りかかっていると判断しました。


夫婦間の関係も確認してみました。

ご主人の庚は乾宮にあり、杜門、天蓬星、一、九地、太白入熒から、急なお金のトラブル（リストラによる）に見舞われ、精神的に疲弊しているのか次の就職活動を積極的にすることもなく自宅にひっそりとこもっている状況が考えられます。


妻である彼女の乙奇は、先程の生門と同じ坤宮にあります。

お金（生活費）についての大変厳しい状況は主に彼女に降りかかっていると考えられます。

そして、庚の乾宮に洩らされています。

彼女は自分自身が大変であるにも関わらず、ご主人を経済的にも面倒を見ている状況が分かります。


日干宮の艮宮が時干宮の坎宮を剋しています。

そして、坎宮に同宮している財や資本としての戊を剋しています。

乙奇のある坤宮も戊を剋しています。


結果的に、彼女は破産は免れてどうにか持ちこたえました。

ご主人とは別居し、実家に戻りました。

坎宮の五に出戻りという象意を見ることができます。


その後、ご主人はアルバイトをしながら再就職活動を始めたそうです。

実例　3

常見多聞先生（公認インストラクター：千葉在住）の実例です。

ある経営者より「新たな事業のプランを思いついたので、その吉凶を知りたい」との依頼があった。

甲午年　乙亥月　甲辰日　庚午時

2014年11月29日　12時［庚午］

陰2局　旬首［戊］　五不遇時

庚　英 丙　杜蛇	(戊)　丁内 庚　景符	壬　柱 (戊)　死天
丙　輔 乙　傷陰	丁	癸　心 壬　驚地
乙　沖 辛　生合	辛　任 己　休陳	己　蓬 癸　開雀

伏吟、五不遇時。

状況は進まず苦労すると判断。

【日干（壬）：坤宮】
死門：うまくいかない、あるいはまだ立ち上がっていないプラン
九天：突然思いついたプラン
坤宮：大衆向けのプラン

【時干（庚）：巽宮】
巽宮：遠方（海外から日本へ旅行する人向けのサービス）
庚：飛行機で来る外国人
杜門：まだ未公開
丙：日本の観光案内（明らかにする・書類の象意）
太白入熒：凶

時干（巽宮）が戊（離宮）を生じ、戊（離宮）が日干（坤宮）を生じるので、もともとは悪いプランではないが、太白入熔・飛宮格と凶格が揃う。太白入熒は書類手続き関連、飛宮格は飛行での移動が関連しているように思える。全体的に計画不足（離宮に芮があり準備・手続きに病あり）と思われる。

本人に会って話を詳しく聞くと、2～3年かけて準備して立ち上げるプランであるとのこと。いまの思いつきのままでは難が多いと思われるため、一つひとつ十分な準備を実施するよう伝えた。

実例　4

天野里紅先生（公認インストラクター：京都在住）の実例です。

癸巳年　乙丑月　乙丑月　辛卯日　戊戌時
陽5局

己　心 乙　傷地	癸　蓬 壬　杜天	辛　任 丁　景符
庚　柱 丙　生雀	戊	丙　冲 庚　死蛇
丁戊　内 辛　休陳	壬　英 癸　開合	乙　輔 己　驚陰

大手建築会社の営業をしている友人が、直属の上司から嫌がらせを受けていた。毎日が憂欝でこの先どうしたらいいのか、上司との関係が気になり、会社を続けるべきか辞めるべきか迷っていた時に受けた相談です。


日干：辛は本人　　時干：戊は相談依頼人の上司
日干は坤宮、時干は艮宮で対冲、上司と対冲関係。

本人は、好きな仕事であるにもかかわらず消極的になってきている。（任の象意）景、符が同宮だが、反吟で良くない。

上司は、時干艮宮で勾陳、天内と同官。

かなり、人当たりがきつくて、威厳をふりかざして本人に激しく向かってくるし、天内の象意のしつこさが出ている。

勾陳（白虎）：凶、激しい攻撃
天丙：しつこい
休門は、本来水なのに、艮宮にあり、土剋水となっている。

かなり、きつい攻撃が行われていたことがうかがえる。

本人の生干丙は兌宮にあり、どうにもならない状況。

死門：事が停滞

騰蛇：繰り返し攻撃をうける
しかも熒入太白で、凶格。

年干癸は本社役員を表す。
癸は、会社の本社にいるさらに上の役職の方を表し、本人に仕事を期待しているので、頑張ってください
ととても好意的に接してくれる。
癸は離宮（火）で本人は坤宮（土）で火生土

時期的見方を以下に記す。
この相談を受けたのは1月で、このままだと3月も震に玄武、庚が入り、しかも、庚丙で太白入熒となる。
雀（玄武）：険悪、陰険
太白入熒：争い
また、震宮（木）は、本人の坤宮を剋するのでさらにやられてしまう。

結果は次の通り。
3月に入って、直属の上司の態度とパワハラは依然続いたので、配置転換を申し出た。本社にも伝わり、
配置転換はＯＫとなったが、結局、新配置先の責任者にこのパワハラ上司が就くことになって、もうこれ以

上はイヤだということになり、結局我慢できずに退社することになりました。

第3項　胎産占

妊娠に関する判断です。妊娠は坤宮を見ます。坤宮の九星や八門、三奇六儀の陰陽で、胎児の男女を判断します。

坤宮に対冲宮の艮宮の天盤干にて出産日を判断します。

さらに、坤宮の状態や、日干を母親、時間を胎児として、総合的に判断します。

実例　1

紫鳳先生（公認インストラクター：東京在住）の実例です。

知人男性から、彼の夫人が妊娠中と知らされ、性別と出産時期を占ってみた。

なお、彼はこの時点で出産予定日については医師から同年4月1日と聞いていたが、胎児の性別は知らされていないとのことであった。

占時：庚寅年　戊寅月　癸卯日　辛酉時

陽6局　旬首［癸］

辛　英 丙　景天	癸乙　内 辛　死符	己　柱 癸　驚蛇
丙　輔 丁　杜地	乙	戊　心 己　開陰
丁　冲 庚　傷雀	庚　任 壬　生陳	壬　蓬 戊　休合

①胎児の性別

坤宮は天柱星・驚門ともに陰であることから女子と判断。

②出産の安全性

離宮の天内星（妊婦）は乙奇（医薬）と同宮し、これらが坤宮の天柱星を生じている。また坤宮の驚門は宮から生じられており、相剋の要素がないことから母体・胎児とも危険な要素は見当たらず安定しているといえる。

③出産時期

丁日または丁時に出産すると判断。

今回の場合、医師が告げた出産予定日前後で丁日にあたるのは3月27日と4月7日であるので、このいずれの日か、その他の日であれば丁時に生まれると予想した。

結果は、3月31日の午前1時頃（庚辰日丁丑時）にぶじ女子が生まれた。母子ともに健康であった。

実例　2

風雅先生（公認インストラクター：宮城在住）の実例です。

22時過ぎに、友人のN君から電話があり、妻の出産に対して占ってほしいといわれました。

N君の奥さんは女児の誕生を期待しているとのことでしたが、どうなるか盤を見ていきます。

２０１０年２月27日　22時［癸亥］

陽３局　旬首［癸］

坤宮を見ると天内星も入っていて、妊婦の象意がはっきりと表れています。

天盤干乙は陰性なので、胎児は女児である。

伏吟しているので、出産は遅れる？
白虎があるので、早産になる？

己　輔 己　杜陰	丁　英 丁　景合	乙庚　内 乙　死陳
戊　沖 戊　傷蛇	庚	壬　柱 壬　驚雀
癸　任 癸　生符	丙　蓬 丙　休天	辛　心 辛　開地

２つの異なる象意がありましたが、天盤干乙が坤宮を剋していたので、この時は早く生まれると判断しました。

医師から伝えられた出産予定日が３月末頃ということだったので、３月上旬には生まれるだろうと予想しました。

私は、出産予定日は癸の日の３月４日もしくは３月14日だと伝えました。

結果、３月４日の５時頃に女児が誕生しました。

癸の日に女児が誕生ということで、盤の通りでした。

第4項　逃亡占

家出人等の占いです。判断原則は、失せ物占とほとんど同じです。

実　例

珠生先生（公認インストラクター：大阪在住）の実例です。

2014年1月17日の午後10時50分、飲食店を営む夫から電話があった。従業員のA君が連絡もないまま出勤しておらず、携帯にも出ないので、タイミングをみて、彼のマンションに様子を見に行くとのことであった。

実はA君は働き出して約3年になるが、その3年の間に2回ほど目覚しをセットし忘れ、仕事に穴を開けたことがある。そのため、この時点では、夫も私も「またか」と思っていたが、少し心配になって、電話を切ってすぐに電話のあった時刻で局をたてた。

その盤をみて、単なる遅刻ではないと感じた。

しばらくして再度、夫から電話があり、店の郵便受けに、店の鍵と昨日渡したボーナスの袋が、中身もそのまま入れてあったというのである。

昨日はボーナスを受け取り「これからもがんばります」と嬉しそうに帰ったという。その翌日に寝坊をしてしまい、合わせる顔がないと思い、返しにきたのだろうと夫はいった。しかし、私の知るA君は礼儀正しく、素直な人物で、たとえ顔を合わせにくくても、挨拶もなく電話にすら出ないのは、あまりにも彼らしくない。何かあるのだと感じていた。

店を終えたら彼のマンションに寄ってくるという夫に、私は、今日は行っても会えないと伝えた。

子丑空亡で、日も月も空亡していて、すんなり会えないと感じたのだ。

以下のように分析した。

夫からみて従業員となる彼は、時干癸が用神となり、巽四宮に落宮。巽宮は野外を示している。

癸は六儀撃刑の凶格、癸癸「天網四張」別離、疾病の災い。杜門同宮は、自ら姿を隠し、会いたくないという気持ちが強い。

また、１９９０年生まれのA君の年命庚も彼の用神となる。庚は、坎一宮に落宮し、空亡している。

用神が空亡している場合、対沖する午の時間、または、午の日が空亡の解けるタイミングである。

庚庚「太白同宮」で、凶格。休門、天逢星ともに伏吟で、後ろ向きでマイナス思考、寂しくかたくなな彼の状態を感じる。

その後、夫が、「君の言った通りマンションにはいなかった」といって帰ってきた。

翌日、夫が彼のマンションと実家に行ってみるというので、会えないだろうと感じつつも一緒に行くことにした。

しかし、マンションも実家も留守だったため、「心配しているので連絡だけでもしてほしい」と、手紙を残して戻った。

その夜、彼の父親から連絡が入り、「昨日一度実家に戻り、泣きながら母親に、〝信頼を裏切った〟と話していたが、再び夜中のうちに外出した。多分友人宅に行ったのだろうから、戻り次第、連絡を入れさせます」ということだった。夫は安心して、「A君と連絡が取れて、怒っていないと伝えたら、仕事に戻るだろう」と話した。

しかし、私は、時干は、日干を尅していて、A君は戻らないと感じていた。

6日後の午の日、A君の父親から連絡が入った。

A君は、京都の山のなかで自殺を試みたが、死にきれず、寒い山中をさまよい、最後はひったくりをして捕まり、警察に保護されたらしい。

我々は知らなかったが、彼は学生時代にもうつ病を患い、1年の休学をしたことがあったらしい。

A君は、自宅療養のため、マンションを出て、実家に戻った。

彼の年命庚の状態は坎宮にあり、うつ病を示し、そして休門は治療の必要性も示していたのである。

第5項　盗難占

盗難に関する占いも、基本的には失せ物占と同じであるが、加えて犯人の状態を見ます。犯人は、強盗であれば天蓬星、空き巣や置き引きなどの単なる盗難であれば玄武を見ます。また、警察は傷門や白虎で見ます。犯人を表す宮が内盤であれば、身内である可能性があります。

実　例

斎静祥先生（研究会員：宮城在住）の実例です。

自転車の盗難。
２０１２年12月21日　16時
壬辰年　壬子月　丙辰日　丙申時
駅のそばの集合住宅へ子供が自転車に乗り遊びに行った。
鍵をかけずに駐輪場に置き、帰りに自転車がなくなってることに気がついた。
警察には連絡した。

気がついた時間で盤を作る。

冬至中元　陽7局
旬首：甲午辛
直使：休門
直符：天蓬星

日干と時干は丙で震三宮に落宮丙＋癸は華蓋孛師で凶格。壬＋癸は幼女奸淫であるが休門同宮で何かチャンスがあるかも。

また朱雀（玄武）が同宮していて盗まれたのであろう。

戊　柱 丁　生地	丁　心 庚　傷天	辛　蓬 壬　杜符
丙壬　芮 癸　休雀	丙	己　任 戊　景蛇
庚　英 己　開陳	丁　輔 辛　驚合	癸　冲 乙　死陰

辛落宮の坤二宮に天蓬星も落ちているので、犯人は常習者であろう。

杜門は内向的、また震三宮の休門よりあまり忙しい仕事はしていない男性ではないだろうか。

オープンクラスの奇門中級でもらった資料に、丁は車という象意があったので、丁を盗まれた自転車と考えた。

白虎・庚は艮八宮にあり、朱雀落宮の三宮から尅される。傷門は九宮にあり、三宮より生じられる。天蓬星は坤二宮にあり、白虎・庚の艮八宮とは冲しているが、同じ土の宮である犯人は捕まらないだろう。

日干・時干、丁とも内盤になるので近・速である。丁は坎一宮にあるので方向は北、時干は震落宮で三。以上により自転車は300メートルか1000メートルのいずれか位の北の方向にあると思った。日干・時干は同宮しているので、自転車は見つかると思った。

自転車は防犯登録をしており、ステッカーに名前と電話番号が書いてあったので翌日の22日15時過ぎに見つけた人より自宅に連絡が入り（丁巳日戊申時）、発見することができた。なくなった現場である集合住宅より北に300メートル、自宅より北東に1000メートル程の陸橋の下（驚門に断崖という象意があるが、断崖の下という感じの所）だった。天輔星に花壇という象意があるが、その近所には立派な庭木のある家があった。

結局、犯人は見つからなかった。

第6項　出行占

出行占は、旅行などの吉凶を見る方法です。出行占には3つの方法があります。

1つ目は問われた時間で判断する方法。

2つ目は出発する時間で判断する方法。

3つ目の判断方法は、結果的に択日と同じ占断となります。

日本では、旅行や移転等の場合、旅行や移転する時間の盤のみで判断しますが、中国ではまず卜占を行います。卜占で旅行や移転が凶と出れば、択日が吉時間でも出かけたり移転してはいけません。卜占で吉と判断した場合、初めて択日で出かけたり移転したりするのに良い時間を探します。

例えば、移転する場合、移転先が欠陥住宅であるような場合、いくら吉時間に吉方位で移転しても、欠陥のない住宅に変化することはありません。その住宅に越して良いかどうかをまず卜占して、住宅や周囲の環境に問題がないかどうかを判断します。そして、良い生活が送れるように、吉時間の吉方位で移転します。旅行も同様です。

出行占は複雑です。日干と時干だけでなく、移動する方位宮、そして空路は九天、水路は休門、道路は景門等、移動手段や経路によって用神を使い分けする必要があります。

以下に紹介する2つの事例は、いずれも出行占を行ったところ自然災害を予測した事例です。

実例　1　ミャンマー大型サイクロン被害の判断

広谷匠宥先生（公認インストラクター：京都在住）の実例です。

風間（仮名）氏という男性から電話があった。

「ミャンマーの首都ヤンゴンで6月に行われる祝賀祭典に参加するため出張することになったが、その出張の吉凶を判断してほしい」ということであったので、早速その問われた時間で局を起こした。

2008年4月19日　0時20分
戊子年　丙辰月　己丑日　甲子時　陽7局
旬首：戊
直符：天柱星
直使：驚門
空亡：戊亥

丁　輔 丁　杜雀	庚　英 庚　景地	丙壬芮禽 壬　死天
癸　冲 癸　傷陳	丙	(戊)　柱 (戊)　驚符
己　任 己　生合	辛　蓬 辛　休陰	乙　心 乙　開蛇

①星・門・干ともに伏吟であり停滞、もしくは中止の可能性がある。

天柱星、驚門ともに落兌七宮。

②日干己は出行する人とみて艮八宮に落宮しており入墓、生門・天任星は伏吟であるので吉意を失っている。また己＋己の凶格「地戸逢鬼」になり百事が思い通りにいかない、死の危険とみる。六合は旅行（出張）する人を表している。

時干甲は落七兌宮で、凶門凶星の驚門・天柱星と同宮であるし、これらは直使と直符であるので「対象となる事象そのもの」である。戊＋戊は「伏吟」の凶格で全てのことで行き詰る。また天柱星は怪我・

病気とみて、驚門は予想外の出来事の発生とみる。季節は土用であるので直符（小直符の青龍）は囚である。日干が時干に土生金と洩らされており、凶である。

③ミャンマーは日本からは南西方位とみるので、坤二宮を方位宮とする。またミャンマーから見た日本は北東方位であり、まさに日干落宮、よって艮八宮は事象に合致する。日干宮艮八宮と方位宮坤二宮は対冲しており、大凶になり、渡航は危険とみる。

④坤宮には死門・天芮星の凶門凶星が落宮しており、九天が同宮している。天文では九天は天気を表し、天禽星は台風を表す。死門が同宮していることから、台風の被害により深刻な被害の恐れがある。壬＋壬は「蛇入地羅」の凶格で、思い通りに事が運ばなくなる。天地干の壬は海・河川を表すので、台風の被害で河川の氾濫や高波にも注意が必要である。時干落宮の兌宮は湾岸部・水際・デルタ地帯を表し、驚門・天柱星があるので突然の驚きごとにより災難が水際で発生する可能性もある。丙＋壬も「火入天羅」の凶格で、積極的に動くと不利である。

⑤風を示す朱雀は巽四宮にあるので辰月か巳月に起きる可能性がある。

⑥政府を表す乾六宮に、医者・薬を示す天心星・乙奇と役人を示す開門が凶神螣蛇と同宮。空亡にあって

いるので、政府関係機関の援助や治療行為があまり役に立たないか、十分に力が発揮されない恐れがある。また国家を表す年干戊は兌七宮にあり、驚門・天柱星の凶門凶星と同宮、戊+戊の「伏吟」であるので、突然の驚きごとにより災難に遭う。

⑦飛行機で行くので、九天を航路、開門を飛行機としてみる。九天は方位宮である坤宮にあり凶星・凶門と同宮で日干落宮と沖し、開門は乾宮にあって空亡にあい不吉である。

⑧祝賀祭典事を景門とみると、離九宮にあり庚+庚の飛宮格で突然の災いに襲われるとみる。また祝賀祭典の行われる6月(午月)も離九宮で表される。そのうえ都会を乾宮とみると、空亡にあい凶となっていることから公式な式典は凶となる。

⑨依頼者の年命甲は兌七宮にあり凶門・凶星・凶格であるが、直符が同宮しているので幸いに生命はぶじとみる。

以上の総合的判断により、次のように予測した。ミャンマーへの出張は危険を伴い怪我をしたり、思わぬ災難・事故に巻き込まれる可能性があるので出張は回避すべきである。しかも医者や薬を表す天心星・乙奇は乾六宮にあって空亡にあい、天芮星坤二宮から土生金と生じられているので、怪我や病気の際に治療が役に立たない可能性がある。これらのことを伝えると、彼は会社に出張の延期または中止を頼むことにするといって電話を切った。

その後5月2日（壬寅日）、3日（癸卯日）、以下の通りヤンゴンを含むミャンマー南部に巨大サイクロンが襲い甚大な被害をもたらした。

⑩サイクロン被害はヤンゴンを含む南ミャンマーを襲った。特に被害は兌七宮が表すデルタ地帯に集中し、暴風や高波に襲われ10万人もの死者が発生した。坤二宮は農民・農村地帯を表すので死門・天芮星・九天がのっていることにより、台風の被害は田畑へも及ぼしたといえる。

⑪乾六宮は政府を表し天心星・乙奇に空亡であるので、救出救護活動がほとんど十分に行われない上に被災者に対して医療援助活動も乏しかったことや、政府関係機関から事前に適切なサイクロン情報が住民に伝えられなかったことも被害を拡大させた要因となった。

サイクロン被害が甚大であったため、急きょ出張は取り止めになり彼はミャンマーに行くことはなかったが、依頼者の姓の「風間」は巽四宮を表し、凶意の日干艮八宮と方位坤二宮を剋していることから、彼は凶難を免れたのかもしれない。

出張の吉凶判断を導くことで出張先の天変地異の予測になった興味深い例であった。

実例　2　四川大地震の判断

広谷匠宥先生（公認インストラクター：京都在住）の実例です。

猪瀬氏（仮名）という男性から1通の携帯メールをもらった。

「4月30日から1週間ほど中国成都へ旅行に行き、成都から日隆鎮や四姑娘山周辺などの山を登る」ということであった。

彼がそのような高山に登り慣れているわけではないので、私にはそのような旅行計画は少し無理に感じられた。そこで旅行の吉凶を見るためにメールの着信があった時間で局を起こした。

２００８年4月29日　0時16分

戊子年　丙辰月　己亥日　甲子時　陽2局

旬首：戊

直符：天芮星

直使：死門

空亡：戌亥

庚　輔 庚　杜地	丙　英 丙　景天	(戊)辛　芮禽 (戊)　死符
己　冲 己　傷雀	辛	癸　柱 癸　驚蛇
丁　任 丁　生陳	乙　蓬 乙　休合	壬　心 壬　開陰

①星・門・干ともに伏吟であり停滞、もしくは中止の可能性がある。
天芮星、死門ともに落坤二宮。

②日干己は出行する人とみて震三宮に落宮、己+己の凶格「地戸逢鬼」になり百事が思い通りにいかないとみる。凶門の傷門、凶神の朱雀が同宮しており天冲星は伏吟、かつ土用であり吉意を失っている。年命乙は坎一宮にあり、六合は旅行（出張）する人を表している。凶星の天蓬星と同宮で乙+乙は「日奇伏吟」で分相応に身を守るのによい。乙+休門が坎一宮にあり龍遁の吉格だが、休門は伏吟で吉意を失

くしている。

時干甲は落坤二宮で、凶門凶星の死門・天芮星の同宮、かつこれらは直使と直符であり、まさに「対象となる事象そのもの」である。戊＋戊は「伏吟」の凶格で全てのことで行き詰る。また辛＋戊は「因龍被傷」の凶格でみだりに動けば災いを呼ぶ。日干が時干を木剋土で剋しており、ともに凶門凶格を成している。

③時干落坤宮は大地を表す。天地干の戊も大地・岩盤を表し、死門・天芮星が同宮し戊＋戊の凶格は大地の異変や災い、すなわち地震の恐れがある。甲は高地・高山を示し、直符は山野を示しているので山岳で起きる可能性がある。山を艮八宮としてみると、山を表す天任星と同宮し、白虎凶神がのっており、これは山で怪我や事故に遭うか、山に異変があり崖崩れや地震が発生することを表す。丁＋丁は「奇入太陰」の吉格だが入墓になり凶となる。生門は伏吟で吉意を失くしている。

④日干落宮の震三宮は地震を表し、天干・地干の己は土を表す。震宮の象意は地震であり、人民・子供を表す時干甲を剋している。人民・子供が被害を受ける恐れがあるが、国家を表す年干戊は坤二宮にあり凶門凶星凶神と同宮で、政府を表す乾六宮は空亡にあっているので国家は十分に力を発揮しきれないであろう。

⑤中国の成都は日本からは西方位とみるので、兌七宮を方位宮とする。兌宮には驚門・天柱星・螣蛇の凶門凶星凶神が落宮している。驚門は突然の驚きごとや地震を表し、癸＋癸は「天羅四張」の凶格で離別や疫病の災いがある。日干宮震三宮と方位宮兌七宮は対冲しており、大凶になり危険とみる。

⑥地面を表す九地は落巽四宮で山を示す艮八宮を剋し、同宮の凶門杜門と庚＋庚「戦格」の凶格は突然の災いで塞がれるとみる。吉星の天輔星があるが4月29日は土用にあたるので休囚の体になる。また巽四宮は辰月・巳月にあたるので4・5月は危険である。他に応期は時干落宮が生じる宮の干をもつ兌七宮の癸か乾六宮の壬の干を持つ日、または死門直使落二宮の2・12・20日前後である。

以上の総合的判断により今回の登山を含めた成都への旅行は不順であり、山で崩落や地震が発生するか病気や怪我の恐れがあるので大凶とみた。

結果、彼は標高5000メートルの山の中でキャンプを4泊したが、初日から高山病にかかり、仕方ないのでずっとキャンプ地で過ごすだけで終わってしまい、肉体的に大変しんどい思いをしたということだった。

姓の「猪瀬」は乾六宮を表し、空亡にあったうえ凶意のある山・地より相生を受けているので不調に終わったものかもしれない。

そして、やはり5月12日（壬子日）14時28分（現地時間）、四川省の山々が連なる龍門山脈を震源として
マグニチュード8・0の大地震が発生して未曾有の被害をもたらした。
前記の盤から、以下に述べる。

⑦方位宮の兌7宮には地震を表す驚門がのり、天干・地干の癸は死体・棺おけ、癸+癸は離別を表す。天柱星は怪我や学校を表す。よって学校が倒壊し死者が発生したことになる。
日干が子供を表す時干甲を剋しているので、子供の被害が大きいことも表している。

河南省から震源地の方位は兌七宮になり、北京から震源地の方位は坤二宮になるが、どちらの宮も凶門凶星凶格であるので大凶であることは共通している。

⑧日干落宮の震三宮は地震を表し、国家を示す年干戊を剋すので地震によって国家が大打撃をこうむる結果になった。

⑨時干落宮が生じる乾六宮の壬の干をもつ日が地震発生日（壬子日）になった。

以上のように知人は地震発生前に帰国してぶじであったが、四川省への出行占から地震の予測が導き出

された事例となった。

第7項　事件占

２００９年に、中央大学理工学部のトイレで教授が刺殺される事件が起きました。
事件発生時の盤です。

２００９年１月14日
戊子年　乙丑月　己未日
己巳　陽５局

辛　任 乙　休陳	丙　冲 壬　生雀	乙　輔 丁　傷地
癸　蓬 丙　開合	戊	壬　英 庚　杜天
己　心 辛　驚陰	庚　柱 癸　死蛇	丁戊　内 己　景符

当時、私（黒門）はこの事件を授業で取り上げて、以下のように解説しました。

日干と時干がともに己で艮宮に落宮します。日干を被害者、時干を加害者とすれば、同宮ですから、犯人は顔見知りの人物です。

犯人を表す天蓬星は震宮、辛は巽宮です。艮、震、巽は全て内盤ですから、やはり身近な人物です。刃物を表す庚が、震・巽を助けているので、犯人の凶器は刃物である。

死門は死体を表し、坎宮はトイレを表します。また、日干は艮宮で、艮には「高い」の意味があり、坎には「窪」の意味があります。亡くなった教授の姓が高窪です。

警察を表す傷門も白虎も、震と巽を剋していませんから、簡単には逮捕されません。事件は長引くでしょう。

逮捕の時期は、空亡である乾宮が冲動される辰月か巳月と判断しました。実際に犯人は辰月（4月）に逮捕されました。

犯人を表す宮が、震・巽、どちらも木宮なので、犯人の氏名には木辺や草冠等の「木」に関する字が入ると予測しました。

この時、生徒さんの中には「そんなことまで言い切って大丈夫ですか？」と怪訝そうに尋ねる者もいましたが、私は「必ず木に関する字が入ります」と答えました。

後日、犯人が逮捕され判明した容疑者の氏名は「山本龍太」でした。予測通り、山本の本の字に「木」が入ってました。

しかし、私も予想できなかったことは、次のことです。

時干も犯人を表すので艮＝山なので、姓の「山」「本」の双方の字を表している。さらに、巽宮は、辰巳宮で辰は竜です。

なんと、犯人の氏名の４文字のなかで「山」「本」「竜」の三文字が盤に現れていたのです。私には、そこまで読み切れませんでした。未熟さを痛感した次第です。

この事件では、私自身の未熟さを知ると同時に、奇門遁甲の精度の高さを改めて知ることになりました。

象意表

1　九宮（後天定位）の象意

【坎】

象意：北、水、暗い、考える、苦しむ、悩む、秘匿、寒冷。
天象：月、雨水、虹、雲、霜、露、雪。
気象：冬。
地象：池、湖、川、海洋、泉、井、沼、トイレ、湿地、寒い場所、暗い場所、北。
人象：中男、飲んべえ、船頭、僧侶、泥棒、著述家、哲学者、書家。
身体：腎臓、膀胱、脂肪、子宮、性器、耳。
物象：黒、藍、波形、弓形。
　酒器、水器、茶器、針、釣道具、インキ、墨、石油、ガソリン。
場所：裏口、寝室、洗面所、便所、浴室、池、井戸、暗き家、暗室、水道局、水族館、海、水浴場、漁場、
　酒店、留置場、牢獄、湿地、水田、水源地、温泉地、河川、窪地、寒い所。
動物：ブタ、魚類、水生動物、コウモリ、ネズミ。

【坤】

象意：南西、母、老婆、主婦、大地、勤勉、労働、倹約、貞節、堅実、労働、平凡、根気。
天象：黒い雲、霧、氷、霜。
気象：夏と秋の間。
地象：土地、田野、田舎、平地、田園、原野、工場、倉庫、南西方位。
人象：母、農夫、田舎の人、大衆、老婦人、尼僧、教官、熟練者、労働者、土木技師、大工、左官、勤勉な人。
身体：腹、脾臓、胃、肉。
物象：方形、黄色、茶色。
木綿織物、古着、寝衣、肌着、座布団、敷布団、土地、土砂、石灰、粘土、骨董品。
場所：平地、野原、田園、原野、運動場、畑、農村、田舎、墓地、古家、仕事場、物置、工場、城。
動物：牛、雌牛、子牛、羊、サル、雌馬。

【震】

象意：東方位、春、雷、音、電報、音響、起る、震える。
天象：雷。
気象：春。
地象：高直の山、青秀は青緑。繁華街。

人象：長男、侯爵、司法官、警官、将軍、元帥、行商人、盗賊。
身体：足、声、肝臓。
物象：青、直形。
　ピアノ、ギター、笛、楽器、レコード、聴診器、ラジオ、ステレオ。
場所：発電所、カラオケ、演奏会、音楽ホール、電話局、高層、楼閣。
動物：竜、蛇、鶴、鷺。

【巽】
象意：東南方位、風、斎う、整理、手紙、通信、遠方、評判、信用、縁談、旅行、宣伝、交渉、運搬。
天象：風。
気象：春から夏の間。
地象：草木の茂秀の所、果実の菜園、林。
人象：長女、寡婦、秀士、山林仙道、尼僧、仕事の女性、看護師(女性)、文人、筆官、妾、富人。
　身体、白眼、口ぶり、股、また桃花。
物象：縄状のもの、緑、青緑色。
　帯、紐、縄、建具、電柱、木材、風、風船、飛行機、煙、毛髪、香、線香、手紙、引き出し、扇風機、エアコン。

場所：玄関、道路、鉄道、呉服店、飛行場寺の高殿、山林の居、東南向きの家。
動物：ニワトリ、蛇、ガチョウ、アヒル。

【乾】

象意：北西方位、天、父、伝統、権威、権力、高級品。
天象：天、純陽。
気象：秋冬の間、雪、雹。
地象：西北の方向、都、大きい郡、景勝地、高い所、円上、武を用いる地。
人象：父、老人、君主、大臣、高官、社長、僧侶、指導者。
身体：頭、肺、骨、首、上焦。
物象：円形、白。
　宝石、真珠、金、銀、ブランド品、鉱石、硝子、時計、指輪、首飾、鏡、自動車、汽車　電車、
　帽子。
家屋：大広間、高い建物、西北の所。
場所：都市、官庁、公共施設、名刹の神社仏閣、教会、名所旧蹟、高層ビル、役所、駅。
動物：象、ライオン、ハクチョウ、犬、ブタ。
植物：果物、青果。

【兌】

象意：西方位、沢、秋、悦ぶ、金銭、口、酒食、金談、口論、笑う、欠陥。
天象：雨水、霧露、流星。
気象：秋。
地象：真西の方位、沢、水際、欠けた池、廃棄された井戸、崩壊した山地。
人象：少女、妾、芸者、踊り子、役者、論客、仲人。
身体：口、舌、喉、肺、膀胱、生殖器、痰。
物象：欠けた形の物。白。
　　金物、刃物、頭部のない物、お椀、コップ、瓶、鍋、楽器、刀、斧。
場所：沢、窪地、沼地、飲食店、喫茶店、低地、溝、遊廓、花柳界　キャバレー。
動物：羊、魚、ニワトリ、鳥、鹿、類人猿、トラ、ヒョウ。

【艮】

象意：東北位、山、親戚、終始、変り目、変化、止める、断絶、満期、完了、引き継ぐ。
天象：雲、霧、星、煙。
気象：冬春の間。
地象：山、石、東北の方位、山城、山道、山崗、丘、墓。

人象：少男、相続人、欲深な人、暇な人、召使い、保証人、囚人。
身体：手、指、背、鼻、肋、脾臓、胃、骨。
物象：黄色、橙色、四角。
　2個の物を合わせた物、積み重ねた物、積木、椅子、机、テーブル、箱。
場所：家屋、倉庫、物置、旅館、休憩所、駐車場、山、石垣、石段、階段、門、土手、高台、墓場、寺院。
動物：犬、ネズミ、トラ、牛、狐。

【離】

象意：南方、夏、火、熱、光、明、太陽、離別、照る、輝く、発明、競走、華美、綺麗、装飾、祭り、
　結婚式、葬式、文字　火災、視覚、教育、演劇。
天象：太陽、天火（原因不明の火災、自然火災）、電気、虹。
気象：夏。
地象：南の方位、かまど、あかり、乾燥した場所。
人象：中女、教養人、文人、学者、裁判官、理容師、美容師、教師、芸術家、俳優、デザイナー、会計。
身体：目、心、三焦。
物象：三角、鋭く尖った物、先端が炎のような形の物、赤。
　書画、書籍、雑誌、契約書、文具、教科書、装飾品、鏡、灯り、蝋燭、神仏具。

場所：裁判所、警察署、消防署、文房具店、書店、化粧品店、理髪店、美容院、服飾店、映画館、図書館、博物館、学校、劇場、寺社仏閣、灯台。
動物：カメ、スッポン、カニ、貝。

2　八門の象意

①休門　水に属す、北方に位置、吉門。
人物：公務員、中小企業主、事務職、聡明利発な人。
事情：婚姻家庭、休暇、娯楽、安定、順調。
物体：水、油、飲料、酒、海産物、レジャー用品。
身体：腰、腎臓、膀胱、耳、血液、尿道、脊髄。
場所：河川、窪地、池湖、湿地、地下室、病院、寝室、浴室、茶屋、酒場、保養所。

②死門　土に属す、南西に位置、凶門。
人物：破産者、母、土木工事の技師、風水師、刑務官。
事情：破産倒産、廃業、表裏不一。
物体：静止不動の物、土産品、在庫の品物。

身体：腹部、脾臓、筋肉、へそ、右手、右肩、消化系、胃。
場所：墓地、空き家、古宅、小道、平屋、園林、農地。

③傷門　木に属す、東方に位置、凶門。
人物：競争相手、企業家、運転手、警官、軍隊。
事情：興奮、軽率、怪我、賭博、狩猟、格闘。
物体：木製品、損壊や損傷のある物品、車、運動の器材。
身体：肝胆、左手、左腕、毛と髪、喉、声帯、神経。
場所：工場、警察署、駐屯地、崖。

④杜門　木に属す、東南に位置、吉門。
人物：科学研究員、僧侶、店員、新婦、仲人、税関、ガードマン。
事情：情報収集、保守秘密、検閲、制限、困難、閉ざす。
物体：細長く中が空洞な物、長髪、パイプ、ロープウェイ。
身体：経絡、太もも、肝臓、神経系、左手、食道、筋、臀部。
場所：花壇、果実の菜園、山林、公園、洞穴、森林、市場、埠頭、空港、道、軌道、商店、発射場、通路、改札。

⑤**開門**　金に属す、西北に位置、吉門。
人物：位の高い人、高名な人、成功者、父親、創業者、経営者、有名人、裁判官。
事情：事業を起こす、公開、公平、裁判。
物体：商店、カウンター、外観、エンジン、飛行機、金属の工具。
身体：頭、肺、心臓、胸部、大腸、首。
環境：繁華街、都市、首都、県庁所在地、高原、聖地。
場所：駅、役所、大企業、警察署、大きい道路、高級住宅、銀行、ビル、大通り。

⑥**驚門**　金に属す、西方に位置、凶門。
人物：弁護士、教師、歌手、演説家、音楽家。
事情：驚き、予想外、不安定、乱れる、不安。
物体：テレビ、電話、楽器、時計、ベル。
身体：舌、口腔、歯、呼吸系、肺、胸、気管、右あばら。
場所：騒々しい場所、娯楽の場所。

⑦**生門**　土に属す、東北に位置、吉門。

人物：企業家、実業家、商人。
事情：経済、金銭、財運、産業、商売、利益。
物体：産業、田宅、農産物、家屋、土地。
身体：腰、関節、指、足の指、筋肉、脊椎、足。
場所：山、丘、ビル、デパート、ホテル、宿舎、商店。

⑧景門　火に属す、南方に位置、半吉門。
人物：文化人、芸術家、美容師、理容師。
事情：映画、テレビ、文化教育。
物体：文書、図書、絵画、写真、装飾、試験、証書。
身体：心臓、血液、目、頭、視力。
場所：名勝地、聖地、明るい場所、図書館、映画館。

3　八神の象意

①値符
人物：指導者、年長者、社長、理事長、貴人、幹部。

事情：昇給、昇官、発財、成功、喜慶、財源。
物体：金銀、真珠、宝石、貴重品、高級な物品。

②騰蛇
人物：詐欺師、詐欺犯、態度を変える人、甘言の人、口と腹が違う人。
事情：口舌、虚無、恐れ、乱れ、変化。
物体：傷物品、不規則な物品、曲形変異の物、偽商品、偽物。

③太陰
人物：慈善家、芸術家、愛人、女性、占い師、宗教家。
事情：プライベート、隠しごと、秘密、清潔、綿密、静寂。
物体：アクセサリー、化粧品、筆、冷たい物。

④六合
人物：仲介人、仲人、芸人、子供。
事情：人脈、交際、仲介、広告、宣伝、契約、婚姻。
物体：箱、椅子、ベッド、傘、契約書。

⑤白虎

人物：司法官、警官、軍人、税務官、破壊者、破産者、博徒。

事情：狂猛、冷淡、残忍、破壊、怪我、血光。

物体：廃棄物、道、破損した品物、鉄製の物、石、刀剣、凶器。

⑥玄武

人物：聡明な人、文人、弁舌巧みな人、スパイ、泥棒、酔った人。

事情：陰謀、秘密、恐れること、神秘、破財損失、違法・脱法なこと、訴訟。

物体：水産物、書画、ポスター、海産物、偽帳簿、賄賂。

⑦九地

人物：労働組合、婦人、役人。

事情：我慢強い、従順、消極、吝嗇、忍耐、堅実、勤勉。

物体：農産物、食糧、食用油、綿毛、在庫品。

⑧九天

人物：指導者、社長、管理者、父親、首脳、重役。

事情：高大、積極、威厳、豪放、虚勢。
物体：航空、金属、機械、車、運動品、飛行機、ロケット。

4　九星の象意

①天蓬星　属水
人物：頭が良い人、泥棒、横領者、産業スパイ。
事情：散財、多情多欲、淫蕩、大胆、盗難。
物体：水産物、液体、油、塗料、酒、お茶の入れ物、雨具。
職業：貿易、輸出、漁業、水道水、遠洋会社、物流業、保険業、証券業。
疾病：膀胱、泌尿系、重病、血液病。

②天内星　属土
人物：母、妊婦、病人、学生、消極的な人、吝嗇な人。
事情：病気、授業、育成、訓練、傍観者、不運。
物体：特産物、農産物、女性服飾、四角形の容器、スポンジ、布。
職業：葬儀、埋葬業、炭坑、土建業、雑貨業、農業。

部門：農業部門、地質部門、土地の管理部門、投書陳情部門、公益企業局。
疾病：胃・脾臓の疾病、慢性病、うつ病。

③天沖星　属木

人物：企業家、短気な人、スポーツ選手、軍人、警官。
事情：競争、促進、発展、開拓、積極、勇気。
物体：木製品、運動用品、林木、銃砲、爆竹、紙、髪の毛、楽器。
職業：家具業、木材加工業、製紙業、林木業、運動業、販売、賭博業界。
疾病：肝胆の疾病、手足の傷。

④天輔星　属木

人物：文人、商人、教師、出版関係、新聞記者、旅行者、探検家、乗務員。
事情：文化、教育、商業、農業の栽培、広告、宣伝。
物体：昆虫、野鳥、羽毛、手製編物、刺繍。
職業：文化教育、広告業、出版業、教育業、おもちゃ業、パイプ業、美髪美容業。
疾病：肝胆の疾病。

⑤天禽星　属土

人物：経営者、元首、政治家。
事情：経営、行政、家事雑事、接待招待。
物体：陶磁器、骨董、陶器、土木工事、日常用品。
職業：骨董業、雑貨業、百貨業、石炭業、鉱山、博物館、老人ホーム。
疾病：胃、脾臓、皮膚病。

⑥天心星　属金

人物：指導者、年長者、上司、能力がある人、医者、高名な人。
事情：指導、貴人の協力、学術研究、治病、調剤、公利益、プライベートに不利。
物体：真珠、宝石の玉細工、貴重品、交通（電車・自動車・自転車）、金属製品、時計。
職業：宝石業、精密機械業、ブランドの産業、政府機関、軍司令部、裁判所。
疾病：肺部、口腔の疾病。

⑦天柱の星　属金

人物：教師、弁護士、歌手、演劇。
事情：驚き恐れること、弁舌巧み、口舌。

物体：楽器、スピーカー、金属の製品、壊れたり傷のある品物。
職業：冶金業、鍛造、機械、鋼鉄業、鋼管、金属、軍需産業、警察、検察。
疾病：肺病、口腔の疾病、呼吸系の疾病。

⑧天任の星　属土、陽性、居東北、有為な星
人物：富豪、建築家、長者、老人、登山家。
事情：忠実、温厚、保守、強情、勤勉。
物体：特産物、テーブル、椅子、ソファー。
職業：不動産業、土木工事、建築業、鉱山、山地の特産物業。
疾病：胃や脾臓の疾病。

⑨天英の星　属火、陰性、居南方、喜悲の星
人物：大臣、秘書、芸術活動家、教師、映画俳優。
事情：文化教育、綺麗、礼儀、焦り、怒り。
物体：書簡、人員の移動指令、化粧品、文芸作品、骨董、書画。
職業：映像、文化教育関連の事業。
疾病：心臓、高血圧、血液病。

5　三奇六儀の象意

①乙

人物：女性、妻、医師、参謀、軍師、顧問。

事物：女性の服飾、漢方薬、芸術品、ベッド。

環境：花壇、公園、菜園、果樹園、草原。

身体：肝臓、首のうなじ、肩。

②丙

人物：将軍、警備員、マネージャー、第三者の男性。

事物：希望、光明、スポットライト。

環境：日差しの強い場所、日当たりの良い土地、高層ビル、厨房。

身体：小腸、肩、額、唇、動脈。

③丁

人物：文書家、芸術家、芸妓、第三者の女性。

事物：文章、証書、占術、文房具、灯り。
環境：酒場、図書館、露天広場、交差点、学校。
身体：心臓、胸、唇、目。

④戊
人物：資産家、不動産屋、商人、教師。
事物：市場開拓、資産、資本金、不動産、骨董、山海珍味、貴重品。
環境：堤防、ダム、高台、客間、応接室、密室。
身体：胃、脇、鼻。

⑤己
人物：スター歌手、踊り子、妓女。
事物：穀類、遺品、陶器の工芸品、日用雑貨の用品。
環境：田園、平地、谷場、空地、休憩室、更衣室。
身体：脾臓、腹部、顔面。

⑥庚
人物：男性、夫、軍人、警察、武術家、破産者、スパイ、泥棒、敵。
事物：自動車、機械、鉱物、刀剣。
環境：鉱山、病院、製鉄所、金属の倉庫。
身体：大腸、皮膚、癌。

⑦辛
人物：悪徳商人、罪人、革命者、宗教徒。
事物：腕時計、金属の装飾品、弓矢、はさみ、食器、炊事道具。
環境：街道、鉄工所、宝石店、墓。
身体：肺、胸部、鼻。

⑧壬
人物：妊婦、船員、旅行者。
事物：海鮮、水産、液体、消火器。
環境：海、河川、砂浜、道路、娯楽施設、監獄。
身体：膀胱。

⑨癸

人物：淫蕩の人、困っている人、泥棒、遊び客、酔った人。

事物：酒、お茶、茶器、飲料水、液体。

環境：湿地、池、地下水、用水路、噴水、プール。

身体：腎臓、耳。

〔付表〕

奇門遁甲日盤時盤局数表

	1月				2月				3月				4月				5月				6月			
2015年	日盤:二至換局		時盤:超神接気		日盤:二至換局		時盤:超神接気		日盤:二至換局		時盤:超神接気		日盤:二至換局		時盤:超神接気		日盤:二至換局		時盤:超神接気		日盤:二至換局		時盤:超神接気	
日付	干支	局数	節気三元	局数	干支	局数	節気三元	局数	干支	局数	節気三元	局数	干支	局数	節気三元	局数	干支	局数	節気三元	局数	干支	局数	節気三元	局数
1日	丁丑	陽5局	冬至下元	陽4局	戊申	陽9局	大寒下元	陽6局	丙子	陽1局	雨水下元	陽3局	丁未	陽5局	春分下元	陽6局	丁丑	陽8局	穀雨下元	陽8局	戊申	陽3局	小満下元	陽8局
2日	戊寅	陽6局	冬至下元	陽4局	己酉	陽1局	立春上元	陽8局	丁丑	陽2局	雨水下元	陽3局	戊申	陽6局	春分下元	陽6局	戊寅	陽9局	穀雨下元	陽8局	己酉	陽4局	芒種上元	陽6局
3日	己卯	陽7局	小寒上元	陽2局	庚戌	陽2局	立春上元	陽8局	戊寅	陽3局	雨水下元	陽3局	己酉	陽7局	清明上元	陽4局	己卯	陽1局	立夏上元	陽4局	庚戌	陽5局	芒種上元	陽6局
4日	庚辰	陽8局	小寒上元	陽2局	辛亥	陽3局	立春上元	陽8局	己卯	陽4局	啓蟄上元	陽1局	庚戌	陽8局	清明上元	陽4局	庚辰	陽2局	立夏上元	陽4局	辛亥	陽6局	芒種上元	陽6局
5日	辛巳	陽9局	小寒上元	陽2局	壬子	陽4局	立春上元	陽8局	庚辰	陽5局	啓蟄上元	陽1局	辛亥	陽9局	清明上元	陽4局	辛巳	陽3局	立夏上元	陽4局	壬子	陽7局	芒種上元	陽6局
6日	壬午	陽1局	小寒上元	陽2局	癸丑	陽5局	立春上元	陽8局	辛巳	陽6局	啓蟄上元	陽1局	壬子	陽1局	清明上元	陽4局	壬午	陽4局	立夏上元	陽4局	癸丑	陽8局	芒種上元	陽6局
7日	癸未	陽2局	小寒上元	陽2局	甲寅	陽6局	立春中元	陽5局	壬午	陽7局	啓蟄上元	陽1局	癸丑	陽2局	清明上元	陽4局	癸未	陽5局	立夏上元	陽4局	甲寅	陽9局	芒種中元	陽3局
8日	甲申	陽3局	小寒中元	陽8局	乙卯	陽7局	立春中元	陽5局	癸未	陽8局	啓蟄上元	陽1局	甲寅	陽3局	清明中元	陽1局	甲申	陽6局	立夏中元	陽1局	乙卯	陽1局	芒種中元	陽3局
9日	乙酉	陽4局	小寒中元	陽8局	丙辰	陽8局	立春中元	陽5局	甲申	陽9局	啓蟄中元	陽7局	乙卯	陽4局	清明中元	陽1局	乙酉	陽7局	立夏中元	陽1局	丙辰	陽2局	芒種中元	陽3局
10日	丙戌	陽5局	小寒中元	陽8局	丁巳	陽9局	立春中元	陽5局	乙酉	陽1局	啓蟄中元	陽7局	丙辰	陽5局	清明中元	陽1局	丙戌	陽8局	立夏中元	陽1局	丁巳	陽3局	芒種中元	陽3局
11日	丁亥	陽6局	小寒中元	陽8局	戊午	陽1局	立春中元	陽5局	丙戌	陽2局	啓蟄中元	陽7局	丁巳	陽6局	清明中元	陽1局	丁亥	陽9局	立夏中元	陽1局	戊午	陽4局	芒種中元	陽3局
12日	戊子	陽7局	小寒中元	陽8局	己未	陽2局	立春下元	陽2局	丁亥	陽3局	啓蟄中元	陽7局	戊午	陽7局	清明中元	陽1局	戊子	陽1局	立夏中元	陽1局	己未	陽5局	芒種下元	陽9局
13日	己丑	陽8局	小寒下元	陽5局	庚申	陽3局	立春下元	陽2局	戊子	陽4局	啓蟄中元	陽7局	己未	陽8局	清明下元	陽7局	己丑	陽2局	立夏下元	陽7局	庚申	陽6局	芒種下元	陽9局
14日	庚寅	陽9局	小寒下元	陽5局	辛酉	陽4局	立春下元	陽2局	己丑	陽5局	啓蟄下元	陽4局	庚申	陽9局	清明下元	陽7局	庚寅	陽3局	立夏下元	陽7局	辛酉	陽7局	芒種下元	陽9局
15日	辛卯	陽1局	小寒下元	陽5局	壬戌	陽5局	立春下元	陽2局	庚寅	陽6局	啓蟄下元	陽4局	辛酉	陽1局	清明下元	陽7局	辛卯	陽4局	立夏下元	陽7局	壬戌	陽8局	芒種下元	陽9局
16日	壬辰	陽2局	小寒下元	陽5局	癸亥	陽6局	立春下元	陽2局	辛卯	陽7局	啓蟄下元	陽4局	壬戌	陽2局	清明下元	陽7局	壬辰	陽5局	立夏下元	陽7局	癸亥	陽9局	芒種下元	陽9局
17日	癸巳	陽3局	小寒下元	陽5局	甲子	陽7局	雨水上元	陽9局	壬辰	陽8局	啓蟄下元	陽4局	癸亥	陽3局	清明下元	陽7局	癸巳	陽6局	立夏下元	陽7局	甲子	陽1局	夏至上元	陰9局
18日	甲午	陽4局	大寒上元	陽3局	乙丑	陽8局	雨水上元	陽9局	癸巳	陽9局	啓蟄下元	陽4局	甲子	陽4局	穀雨上元	陽5局	甲午	陽7局	小満上元	陽5局	乙丑	陽2局	夏至上元	陰9局
19日	乙未	陽5局	大寒上元	陽3局	丙寅	陽9局	雨水上元	陽9局	甲午	陽1局	春分上元	陽3局	乙丑	陽5局	穀雨上元	陽5局	乙未	陽8局	小満上元	陽5局	丙寅	陽3局	夏至上元	陰9局
20日	丙申	陽6局	大寒上元	陽3局	丁卯	陽1局	雨水上元	陽9局	乙未	陽2局	春分上元	陽3局	丙寅	陽6局	穀雨上元	陽5局	丙申	陽9局	小満上元	陽5局	丁卯	陽4局	夏至上元	陰9局
21日	丁酉	陽7局	大寒上元	陽3局	戊辰	陽2局	雨水上元	陽9局	丙申	陽3局	春分上元	陽3局	丁卯	陽7局	穀雨上元	陽5局	丁酉	陽1局	小満上元	陽5局	戊辰	陽5局	夏至上元	陰9局
22日	戊戌	陽8局	大寒上元	陽3局	己巳	陽3局	雨水中元	陽6局	丁酉	陽4局	春分上元	陽3局	戊辰	陽8局	穀雨上元	陽5局	戊戌	陽2局	小満上元	陽5局	己巳	陽6/陰4	夏至中元	陰3局
23日	己亥	陽9局	大寒中元	陽9局	庚午	陽4局	雨水中元	陽6局	戊戌	陽5局	春分上元	陽3局	己巳	陽9局	穀雨中元	陽2局	己亥	陽3局	小満中元	陽2局	庚午	陰3局	夏至中元	陰3局
24日	庚子	陽1局	大寒中元	陽9局	辛未	陽5局	雨水中元	陽6局	己亥	陽6局	春分中元	陽9局	庚午	陽1局	穀雨中元	陽2局	庚子	陽4局	小満中元	陽2局	辛未	陰2局	夏至中元	陰3局
25日	辛丑	陽2局	大寒中元	陽9局	壬申	陽6局	雨水中元	陽6局	庚子	陽7局	春分中元	陽9局	辛未	陽2局	穀雨中元	陽2局	辛丑	陽5局	小満中元	陽2局	壬申	陰1局	夏至中元	陰3局
26日	壬寅	陽3局	大寒中元	陽9局	癸酉	陽7局	雨水中元	陽6局	辛丑	陽8局	春分中元	陽9局	壬申	陽3局	穀雨中元	陽2局	壬寅	陽6局	小満中元	陽2局	癸酉	陰9局	夏至中元	陰3局
27日	癸卯	陽4局	大寒中元	陽9局	甲戌	陽8局	雨水下元	陽3局	壬寅	陽9局	春分中元	陽9局	癸酉	陽4局	穀雨中元	陽2局	癸卯	陽7局	小満中元	陽2局	甲戌	陰8局	夏至下元	陰6局
28日	甲辰	陽5局	大寒下元	陽6局	乙亥	陽9局	雨水下元	陽3局	癸卯	陽1局	春分中元	陽9局	甲戌	陽5局	穀雨下元	陽8局	甲辰	陽8局	小満下元	陽8局	乙亥	陰7局	夏至下元	陰6局
29日	乙巳	陽6局	大寒下元	陽6局					甲辰	陽2局	春分下元	陽6局	乙亥	陽6局	穀雨下元	陽8局	乙巳	陽9局	小満下元	陽8局	丙子	陰6局	夏至下元	陰6局
30日	丙午	陽7局	大寒下元	陽6局					乙巳	陽3局	春分下元	陽6局	丙子	陽7局	穀雨下元	陽8局	丙午	陽1局	小満下元	陽8局	丁丑	陰5局	夏至下元	陰6局
31日	丁未	陽8局	大寒下元	陽6局					丙午	陽4局	春分下元	陽6局					丁未	陽2局	小満下元	陽8局				

	7月				8月				9月				10月				11月				12月			
2015年	日盤:二至換局		時盤:超神接気		日盤:二至換局		時盤:超神接気		日盤:二至換局		時盤:超神接気		日盤:二至換局		時盤:超神接気		日盤:二至換局		時盤:超神接気		日盤:二至換局		時盤:超神接気	
日付	干支	局数	節気三元	局数	干支	局数	節気三元	局数	干支	局数	節気三元	局数	干支	局数	節気三元	局数	干支	局数	節気三元	局数	干支	局数	節気三元	局数
1日	戊寅	陰4局	夏至下元	陰6局	己酉	陰9局	立秋上元	陰2局	庚辰	陰5局	白露上元	陰9局	庚戌	陰2局	寒露上元	陰6局	辛巳	陰7局	立冬上元	陰6局	辛亥	陰4局	大雪上元	陰4局
2日	己卯	陰3局	小暑上元	陰8局	庚戌	陰8局	立秋上元	陰2局	辛巳	陰4局	白露上元	陰9局	辛亥	陰1局	寒露上元	陰6局	壬午	陰6局	立冬上元	陰6局	壬子	陰3局	大雪上元	陰4局
3日	庚辰	陰2局	小暑上元	陰8局	辛亥	陰7局	立秋上元	陰2局	壬午	陰3局	白露上元	陰9局	壬子	陰9局	寒露上元	陰6局	癸未	陰5局	立冬上元	陰6局	癸丑	陰2局	大雪上元	陰4局
4日	辛巳	陰1局	小暑上元	陰8局	壬子	陰6局	立秋上元	陰2局	癸未	陰2局	白露上元	陰9局	癸丑	陰8局	寒露上元	陰6局	甲申	陰4局	立冬中元	陰9局	甲寅	陰1局	大雪中元	陰7局
5日	壬午	陰9局	小暑上元	陰8局	癸丑	陰5局	立秋上元	陰2局	甲申	陰1局	白露中元	陰3局	甲寅	陰7局	寒露中元	陰9局	乙酉	陰3局	立冬中元	陰9局	乙卯	陰9局	大雪中元	陰7局
6日	癸未	陰8局	小暑上元	陰8局	甲寅	陰4局	立秋中元	陰5局	乙酉	陰9局	白露中元	陰3局	乙卯	陰6局	寒露中元	陰9局	丙戌	陰2局	立冬中元	陰9局	丙辰	陰8局	大雪中元	陰7局
7日	甲申	陰7局	小暑中元	陰2局	乙卯	陰3局	立秋中元	陰5局	丙戌	陰8局	白露中元	陰3局	丙辰	陰5局	寒露中元	陰9局	丁亥	陰1局	立冬中元	陰9局	丁巳	陰7局	大雪中元	陰7局
8日	乙酉	陰6局	小暑中元	陰2局	丙辰	陰2局	立秋中元	陰5局	丁亥	陰7局	白露中元	陰3局	丁巳	陰4局	寒露中元	陰9局	戊子	陰9局	立冬中元	陰9局	戊午	陰6局	大雪中元	陰7局
9日	丙戌	陰5局	小暑中元	陰2局	丁巳	陰1局	立秋中元	陰5局	戊子	陰6局	白露中元	陰3局	戊午	陰3局	寒露中元	陰9局	己丑	陰8局	立冬下元	陰3局	己未	陰5局	大雪下元	陰1局
10日	丁亥	陰4局	小暑中元	陰2局	戊午	陰9局	立秋中元	陰5局	己丑	陰5局	白露下元	陰6局	己未	陰2局	寒露下元	陰3局	庚寅	陰7局	立冬下元	陰3局	庚申	陰4局	大雪下元	陰1局
11日	戊子	陰3局	小暑中元	陰2局	己未	陰8局	立秋下元	陰8局	庚寅	陰4局	白露下元	陰6局	庚申	陰1局	寒露下元	陰3局	辛卯	陰6局	立冬下元	陰3局	辛酉	陰3局	大雪下元	陰1局
12日	己丑	陰2局	小暑下元	陰5局	庚申	陰7局	立秋下元	陰8局	辛卯	陰3局	白露下元	陰6局	辛酉	陰9局	寒露下元	陰3局	壬辰	陰5局	立冬下元	陰3局	壬戌	陰2局	大雪下元	陰1局
13日	庚寅	陰1局	小暑下元	陰5局	辛酉	陰6局	立秋下元	陰8局	壬辰	陰2局	白露下元	陰6局	壬戌	陰8局	寒露下元	陰3局	癸巳	陰4局	立冬下元	陰3局	癸亥	陰1局	大雪下元	陰1局
14日	辛卯	陰9局	小暑下元	陰5局	壬戌	陰5局	立秋下元	陰8局	癸巳	陰1局	白露下元	陰6局	癸亥	陰7局	寒露下元	陰3局	甲午	陰3局	小雪上元	陰5局	甲子	陰9局	大雪上元	陰4局
15日	壬辰	陰8局	小暑下元	陰5局	癸亥	陰4局	立秋下元	陰8局	甲午	陰9局	秋分上元	陰7局	甲子	陰6局	霜降上元	陰5局	乙未	陰2局	小雪上元	陰5局	乙丑	陰8局	大雪上元	陰4局
16日	癸巳	陰7局	小暑下元	陰5局	甲子	陰3局	処暑上元	陰1局	乙未	陰8局	秋分上元	陰7局	乙丑	陰5局	霜降上元	陰5局	丙申	陰1局	小雪上元	陰5局	丙寅	陰7局	大雪上元	陰4局
17日	甲午	陰6局	大暑上元	陰7局	乙丑	陰2局	処暑上元	陰1局	丙申	陰7局	秋分上元	陰7局	丙寅	陰4局	霜降上元	陰5局	丁酉	陰9局	小雪上元	陰5局	丁卯	陰6局	大雪上元	陰4局
18日	乙未	陰5局	大暑上元	陰7局	丙寅	陰1局	処暑上元	陰1局	丁酉	陰6局	秋分上元	陰7局	丁卯	陰3局	霜降上元	陰5局	戊戌	陰8局	小雪上元	陰5局	戊辰	陰5局	大雪上元	陰4局
19日	丙申	陰4局	大暑上元	陰7局	丁卯	陰9局	処暑上元	陰1局	戊戌	陰5局	秋分上元	陰7局	戊辰	陰2局	霜降上元	陰5局	己亥	陰7局	小雪中元	陰8局	己巳	陰4局	大雪中元	陰7局
20日	丁酉	陰3局	大暑上元	陰7局	戊辰	陰8局	処暑上元	陰1局	己亥	陰4局	秋分中元	陰1局	己巳	陰1局	霜降中元	陰8局	庚子	陰6局	小雪中元	陰8局	庚午	陰3局	大雪中元	陰7局
21日	戊戌	陰2局	大暑上元	陰7局	己巳	陰7局	処暑中元	陰4局	庚子	陰3局	秋分中元	陰1局	庚午	陰9局	霜降中元	陰8局	辛丑	陰5局	小雪中元	陰8局	辛未	陰2局	大雪中元	陰7局
22日	己亥	陰1局	大暑中元	陰1局	庚午	陰6局	処暑中元	陰4局	辛丑	陰2局	秋分中元	陰1局	辛未	陰8局	霜降中元	陰8局	壬寅	陰4局	小雪中元	陰8局	壬申	陰1/陽9	大雪中元	陰7局
23日	庚子	陰9局	大暑中元	陰1局	辛未	陰5局	処暑中元	陰4局	壬寅	陰1局	秋分中元	陰1局	壬申	陰7局	霜降中元	陰8局	癸卯	陰3局	小雪中元	陰8局	癸酉	陽1局	大雪中元	陰7局
24日	辛丑	陰8局	大暑中元	陰1局	壬申	陰4局	処暑中元	陰4局	癸卯	陰9局	秋分中元	陰1局	癸酉	陰6局	霜降中元	陰8局	甲辰	陰2局	小雪下元	陰2局	甲戌	陽2局	大雪下元	陰1局
25日	壬寅	陰7局	大暑中元	陰1局	癸酉	陰3局	処暑中元	陰4局	甲辰	陰8局	秋分下元	陰4局	甲戌	陰5局	霜降下元	陰2局	乙巳	陰1局	小雪下元	陰2局	乙亥	陽3局	大雪下元	陰1局
26日	癸卯	陰6局	大暑中元	陰1局	甲戌	陰2局	処暑下元	陰7局	乙巳	陰7局	秋分下元	陰4局	乙亥	陰4局	霜降下元	陰2局	丙午	陰9局	小雪下元	陰2局	丙子	陽4局	大雪下元	陰1局
27日	甲辰	陰5局	大暑下元	陰4局	乙亥	陰1局	処暑下元	陰7局	丙午	陰6局	秋分下元	陰4局	丙子	陰3局	霜降下元	陰2局	丁未	陰8局	小雪下元	陰2局	丁丑	陽5局	大雪下元	陰1局
28日	乙巳	陰4局	大暑下元	陰4局	丙子	陰9局	処暑下元	陰7局	丁未	陰5局	秋分下元	陰4局	丁丑	陰2局	霜降下元	陰2局	戊申	陰7局	小雪下元	陰2局	戊寅	陽6局	大雪下元	陰1局
29日	丙午	陰3局	大暑下元	陰4局	丁丑	陰8局	処暑下元	陰7局	戊申	陰4局	秋分下元	陰4局	戊寅	陰1局	霜降下元	陰2局	己酉	陰6局	大雪上元	陰4局	己卯	陽7局	冬至上元	陽1局
30日	丁未	陰2局	大暑下元	陰4局	戊寅	陰7局	処暑下元	陰7局	己酉	陰3局	寒露上元	陰6局	己卯	陰9局	立冬上元	陰6局	庚戌	陰5局	大雪上元	陰4局	庚辰	陽8局	冬至上元	陽1局
31日	戊申	陰1局	大暑下元	陰4局	己卯	陰6局	白露上元	陰9局					庚辰	陰8局	立冬上元	陰6局					辛巳	陽9局	冬至上元	陽1局

	1月				2月				3月				4月				5月				6月			
2016年	日盤:二至換局		時盤:超神接気		日盤:二至換局		時盤:超神接気		日盤:二至換局		時盤:超神接気		日盤:二至換局		時盤:超神接気		日盤:二至換局		時盤:超神接気		日盤:二至換局		時盤:超神接気	
日付	干支	局数	節気三元	局数	干支	局数	節気三元	局数	干支	局数	節気三元	局数	干支	局数	節気三元	局数	干支	局数	節気三元	局数	干支	局数	節気三元	局数
1日	壬午	陽1局	冬至上元	陽1局	癸丑	陽5局	大寒上元	陽3局	壬午	陽7局	雨水上元	陽9局	癸丑	陽2局	春分上元	陽3局	癸未	陽5局	穀雨上元	陽5局	甲寅	陽9局	小満中元	陽2局
2日	癸未	陽2局	冬至上元	陽1局	甲寅	陽6局	大寒中元	陽9局	癸未	陽8局	雨水上元	陽9局	甲寅	陽3局	春分中元	陽9局	甲申	陽6局	穀雨中元	陽2局	乙卯	陽1局	小満中元	陽2局
3日	甲申	陽3局	冬至中元	陽7局	乙卯	陽7局	大寒中元	陽9局	甲申	陽9局	雨水中元	陽6局	乙卯	陽4局	春分中元	陽9局	乙酉	陽7局	穀雨中元	陽2局	丙辰	陽2局	小満中元	陽2局
4日	乙酉	陽4局	冬至中元	陽7局	丙辰	陽8局	大寒中元	陽9局	乙酉	陽1局	雨水中元	陽6局	丙辰	陽5局	春分中元	陽9局	丙戌	陽8局	穀雨中元	陽2局	丁巳	陽3局	小満中元	陽2局
5日	丙戌	陽5局	冬至中元	陽7局	丁巳	陽9局	大寒中元	陽9局	丙戌	陽2局	雨水中元	陽6局	丁巳	陽6局	春分中元	陽9局	丁亥	陽9局	穀雨中元	陽2局	戊午	陽4局	小満中元	陽2局
6日	丁亥	陽6局	冬至中元	陽7局	戊午	陽1局	大寒中元	陽9局	丁亥	陽3局	雨水中元	陽6局	戊午	陽7局	春分中元	陽9局	戊子	陽1局	穀雨中元	陽2局	己未	陽5局	小満下元	陽8局
7日	戊子	陽7局	冬至中元	陽7局	己未	陽2局	大寒下元	陽6局	戊子	陽4局	雨水中元	陽6局	己未	陽8局	春分下元	陽6局	己丑	陽2局	穀雨下元	陽8局	庚申	陽6局	小満下元	陽8局
8日	己丑	陽8局	冬至下元	陽4局	庚申	陽3局	大寒下元	陽6局	己丑	陽5局	雨水下元	陽3局	庚申	陽9局	春分下元	陽6局	庚寅	陽3局	穀雨下元	陽8局	辛酉	陽7局	小満下元	陽8局
9日	庚寅	陽9局	冬至下元	陽4局	辛酉	陽4局	大寒下元	陽6局	庚寅	陽6局	雨水下元	陽3局	辛酉	陽1局	春分下元	陽6局	辛卯	陽4局	穀雨下元	陽8局	壬戌	陽8局	小満下元	陽8局
10日	辛卯	陽1局	冬至下元	陽4局	壬戌	陽5局	大寒下元	陽6局	辛卯	陽7局	雨水下元	陽3局	壬戌	陽2局	春分下元	陽6局	壬辰	陽5局	穀雨下元	陽8局	癸亥	陽9局	小満下元	陽8局
11日	壬辰	陽2局	冬至下元	陽4局	癸亥	陽6局	大寒下元	陽6局	壬辰	陽8局	雨水下元	陽3局	癸亥	陽3局	春分下元	陽6局	癸巳	陽6局	穀雨下元	陽8局	甲子	陽1局	芒種上元	陽6局
12日	癸巳	陽3局	冬至下元	陽4局	甲子	陽7局	立春上元	陽8局	癸巳	陽9局	雨水下元	陽3局	甲子	陽4局	清明上元	陽4局	甲午	陽7局	立夏上元	陽4局	乙丑	陽2局	芒種上元	陽6局
13日	甲午	陽4局	小寒上元	陽2局	乙丑	陽8局	立春上元	陽8局	甲午	陽1局	啓蟄上元	陽1局	乙丑	陽5局	清明上元	陽4局	乙未	陽8局	立夏上元	陽4局	丙寅	陽3局	芒種上元	陽6局
14日	乙未	陽5局	小寒上元	陽2局	丙寅	陽9局	立春上元	陽8局	乙未	陽2局	啓蟄上元	陽1局	丙寅	陽6局	清明上元	陽4局	丙申	陽9局	立夏上元	陽4局	丁卯	陽4局	芒種上元	陽6局
15日	丙申	陽6局	小寒上元	陽2局	丁卯	陽1局	立春上元	陽8局	丙申	陽3局	啓蟄上元	陽1局	丁卯	陽7局	清明上元	陽4局	丁酉	陽1局	立夏上元	陽4局	戊辰	陽5局	芒種上元	陽6局
16日	丁酉	陽7局	小寒上元	陽2局	戊辰	陽2局	立春上元	陽8局	丁酉	陽4局	啓蟄上元	陽1局	戊辰	陽8局	清明上元	陽4局	戊戌	陽2局	立夏上元	陽4局	己巳	陽6局	芒種中元	陽3局
17日	戊戌	陽8局	小寒上元	陽2局	己巳	陽3局	立春中元	陽5局	戊戌	陽5局	啓蟄上元	陽1局	己巳	陽9局	清明中元	陽1局	己亥	陽3局	立夏中元	陽1局	庚午	陽7局	芒種中元	陽3局
18日	己亥	陽9局	小寒中元	陽8局	庚午	陽4局	立春中元	陽5局	己亥	陽6局	啓蟄中元	陽7局	庚午	陽1局	清明中元	陽1局	庚子	陽4局	立夏中元	陽1局	辛未	陽8局	芒種中元	陽3局
19日	庚子	陽1局	小寒中元	陽8局	辛未	陽5局	立春中元	陽5局	庚子	陽7局	啓蟄中元	陽7局	辛未	陽2局	清明中元	陽1局	辛丑	陽5局	立夏中元	陽1局	壬申	陽9局	芒種中元	陽3局
20日	辛丑	陽2局	小寒中元	陽8局	壬申	陽6局	立春中元	陽5局	辛丑	陽8局	啓蟄中元	陽7局	壬申	陽3局	清明中元	陽1局	壬寅	陽6局	立夏中元	陽1局	癸酉	陽1局	芒種中元	陽3局
21日	壬寅	陽3局	小寒中元	陽8局	癸酉	陽7局	立春中元	陽5局	壬寅	陽9局	啓蟄中元	陽7局	癸酉	陽4局	清明中元	陽1局	癸卯	陽7局	立夏中元	陽1局	甲戌	陽2/陰8	芒種下元	陽9局
22日	癸卯	陽4局	小寒中元	陽8局	甲戌	陽8局	立春下元	陽2局	癸卯	陽1局	啓蟄中元	陽7局	甲戌	陽5局	清明下元	陽7局	甲辰	陽8局	立夏下元	陽7局	乙亥	陰7局	芒種下元	陽9局
23日	甲辰	陽5局	小寒下元	陽5局	乙亥	陽9局	立春下元	陽2局	甲辰	陽2局	啓蟄下元	陽4局	乙亥	陽6局	清明下元	陽7局	乙巳	陽9局	立夏下元	陽7局	丙子	陰6局	芒種下元	陽9局
24日	乙巳	陽6局	小寒下元	陽5局	丙子	陽1局	立春下元	陽2局	乙巳	陽3局	啓蟄下元	陽4局	丙子	陽7局	清明下元	陽7局	丙午	陽1局	立夏下元	陽7局	丁丑	陰5局	芒種下元	陽9局
25日	丙午	陽7局	小寒下元	陽5局	丁丑	陽2局	立春下元	陽2局	丙午	陽4局	啓蟄下元	陽4局	丁丑	陽8局	清明下元	陽7局	丁未	陽2局	立夏下元	陽7局	戊寅	陰4局	芒種下元	陽9局
26日	丁未	陽8局	小寒下元	陽5局	戊寅	陽3局	立春下元	陽2局	丁未	陽5局	啓蟄下元	陽4局	戊寅	陽9局	清明下元	陽7局	戊申	陽3局	立夏下元	陽7局	己卯	陰3局	夏至上元	陰9局
27日	戊申	陽9局	小寒下元	陽5局	己卯	陽4局	雨水上元	陽9局	戊申	陽6局	啓蟄下元	陽4局	己卯	陽1局	穀雨上元	陽5局	己酉	陽4局	小満上元	陽5局	庚辰	陰2局	夏至上元	陰9局
28日	己酉	陽1局	大寒上元	陽3局	庚辰	陽5局	雨水上元	陽9局	己酉	陽7局	春分上元	陽3局	庚辰	陽2局	穀雨上元	陽5局	庚戌	陽5局	小満上元	陽5局	辛巳	陰1局	夏至上元	陰9局
29日	庚戌	陽2局	大寒上元	陽3局	辛巳	陽6局	雨水上元	陽9局	庚戌	陽8局	春分上元	陽3局	辛巳	陽3局	穀雨上元	陽5局	辛亥	陽6局	小満上元	陽5局	壬午	陰9局	夏至上元	陰9局
30日	辛亥	陽3局	大寒上元	陽3局					辛亥	陽9局	春分上元	陽3局	壬午	陽4局	穀雨上元	陽5局	壬子	陽7局	小満上元	陽5局	癸未	陰8局	夏至上元	陰9局
31日	壬子	陽4局	大寒上元	陽3局					壬子	陽1局	春分上元	陽3局					癸丑	陽8局	小満上元	陽5局				

	7月				8月				9月				10月				11月				１２月			
2016年	日盤:二至換局		時盤:超神接気		日盤:二至換局		時盤:超神接気		日盤:二至換局		時盤:超神接気		日盤:二至換局		時盤:超神接気		日盤:二至換局		時盤:超神接気		日盤:二至換局		時盤:超神接気	
日付	干支	局数	節気三元	局数	干支	局数	節気三元	局数	干支	局数	節気三元	局数	干支	局数	節気三元	局数	干支	局数	節気三元	局数	干支	局数	節気三元	局数
1日	甲申	陰7局	夏至中元	陰3局	乙卯	陰3局	大暑中元	陰1局	丙戌	陰8局	処暑中元	陰4局	丙辰	陰5局	秋分中元	陰1局	丁亥	陰1局	霜降中元	陰8局	丁巳	陰7局	小雪中元	陰8局
2日	乙酉	陰6局	夏至中元	陰3局	丙辰	陰2局	大暑中元	陰1局	丁亥	陰7局	処暑中元	陰4局	丁巳	陰4局	秋分中元	陰1局	戊子	陰9局	霜降中元	陰8局	戊午	陰6局	小雪中元	陰8局
3日	丙戌	陰5局	夏至中元	陰3局	丁巳	陰1局	大暑中元	陰1局	戊子	陰6局	処暑中元	陰4局	戊午	陰3局	秋分中元	陰1局	己丑	陰8局	霜降下元	陰2局	己未	陰5局	小雪下元	陰2局
4日	丁亥	陰4局	夏至中元	陰3局	戊午	陰9局	大暑中元	陰1局	己丑	陰5局	処暑下元	陰7局	己未	陰2局	秋分下元	陰4局	庚寅	陰7局	霜降下元	陰2局	庚申	陰4局	小雪下元	陰2局
5日	戊子	陰3局	夏至中元	陰3局	己未	陰8局	大暑下元	陰4局	庚寅	陰4局	処暑下元	陰7局	庚申	陰1局	秋分下元	陰4局	辛卯	陰6局	霜降下元	陰2局	辛酉	陰3局	小雪下元	陰2局
6日	己丑	陰2局	夏至下元	陰6局	庚申	陰7局	大暑下元	陰4局	辛卯	陰3局	処暑下元	陰7局	辛酉	陰9局	秋分下元	陰4局	壬辰	陰5局	霜降下元	陰2局	壬戌	陰2局	小雪下元	陰2局
7日	庚寅	陰1局	夏至下元	陰6局	辛酉	陰6局	大暑下元	陰4局	壬辰	陰2局	処暑下元	陰7局	壬戌	陰8局	秋分下元	陰4局	癸巳	陰4局	霜降下元	陰2局	癸亥	陰1局	小雪下元	陰2局
8日	辛卯	陰9局	夏至下元	陰6局	壬戌	陰5局	大暑下元	陰4局	癸巳	陰1局	処暑下元	陰7局	癸亥	陰7局	秋分下元	陰4局	甲午	陰3局	立冬上元	陰6局	甲子	陰9局	大雪上元	陰4局
9日	壬辰	陰8局	夏至下元	陰6局	癸亥	陰4局	大暑下元	陰4局	甲午	陰9局	白露上元	陰9局	甲子	陰6局	寒露上元	陰6局	乙未	陰2局	立冬上元	陰6局	乙丑	陰8局	大雪上元	陰4局
10日	癸巳	陰7局	夏至下元	陰6局	甲子	陰3局	立秋上元	陰2局	乙未	陰8局	白露上元	陰9局	乙丑	陰5局	寒露上元	陰6局	丙申	陰1局	立冬上元	陰6局	丙寅	陰7局	大雪上元	陰4局
11日	甲午	陰6局	小暑上元	陰8局	乙丑	陰2局	立秋上元	陰2局	丙申	陰7局	白露上元	陰9局	丙寅	陰4局	寒露上元	陰6局	丁酉	陰9局	立冬上元	陰6局	丁卯	陰6局	大雪上元	陰4局
12日	乙未	陰5局	小暑上元	陰8局	丙寅	陰1局	立秋上元	陰2局	丁酉	陰6局	白露上元	陰9局	丁卯	陰3局	寒露上元	陰6局	戊戌	陰8局	立冬上元	陰6局	戊辰	陰5局	大雪上元	陰4局
13日	丙申	陰4局	小暑上元	陰8局	丁卯	陰9局	立秋上元	陰2局	戊戌	陰5局	白露上元	陰9局	戊辰	陰2局	寒露上元	陰6局	己亥	陰7局	立冬中元	陰9局	己巳	陰4局	大雪中元	陰7局
14日	丁酉	陰3局	小暑上元	陰8局	戊辰	陰8局	立秋上元	陰2局	己亥	陰4局	白露中元	陰3局	己巳	陰1局	寒露中元	陰9局	庚子	陰6局	立冬中元	陰9局	庚午	陰3局	大雪中元	陰7局
15日	戊戌	陰2局	小暑上元	陰8局	己巳	陰7局	立秋中元	陰5局	庚子	陰3局	白露中元	陰3局	庚午	陰9局	寒露中元	陰9局	辛丑	陰5局	立冬中元	陰9局	辛未	陰2局	大雪中元	陰7局
16日	己亥	陰1局	小暑中元	陰2局	庚午	陰6局	立秋中元	陰5局	辛丑	陰2局	白露中元	陰3局	辛未	陰8局	寒露中元	陰9局	壬寅	陰4局	立冬中元	陰9局	壬申	陰1局	大雪中元	陰7局
17日	庚子	陰9局	小暑中元	陰2局	辛未	陰5局	立秋中元	陰5局	壬寅	陰1局	白露中元	陰3局	壬申	陰7局	寒露中元	陰9局	癸卯	陰3局	立冬中元	陰9局	癸酉	陰9局	大雪中元	陰7局
18日	辛丑	陰8局	小暑中元	陰2局	壬申	陰4局	立秋中元	陰5局	癸卯	陰9局	白露中元	陰3局	癸酉	陰6局	寒露中元	陰9局	甲辰	陰2局	立冬下元	陰3局	甲戌	陰8局	大雪下元	陰1局
19日	壬寅	陰7局	小暑中元	陰2局	癸酉	陰3局	立秋中元	陰5局	甲辰	陰8局	白露下元	陰6局	甲戌	陰5局	寒露下元	陰3局	乙巳	陰1局	立冬下元	陰3局	乙亥	陰7局	大雪下元	陰1局
20日	癸卯	陰6局	小暑中元	陰2局	甲戌	陰2局	立秋下元	陰8局	乙巳	陰7局	白露下元	陰6局	乙亥	陰4局	寒露下元	陰3局	丙午	陰9局	立冬下元	陰3局	丙子	陰6局	大雪下元	陰1局
21日	甲辰	陰5局	小暑下元	陰5局	乙亥	陰1局	立秋下元	陰8局	丙午	陰6局	白露下元	陰6局	丙子	陰3局	寒露下元	陰3局	丁未	陰8局	立冬下元	陰3局	丁丑	陰5/陽5	大雪下元	陰1局
22日	乙巳	陰4局	小暑下元	陰5局	丙子	陰9局	立秋下元	陰8局	丁未	陰5局	白露下元	陰6局	丁丑	陰2局	寒露下元	陰3局	戊申	陰7局	立冬下元	陰3局	戊寅	陽6局	大雪下元	陰1局
23日	丙午	陰3局	小暑下元	陰5局	丁丑	陰8局	立秋下元	陰8局	戊申	陰4局	白露下元	陰6局	戊寅	陰1局	寒露下元	陰3局	己酉	陰6局	小雪上元	陰5局	己卯	陽7局	冬至上元	陽1局
24日	丁未	陰2局	小暑下元	陰5局	戊寅	陰7局	立秋下元	陰8局	己酉	陰3局	秋分上元	陰7局	己卯	陰9局	霜降上元	陰5局	庚戌	陰5局	小雪上元	陰5局	庚辰	陽8局	冬至上元	陽1局
25日	戊申	陰1局	小暑下元	陰5局	己卯	陰6局	処暑上元	陰1局	庚戌	陰2局	秋分上元	陰7局	庚辰	陰8局	霜降上元	陰5局	辛亥	陰4局	小雪上元	陰5局	辛巳	陽9局	冬至上元	陽1局
26日	己酉	陰9局	大暑上元	陰7局	庚辰	陰5局	処暑上元	陰1局	辛亥	陰1局	秋分上元	陰7局	辛巳	陰7局	霜降上元	陰5局	壬子	陰3局	小雪上元	陰5局	壬午	陽1局	冬至上元	陽1局
27日	庚戌	陰8局	大暑上元	陰7局	辛巳	陰4局	処暑上元	陰1局	壬子	陰9局	秋分上元	陰7局	壬午	陰6局	霜降上元	陰5局	癸丑	陰2局	小雪上元	陰5局	癸未	陽2局	冬至上元	陽1局
28日	辛亥	陰7局	大暑上元	陰7局	壬午	陰3局	処暑上元	陰1局	癸丑	陰8局	秋分上元	陰7局	癸未	陰5局	霜降上元	陰5局	甲寅	陰1局	小雪中元	陰8局	甲申	陽3局	冬至中元	陽7局
29日	壬子	陰6局	大暑上元	陰7局	癸未	陰2局	処暑上元	陰1局	甲寅	陰7局	秋分中元	陰1局	甲申	陰4局	霜降中元	陰8局	乙卯	陰9局	小雪中元	陰8局	乙酉	陽4局	冬至中元	陽7局
30日	癸丑	陰5局	大暑上元	陰7局	甲申	陰1局	処暑中元	陰4局	乙卯	陰6局	秋分中元	陰1局	乙酉	陰3局	霜降中元	陰8局	丙辰	陰8局	小雪中元	陰8局	丙戌	陽5局	冬至中元	陽7局
31日	甲寅	陰4局	大暑中元	陰1局	乙酉	陰9局	処暑中元	陰4局					丙戌	陰2局	霜降中元	陰8局					丁亥	陽6局	冬至中元	陽7局

	1月				2月				3月				4月				5月				6月			
2017年	日盤:二至換局		時盤:超神接気		日盤:二至換局		時盤:超神接気		日盤:二至換局		時盤:超神接気		日盤:二至換局		時盤:超神接気		日盤:二至換局		時盤:超神接気		日盤:二至換局		時盤:超神接気	
日付	干支	局数	節気三元	局数	干支	局数	節気三元	局数	干支	局数	節気三元	局数	干支	局数	節気三元	局数	干支	局数	節気三元	局数	干支	局数	節気三元	局数
1日	戊子	陽7局	冬至中元	陽7局	己未	陽2局	大寒下元	陽6局	丁亥	陽3局	雨水中元	陽6局	戊午	陽7局	春分中元	陽9局	戊子	陽1局	穀雨中元	陽2局	己未	陽5局	小満下元	陽8局
2日	己丑	陽8局	冬至下元	陽4局	庚申	陽3局	大寒下元	陽6局	戊子	陽4局	雨水中元	陽6局	己未	陽8局	春分下元	陽6局	己丑	陽2局	穀雨下元	陽8局	庚申	陽6局	小満下元	陽8局
3日	庚寅	陽9局	冬至下元	陽4局	辛酉	陽4局	大寒下元	陽6局	己丑	陽5局	雨水下元	陽3局	庚申	陽9局	春分下元	陽6局	庚寅	陽3局	穀雨下元	陽8局	辛酉	陽7局	小満下元	陽8局
4日	辛卯	陽1局	冬至下元	陽4局	壬戌	陽5局	大寒下元	陽6局	庚寅	陽6局	雨水下元	陽3局	辛酉	陽1局	春分下元	陽6局	辛卯	陽4局	穀雨下元	陽8局	壬戌	陽8局	小満下元	陽8局
5日	壬辰	陽2局	冬至下元	陽4局	癸亥	陽6局	大寒下元	陽6局	辛卯	陽7局	雨水下元	陽3局	壬戌	陽2局	春分下元	陽6局	壬辰	陽5局	穀雨下元	陽8局	癸亥	陽9局	小満下元	陽8局
6日	癸巳	陽3局	冬至下元	陽4局	甲子	陽7局	立春上元	陽8局	壬辰	陽8局	雨水下元	陽3局	癸亥	陽3局	春分下元	陽6局	癸巳	陽6局	穀雨下元	陽8局	甲子	陽1局	芒種上元	陽6局
7日	甲午	陽4局	小寒上元	陽2局	乙丑	陽8局	立春上元	陽8局	癸巳	陽9局	雨水下元	陽3局	甲子	陽4局	清明上元	陽4局	甲午	陽7局	立夏上元	陽4局	乙丑	陽2局	芒種上元	陽6局
8日	乙未	陽5局	小寒上元	陽2局	丙寅	陽9局	立春上元	陽8局	甲午	陽1局	啓蟄上元	陽1局	乙丑	陽5局	清明上元	陽4局	乙未	陽8局	立夏上元	陽4局	丙寅	陽3局	芒種上元	陽6局
9日	丙申	陽6局	小寒上元	陽2局	丁卯	陽1局	立春上元	陽8局	乙未	陽2局	啓蟄上元	陽1局	丙寅	陽6局	清明上元	陽4局	丙申	陽9局	立夏上元	陽4局	丁卯	陽4局	芒種上元	陽6局
10日	丁酉	陽7局	小寒上元	陽2局	戊辰	陽2局	立春上元	陽8局	丙申	陽3局	啓蟄上元	陽1局	丁卯	陽7局	清明上元	陽4局	丁酉	陽1局	立夏上元	陽4局	戊辰	陽5局	芒種上元	陽6局
11日	戊戌	陽8局	小寒上元	陽2局	己巳	陽3局	立春中元	陽5局	丁酉	陽4局	啓蟄上元	陽1局	戊辰	陽8局	清明上元	陽4局	戊戌	陽2局	立夏上元	陽4局	己巳	陽6局	芒種中元	陽3局
12日	己亥	陽9局	小寒中元	陽8局	庚午	陽4局	立春中元	陽5局	戊戌	陽5局	啓蟄上元	陽1局	己巳	陽9局	清明中元	陽1局	己亥	陽3局	立夏中元	陽1局	庚午	陽7局	芒種中元	陽3局
13日	庚子	陽1局	小寒中元	陽8局	辛未	陽5局	立春中元	陽5局	己亥	陽6局	啓蟄中元	陽7局	庚午	陽1局	清明中元	陽1局	庚子	陽4局	立夏中元	陽1局	辛未	陽8局	芒種中元	陽3局
14日	辛丑	陽2局	小寒中元	陽8局	壬申	陽6局	立春中元	陽5局	庚子	陽7局	啓蟄中元	陽7局	辛未	陽2局	清明中元	陽1局	辛丑	陽5局	立夏中元	陽1局	壬申	陽9局	芒種中元	陽3局
15日	壬寅	陽3局	小寒中元	陽8局	癸酉	陽7局	立春中元	陽5局	辛丑	陽8局	啓蟄中元	陽7局	壬申	陽3局	清明中元	陽1局	壬寅	陽6局	立夏中元	陽1局	癸酉	陽1局	芒種中元	陽3局
16日	癸卯	陽4局	小寒中元	陽8局	甲戌	陽8局	立春下元	陽2局	壬寅	陽9局	啓蟄中元	陽7局	癸酉	陽4局	清明中元	陽1局	癸卯	陽7局	立夏中元	陽1局	甲戌	陽2局	芒種下元	陽9局
17日	甲辰	陽5局	小寒下元	陽5局	乙亥	陽9局	立春下元	陽2局	癸卯	陽1局	啓蟄中元	陽7局	甲戌	陽5局	清明下元	陽7局	甲辰	陽8局	立夏下元	陽7局	乙亥	陽3局	芒種下元	陽9局
18日	乙巳	陽6局	小寒下元	陽5局	丙子	陽1局	立春下元	陽2局	甲辰	陽2局	啓蟄下元	陽4局	乙亥	陽6局	清明下元	陽7局	乙巳	陽9局	立夏下元	陽7局	丙子	陽4局	芒種下元	陽9局
19日	丙午	陽7局	小寒下元	陽5局	丁丑	陽2局	立春下元	陽2局	乙巳	陽3局	啓蟄下元	陽4局	丙子	陽7局	清明下元	陽7局	丙午	陽1局	立夏下元	陽7局	丁丑	陽5局	芒種下元	陽9局
20日	丁未	陽8局	小寒下元	陽5局	戊寅	陽3局	立春下元	陽2局	丙午	陽4局	啓蟄下元	陽4局	丁丑	陽8局	清明下元	陽7局	丁未	陽2局	立夏下元	陽7局	戊寅	陽6局	芒種下元	陽9局
21日	戊申	陽9局	小寒下元	陽5局	己卯	陽4局	雨水上元	陽9局	丁未	陽5局	啓蟄下元	陽4局	戊寅	陽9局	清明下元	陽7局	戊申	陽3局	立夏下元	陽7局	己卯	陽7/陰3	夏至上元	陰9局
22日	己酉	陽1局	大寒上元	陽3局	庚辰	陽5局	雨水上元	陽9局	戊申	陽6局	啓蟄下元	陽4局	己卯	陽1局	穀雨上元	陽5局	己酉	陽4局	小満上元	陽5局	庚辰	陰2局	夏至上元	陰9局
23日	庚戌	陽2局	大寒上元	陽3局	辛巳	陽6局	雨水上元	陽9局	己酉	陽7局	春分上元	陽3局	庚辰	陽2局	穀雨上元	陽5局	庚戌	陽5局	小満上元	陽5局	辛巳	陰1局	夏至上元	陰9局
24日	辛亥	陽3局	大寒上元	陽3局	壬午	陽7局	雨水上元	陽9局	庚戌	陽8局	春分上元	陽3局	辛巳	陽3局	穀雨上元	陽5局	辛亥	陽6局	小満上元	陽5局	壬午	陰9局	夏至上元	陰9局
25日	壬子	陽4局	大寒上元	陽3局	癸未	陽8局	雨水上元	陽9局	辛亥	陽9局	春分上元	陽3局	壬午	陽4局	穀雨上元	陽5局	壬子	陽7局	小満上元	陽5局	癸未	陰8局	夏至上元	陰9局
26日	癸丑	陽5局	大寒上元	陽3局	甲申	陽9局	雨水中元	陽6局	壬子	陽1局	春分上元	陽3局	癸未	陽5局	穀雨上元	陽5局	癸丑	陽8局	小満上元	陽5局	甲申	陰7局	夏至中元	陰3局
27日	甲寅	陽6局	大寒中元	陽9局	乙酉	陽1局	雨水中元	陽6局	癸丑	陽2局	春分上元	陽3局	甲申	陽6局	穀雨中元	陽2局	甲寅	陽9局	小満中元	陽2局	乙酉	陰6局	夏至中元	陰3局
28日	乙卯	陽7局	大寒中元	陽9局	丙戌	陽2局	雨水中元	陽6局	甲寅	陽3局	春分中元	陽9局	乙酉	陽7局	穀雨中元	陽2局	乙卯	陽1局	小満中元	陽2局	丙戌	陰5局	夏至中元	陰3局
29日	丙辰	陽8局	大寒中元	陽9局					乙卯	陽4局	春分中元	陽9局	丙戌	陽8局	穀雨中元	陽2局	丙辰	陽2局	小満中元	陽2局	丁亥	陰4局	夏至中元	陰3局
30日	丁巳	陽9局	大寒中元	陽9局					丙辰	陽5局	春分中元	陽9局	丁亥	陽9局	穀雨中元	陽2局	丁巳	陽3局	小満中元	陽2局	戊子	陰3局	夏至中元	陰3局
31日	戊午	陽1局	大寒中元	陽9局					丁巳	陽6局	春分中元	陽9局					戊午	陽4局	小満中元	陽2局				

	7月				8月				9月				10月				11月				12月			
2017年	日盤:二至換局		時盤:超神接気		日盤:二至換局		時盤:超神接気		日盤:二至換局		時盤:超神接気		日盤:二至換局		時盤:超神接気		日盤:二至換局		時盤:超神接気		日盤:二至換局		時盤:超神接気	
日付	干支	局数	節気三元	局数	干支	局数	節気三元	局数	干支	局数	節気三元	局数	干支	局数	節気三元	局数	干支	局数	節気三元	局数	干支	局数	節気三元	局数
1日	己丑	陰2局	夏至下元	陰6局	庚申	陰7局	大暑下元	陰4局	辛卯	陰3局	処暑下元	陰7局	辛酉	陰9局	秋分下元	陰4局	壬辰	陰5局	霜降下元	陰2局	壬戌	陰2局	小雪下元	陰2局
2日	庚寅	陰1局	夏至下元	陰6局	辛酉	陰6局	大暑下元	陰4局	壬辰	陰2局	処暑下元	陰7局	壬戌	陰8局	秋分下元	陰4局	癸巳	陰4局	霜降下元	陰2局	癸亥	陰1局	小雪下元	陰2局
3日	辛卯	陰9局	夏至下元	陰6局	壬戌	陰5局	大暑下元	陰4局	癸巳	陰1局	処暑下元	陰7局	癸亥	陰7局	秋分下元	陰4局	甲午	陰3局	立冬上元	陰6局	甲子	陰9局	大雪上元	陰4局
4日	壬辰	陰8局	夏至下元	陰6局	癸亥	陰4局	大暑下元	陰4局	甲午	陰9局	白露上元	陰9局	甲子	陰6局	寒露上元	陰6局	乙未	陰2局	立冬上元	陰6局	乙丑	陰8局	大雪上元	陰4局
5日	癸巳	陰7局	夏至下元	陰6局	甲子	陰3局	立秋上元	陰2局	乙未	陰8局	白露上元	陰9局	乙丑	陰5局	寒露上元	陰6局	丙申	陰1局	立冬上元	陰6局	丙寅	陰7局	大雪上元	陰4局
6日	甲午	陰6局	小暑上元	陰8局	乙丑	陰2局	立秋上元	陰2局	丙申	陰7局	白露上元	陰9局	丙寅	陰4局	寒露上元	陰6局	丁酉	陰9局	立冬上元	陰6局	丁卯	陰6局	大雪上元	陰4局
7日	乙未	陰5局	小暑上元	陰8局	丙寅	陰1局	立秋上元	陰2局	丁酉	陰6局	白露上元	陰9局	丁卯	陰3局	寒露上元	陰6局	戊戌	陰8局	立冬上元	陰6局	戊辰	陰5局	大雪上元	陰4局
8日	丙申	陰4局	小暑上元	陰8局	丁卯	陰9局	立秋上元	陰2局	戊戌	陰5局	白露上元	陰9局	戊辰	陰2局	寒露上元	陰6局	己亥	陰7局	立冬中元	陰9局	己巳	陰4局	大雪中元	陰7局
9日	丁酉	陰3局	小暑上元	陰8局	戊辰	陰8局	立秋上元	陰2局	己亥	陰4局	白露中元	陰3局	己巳	陰1局	寒露中元	陰9局	庚子	陰6局	立冬中元	陰9局	庚午	陰3局	大雪中元	陰7局
10日	戊戌	陰2局	小暑上元	陰8局	己巳	陰7局	立秋中元	陰5局	庚子	陰3局	白露中元	陰3局	庚午	陰9局	寒露中元	陰9局	辛丑	陰5局	立冬中元	陰9局	辛未	陰2局	大雪中元	陰7局
11日	己亥	陰1局	小暑中元	陰2局	庚午	陰6局	立秋中元	陰5局	辛丑	陰2局	白露中元	陰3局	辛未	陰8局	寒露中元	陰9局	壬寅	陰4局	立冬中元	陰9局	壬申	陰1局	大雪中元	陰7局
12日	庚子	陰9局	小暑中元	陰2局	辛未	陰5局	立秋中元	陰5局	壬寅	陰1局	白露中元	陰3局	壬申	陰7局	寒露中元	陰9局	癸卯	陰3局	立冬中元	陰9局	癸酉	陰9局	大雪中元	陰7局
13日	辛丑	陰8局	小暑中元	陰2局	壬申	陰4局	立秋中元	陰5局	癸卯	陰9局	白露中元	陰3局	癸酉	陰6局	寒露中元	陰9局	甲辰	陰2局	立冬下元	陰3局	甲戌	陰8局	大雪下元	陰1局
14日	壬寅	陰7局	小暑中元	陰2局	癸酉	陰3局	立秋中元	陰5局	甲辰	陰8局	白露下元	陰6局	甲戌	陰5局	寒露下元	陰3局	乙巳	陰1局	立冬下元	陰3局	乙亥	陰7局	大雪下元	陰1局
15日	癸卯	陰6局	小暑中元	陰2局	甲戌	陰2局	立秋下元	陰8局	乙巳	陰7局	白露下元	陰6局	乙亥	陰4局	寒露下元	陰3局	丙午	陰9局	立冬下元	陰3局	丙子	陰6局	大雪下元	陰1局
16日	甲辰	陰5局	小暑下元	陰5局	乙亥	陰1局	立秋下元	陰8局	丙午	陰6局	白露下元	陰6局	丙子	陰3局	寒露下元	陰3局	丁未	陰8局	立冬下元	陰3局	丁丑	陰5局	大雪下元	陰1局
17日	乙巳	陰4局	小暑下元	陰5局	丙子	陰9局	立秋下元	陰8局	丁未	陰5局	白露下元	陰6局	丁丑	陰2局	寒露下元	陰3局	戊申	陰7局	立冬下元	陰3局	戊寅	陰4局	大雪下元	陰1局
18日	丙午	陰3局	小暑下元	陰5局	丁丑	陰8局	立秋下元	陰8局	戊申	陰4局	白露下元	陰6局	戊寅	陰1局	寒露下元	陰3局	己酉	陰6局	小雪上元	陰5局	己卯	陰3局	冬至上元	陽1局
19日	丁未	陰2局	小暑下元	陰5局	戊寅	陰7局	立秋下元	陰8局	己酉	陰3局	秋分上元	陰7局	己卯	陰9局	霜降上元	陰5局	庚戌	陰5局	小雪上元	陰5局	庚辰	陰2局	冬至上元	陽1局
20日	戊申	陰1局	小暑下元	陰5局	己卯	陰6局	処暑上元	陰1局	庚戌	陰2局	秋分上元	陰7局	庚辰	陰8局	霜降上元	陰5局	辛亥	陰4局	小雪上元	陰5局	辛巳	陰1局	冬至上元	陽1局
21日	己酉	陰9局	大暑上元	陰7局	庚辰	陰5局	処暑上元	陰1局	辛亥	陰1局	秋分上元	陰7局	辛巳	陰7局	霜降上元	陰5局	壬子	陰3局	小雪上元	陰5局	壬午	陰9局	冬至上元	陽1局
22日	庚戌	陰8局	大暑上元	陰7局	辛巳	陰4局	処暑上元	陰1局	壬子	陰9局	秋分上元	陰7局	壬午	陰6局	霜降上元	陰5局	癸丑	陰2局	小雪上元	陰5局	癸未	陰8/陽2	冬至上元	陽1局
23日	辛亥	陰7局	大暑上元	陰7局	壬午	陰3局	処暑上元	陰1局	癸丑	陰8局	秋分上元	陰7局	癸未	陰5局	霜降上元	陰5局	甲寅	陰1局	小雪中元	陰8局	甲申	陽3局	冬至中元	陽7局
24日	壬子	陰6局	大暑上元	陰7局	癸未	陰2局	処暑上元	陰1局	甲寅	陰7局	秋分中元	陰1局	甲申	陰4局	霜降中元	陰8局	乙卯	陰9局	小雪中元	陰8局	乙酉	陽4局	冬至中元	陽7局
25日	癸丑	陰5局	大暑上元	陰7局	甲申	陰1局	処暑中元	陰4局	乙卯	陰6局	秋分中元	陰1局	乙酉	陰3局	霜降中元	陰8局	丙辰	陰8局	小雪中元	陰8局	丙戌	陽5局	冬至中元	陽7局
26日	甲寅	陰4局	大暑中元	陰1局	乙酉	陰9局	処暑中元	陰4局	丙辰	陰5局	秋分中元	陰1局	丙戌	陰2局	霜降中元	陰8局	丁巳	陰7局	小雪中元	陰8局	丁亥	陽6局	冬至中元	陽7局
27日	乙卯	陰3局	大暑中元	陰1局	丙戌	陰8局	処暑中元	陰4局	丁巳	陰4局	秋分中元	陰1局	丁亥	陰1局	霜降中元	陰8局	戊午	陰6局	小雪中元	陰8局	戊子	陽7局	冬至中元	陽7局
28日	丙辰	陰2局	大暑中元	陰1局	丁亥	陰7局	処暑中元	陰4局	戊午	陰3局	秋分中元	陰1局	戊子	陰9局	霜降中元	陰8局	己未	陰5局	小雪下元	陰2局	己丑	陽8局	冬至下元	陽4局
29日	丁巳	陰1局	大暑中元	陰1局	戊子	陰6局	処暑中元	陰4局	己未	陰2局	秋分下元	陰4局	己丑	陰8局	霜降下元	陰2局	庚申	陰4局	小雪下元	陰2局	庚寅	陽9局	冬至下元	陽4局
30日	戊午	陰9局	大暑中元	陰1局	己丑	陰5局	処暑下元	陰7局	庚申	陰1局	秋分下元	陰4局	庚寅	陰7局	霜降下元	陰2局	辛酉	陰3局	小雪下元	陰2局	辛卯	陽1局	冬至下元	陽4局
31日	己未	陰8局	大暑下元	陰4局	庚寅	陰4局	処暑下元	陰7局					辛卯	陰6局	霜降下元	陰2局					壬辰	陽2局	冬至下元	陽4局

	1月				2月				3月				4月				5月				6月			
2018年	日盤:二至換局		時盤:超神接気		日盤:二至換局		時盤:超神接気		日盤:二至換局		時盤:超神接気		日盤:二至換局		時盤:超神接気		日盤:二至換局		時盤:超神接気		日盤:二至換局		時盤:超神接気	
日付	干支	局数	節気三元	局数	干支	局数	節気三元	局数	干支	局数	節気三元	局数	干支	局数	節気三元	局数	干支	局数	節気三元	局数	干支	局数	節気三元	局数
1日	癸巳	陽3局	冬至下元	陽4局	甲子	陽7局	立春上元	陽8局	壬辰	陽8局	雨水下元	陽3局	癸亥	陽3局	春分下元	陽6局	癸巳	陽6局	穀雨下元	陽8局	甲子	陽1局	芒種上元	陽6局
2日	甲午	陽4局	小寒上元	陽2局	乙丑	陽8局	立春上元	陽8局	癸巳	陽9局	雨水下元	陽3局	甲子	陽4局	清明上元	陽4局	甲午	陽7局	立夏上元	陽4局	乙丑	陽2局	芒種上元	陽6局
3日	乙未	陽5局	小寒上元	陽2局	丙寅	陽9局	立春上元	陽8局	甲午	陽1局	啓蟄上元	陽1局	乙丑	陽5局	清明上元	陽4局	乙未	陽8局	立夏上元	陽4局	丙寅	陽3局	芒種上元	陽6局
4日	丙申	陽6局	小寒上元	陽2局	丁卯	陽1局	立春上元	陽8局	乙未	陽2局	啓蟄上元	陽1局	丙寅	陽6局	清明上元	陽4局	丙申	陽9局	立夏上元	陽4局	丁卯	陽4局	芒種上元	陽6局
5日	丁酉	陽7局	小寒上元	陽2局	戊辰	陽2局	立春上元	陽8局	丙申	陽3局	啓蟄上元	陽1局	丁卯	陽7局	清明上元	陽4局	丁酉	陽1局	立夏上元	陽4局	戊辰	陽5局	芒種上元	陽6局
6日	戊戌	陽8局	小寒上元	陽2局	己巳	陽3局	立春中元	陽5局	丁酉	陽4局	啓蟄上元	陽1局	戊辰	陽8局	清明上元	陽4局	戊戌	陽2局	立夏上元	陽4局	己巳	陽6局	芒種中元	陽3局
7日	己亥	陽9局	小寒中元	陽8局	庚午	陽4局	立春中元	陽5局	戊戌	陽5局	啓蟄上元	陽1局	己巳	陽9局	清明中元	陽1局	己亥	陽3局	立夏中元	陽1局	庚午	陽7局	芒種中元	陽3局
8日	庚子	陽1局	小寒中元	陽8局	辛未	陽5局	立春中元	陽5局	己亥	陽6局	啓蟄中元	陽7局	庚午	陽1局	清明中元	陽1局	庚子	陽4局	立夏中元	陽1局	辛未	陽8局	芒種中元	陽3局
9日	辛丑	陽2局	小寒中元	陽8局	壬申	陽6局	立春中元	陽5局	庚子	陽7局	啓蟄中元	陽7局	辛未	陽2局	清明中元	陽1局	辛丑	陽5局	立夏中元	陽1局	壬申	陽9局	芒種中元	陽3局
10日	壬寅	陽3局	小寒中元	陽8局	癸酉	陽7局	立春中元	陽5局	辛丑	陽8局	啓蟄中元	陽7局	壬申	陽3局	清明中元	陽1局	壬寅	陽6局	立夏中元	陽1局	癸酉	陽1局	芒種中元	陽3局
11日	癸卯	陽4局	小寒中元	陽8局	甲戌	陽8局	立春下元	陽2局	壬寅	陽9局	啓蟄中元	陽7局	癸酉	陽4局	清明中元	陽1局	癸卯	陽7局	立夏中元	陽1局	甲戌	陽2局	芒種下元	陽9局
12日	甲辰	陽5局	小寒下元	陽5局	乙亥	陽9局	立春下元	陽2局	癸卯	陽1局	啓蟄中元	陽7局	甲戌	陽5局	清明下元	陽7局	甲辰	陽8局	立夏下元	陽7局	乙亥	陽3局	芒種下元	陽9局
13日	乙巳	陽6局	小寒下元	陽5局	丙子	陽1局	立春下元	陽2局	甲辰	陽2局	啓蟄下元	陽4局	乙亥	陽6局	清明下元	陽7局	乙巳	陽9局	立夏下元	陽7局	丙子	陽4局	芒種下元	陽9局
14日	丙午	陽7局	小寒下元	陽5局	丁丑	陽2局	立春下元	陽2局	乙巳	陽3局	啓蟄下元	陽4局	丙子	陽7局	清明下元	陽7局	丙午	陽1局	立夏下元	陽7局	丁丑	陽5局	芒種下元	陽9局
15日	丁未	陽8局	小寒下元	陽5局	戊寅	陽3局	立春下元	陽2局	丙午	陽4局	啓蟄下元	陽4局	丁丑	陽8局	清明下元	陽7局	丁未	陽2局	立夏下元	陽7局	戊寅	陽6局	芒種下元	陽9局
16日	戊申	陽9局	小寒下元	陽5局	己卯	陽4局	雨水上元	陽9局	丁未	陽5局	啓蟄下元	陽4局	戊寅	陽9局	清明下元	陽7局	戊申	陽3局	立夏下元	陽7局	己卯	陽7局	夏至上元	陰9局
17日	己酉	陽1局	大寒上元	陽3局	庚辰	陽5局	雨水上元	陽9局	戊申	陽6局	啓蟄下元	陽4局	己卯	陽1局	穀雨上元	陽5局	己酉	陽4局	小満上元	陽5局	庚辰	陽8局	夏至上元	陰9局
18日	庚戌	陽2局	大寒上元	陽3局	辛巳	陽6局	雨水上元	陽9局	己酉	陽7局	春分上元	陽3局	庚辰	陽2局	穀雨上元	陽5局	庚戌	陽5局	小満上元	陽5局	辛巳	陽9局	夏至上元	陰9局
19日	辛亥	陽3局	大寒上元	陽3局	壬午	陽7局	雨水上元	陽9局	庚戌	陽8局	春分上元	陽3局	辛巳	陽3局	穀雨上元	陽5局	辛亥	陽6局	小満上元	陽5局	壬午	陽1局	夏至上元	陰9局
20日	壬子	陽4局	大寒上元	陽3局	癸未	陽8局	雨水上元	陽9局	辛亥	陽9局	春分上元	陽3局	壬午	陽4局	穀雨上元	陽5局	壬子	陽7局	小満上元	陽5局	癸未	陽2局	夏至上元	陰9局
21日	癸丑	陽5局	大寒上元	陽3局	甲申	陽9局	雨水中元	陽6局	壬子	陽1局	春分上元	陽3局	癸未	陽5局	穀雨上元	陽5局	癸丑	陽8局	小満上元	陽5局	甲申	陽3/陰7	夏至中元	陰3局
22日	甲寅	陽6局	大寒中元	陽9局	乙酉	陽1局	雨水中元	陽6局	癸丑	陽2局	春分上元	陽3局	甲申	陽6局	穀雨中元	陽2局	甲寅	陽9局	小満中元	陽2局	乙酉	陰6局	夏至中元	陰3局
23日	乙卯	陽7局	大寒中元	陽9局	丙戌	陽2局	雨水中元	陽6局	甲寅	陽3局	春分中元	陽9局	乙酉	陽7局	穀雨中元	陽2局	乙卯	陽1局	小満中元	陽2局	丙戌	陰5局	夏至中元	陰3局
24日	丙辰	陽8局	大寒中元	陽9局	丁亥	陽3局	雨水中元	陽6局	乙卯	陽4局	春分中元	陽9局	丙戌	陽8局	穀雨中元	陽2局	丙辰	陽2局	小満中元	陽2局	丁亥	陰4局	夏至中元	陰3局
25日	丁巳	陽9局	大寒中元	陽9局	戊子	陽4局	雨水中元	陽6局	丙辰	陽5局	春分中元	陽9局	丁亥	陽9局	穀雨中元	陽2局	丁巳	陽3局	小満中元	陽2局	戊子	陰3局	夏至中元	陰3局
26日	戊午	陽1局	大寒中元	陽9局	己丑	陽5局	雨水下元	陽3局	丁巳	陽6局	春分中元	陽9局	戊子	陽1局	穀雨中元	陽2局	戊午	陽4局	小満中元	陽2局	己丑	陰2局	夏至下元	陰6局
27日	己未	陽2局	大寒下元	陽6局	庚寅	陽6局	雨水下元	陽3局	戊午	陽7局	春分中元	陽9局	己丑	陽2局	穀雨下元	陽8局	己未	陽5局	小満下元	陽8局	庚寅	陰1局	夏至下元	陰6局
28日	庚申	陽3局	大寒下元	陽6局	辛卯	陽7局	雨水下元	陽3局	己未	陽8局	春分下元	陽6局	庚寅	陽3局	穀雨下元	陽8局	庚申	陽6局	小満下元	陽8局	辛卯	陰9局	夏至下元	陰6局
29日	辛酉	陽4局	大寒下元	陽6局					庚申	陽9局	春分下元	陽6局	辛卯	陽4局	穀雨下元	陽8局	辛酉	陽7局	小満下元	陽8局	壬辰	陰8局	夏至下元	陰6局
30日	壬戌	陽5局	大寒下元	陽6局					辛酉	陽1局	春分下元	陽6局	壬辰	陽5局	穀雨下元	陽8局	壬戌	陽8局	小満下元	陽8局	癸巳	陰7局	夏至下元	陰6局
31日	癸亥	陽6局	大寒下元	陽6局					壬戌	陽2局	春分下元	陽6局					癸亥	陽9局	小満下元	陽8局				

	7月				8月				9月				10月				11月				12月			
2018年	日盤:二至換局		時盤:超神接気		日盤:二至換局		時盤:超神接気		日盤:二至換局		時盤:超神接気		日盤:二至換局		時盤:超神接気		日盤:二至換局		時盤:超神接気		日盤:二至換局		時盤:超神接気	
日付	干支	局数	節気三元	局数	干支	局数	節気三元	局数	干支	局数	節気三元	局数	干支	局数	節気三元	局数	干支	局数	節気三元	局数	干支	局数	節気三元	局数
1日	甲午	陰6局	小暑上元	陰8局	乙丑	陰2局	立秋上元	陰2局	丙申	陰7局	白露上元	陰9局	丙寅	陰4局	寒露上元	陰6局	丁酉	陰9局	立冬上元	陰6局	丁卯	陰6局	大雪上元	陰4局
2日	乙未	陰5局	小暑上元	陰8局	丙寅	陰1局	立秋上元	陰2局	丁酉	陰6局	白露上元	陰9局	丁卯	陰3局	寒露上元	陰6局	戊戌	陰8局	立冬上元	陰6局	戊辰	陰5局	大雪上元	陰4局
3日	丙申	陰4局	小暑上元	陰8局	丁卯	陰9局	立秋上元	陰2局	戊戌	陰5局	白露上元	陰9局	戊辰	陰2局	寒露上元	陰6局	己亥	陰7局	立冬中元	陰9局	己巳	陰4局	大雪中元	陰7局
4日	丁酉	陰3局	小暑上元	陰8局	戊辰	陰8局	立秋上元	陰2局	己亥	陰4局	白露中元	陰3局	己巳	陰1局	寒露中元	陰9局	庚子	陰6局	立冬中元	陰9局	庚午	陰3局	大雪中元	陰7局
5日	戊戌	陰2局	小暑上元	陰8局	己巳	陰7局	立秋中元	陰5局	庚子	陰3局	白露中元	陰3局	庚午	陰9局	寒露中元	陰9局	辛丑	陰5局	立冬中元	陰9局	辛未	陰2局	大雪中元	陰7局
6日	己亥	陰1局	小暑中元	陰2局	庚午	陰6局	立秋中元	陰5局	辛丑	陰2局	白露中元	陰3局	辛未	陰8局	寒露中元	陰9局	壬寅	陰4局	立冬中元	陰9局	壬申	陰1局	大雪中元	陰7局
7日	庚子	陰9局	小暑中元	陰2局	辛未	陰5局	立秋中元	陰5局	壬寅	陰1局	白露中元	陰3局	壬申	陰7局	寒露中元	陰9局	癸卯	陰3局	立冬中元	陰9局	癸酉	陰9局	大雪中元	陰7局
8日	辛丑	陰8局	小暑中元	陰2局	壬申	陰4局	立秋中元	陰5局	癸卯	陰9局	白露中元	陰3局	癸酉	陰6局	寒露中元	陰9局	甲辰	陰2局	立冬下元	陰3局	甲戌	陰8局	大雪下元	陰1局
9日	壬寅	陰7局	小暑中元	陰2局	癸酉	陰3局	立秋中元	陰5局	甲辰	陰8局	白露下元	陰6局	甲戌	陰5局	寒露下元	陰3局	乙巳	陰1局	立冬下元	陰3局	乙亥	陰7局	大雪下元	陰1局
10日	癸卯	陰6局	小暑中元	陰2局	甲戌	陰2局	立秋下元	陰8局	乙巳	陰7局	白露下元	陰6局	乙亥	陰4局	寒露下元	陰3局	丙午	陰9局	立冬下元	陰3局	丙子	陰6局	大雪下元	陰1局
11日	甲辰	陰5局	小暑下元	陰5局	乙亥	陰1局	立秋下元	陰8局	丙午	陰6局	白露下元	陰6局	丙子	陰3局	寒露下元	陰3局	丁未	陰8局	立冬下元	陰3局	丁丑	陰5局	大雪下元	陰1局
12日	乙巳	陰4局	小暑下元	陰5局	丙子	陰9局	立秋下元	陰8局	丁未	陰5局	白露下元	陰6局	丁丑	陰2局	寒露下元	陰3局	戊申	陰7局	立冬下元	陰3局	戊寅	陰4局	大雪下元	陰1局
13日	丙午	陰3局	小暑下元	陰5局	丁丑	陰8局	立秋下元	陰8局	戊申	陰4局	白露下元	陰6局	戊寅	陰1局	寒露下元	陰3局	己酉	陰6局	小雪上元	陰5局	己卯	陰3局	大雪上元	陰4局
14日	丁未	陰2局	小暑下元	陰5局	戊寅	陰7局	立秋下元	陰8局	己酉	陰3局	秋分上元	陰7局	己卯	陰9局	霜降上元	陰5局	庚戌	陰5局	小雪上元	陰5局	庚辰	陰2局	大雪上元	陰4局
15日	戊申	陰1局	小暑下元	陰5局	己卯	陰6局	処暑上元	陰1局	庚戌	陰2局	秋分上元	陰7局	庚辰	陰8局	霜降上元	陰5局	辛亥	陰4局	小雪上元	陰5局	辛巳	陰1局	大雪上元	陰4局
16日	己酉	陰9局	大暑上元	陰7局	庚辰	陰5局	処暑上元	陰1局	辛亥	陰1局	秋分上元	陰7局	辛巳	陰7局	霜降上元	陰5局	壬子	陰3局	小雪上元	陰5局	壬午	陰9局	大雪上元	陰4局
17日	庚戌	陰8局	大暑上元	陰7局	辛巳	陰4局	処暑上元	陰1局	壬子	陰9局	秋分上元	陰7局	壬午	陰6局	霜降上元	陰5局	癸丑	陰2局	小雪上元	陰5局	癸未	陰8局	大雪上元	陰4局
18日	辛亥	陰7局	大暑上元	陰7局	壬午	陰3局	処暑上元	陰1局	癸丑	陰8局	秋分上元	陰7局	癸未	陰5局	霜降上元	陰5局	甲寅	陰1局	小雪中元	陰8局	甲申	陰7局	大雪中元	陰7局
19日	壬子	陰6局	大暑上元	陰7局	癸未	陰2局	処暑上元	陰1局	甲寅	陰7局	秋分中元	陰1局	甲申	陰4局	霜降中元	陰8局	乙卯	陰9局	小雪中元	陰8局	乙酉	陰6局	大雪中元	陰7局
20日	癸丑	陰5局	大暑上元	陰7局	甲申	陰1局	処暑中元	陰4局	乙卯	陰6局	秋分中元	陰1局	乙酉	陰3局	霜降中元	陰8局	丙辰	陰8局	小雪中元	陰8局	丙戌	陰5局	大雪中元	陰7局
21日	甲寅	陰4局	大暑中元	陰1局	乙酉	陰9局	処暑中元	陰4局	丙辰	陰5局	秋分中元	陰1局	丙戌	陰2局	霜降中元	陰8局	丁巳	陰7局	小雪中元	陰8局	丁亥	陰4局	大雪中元	陰7局
22日	乙卯	陰3局	大暑中元	陰1局	丙戌	陰8局	処暑中元	陰4局	丁巳	陰4局	秋分中元	陰1局	丁亥	陰1局	霜降中元	陰8局	戊午	陰6局	小雪中元	陰8局	戊子	陰3/陽7	大雪中元	陰7局
23日	丙辰	陰2局	大暑中元	陰1局	丁亥	陰7局	処暑中元	陰4局	戊午	陰3局	秋分中元	陰1局	戊子	陰9局	霜降中元	陰8局	己未	陰5局	小雪下元	陰2局	己丑	陽8局	大雪下元	陰1局
24日	丁巳	陰1局	大暑中元	陰1局	戊子	陰6局	処暑中元	陰4局	己未	陰2局	秋分下元	陰4局	己丑	陰8局	霜降下元	陰2局	庚申	陰4局	小雪下元	陰2局	庚寅	陽9局	大雪下元	陰1局
25日	戊午	陰9局	大暑中元	陰1局	己丑	陰5局	処暑下元	陰7局	庚申	陰1局	秋分下元	陰4局	庚寅	陰7局	霜降下元	陰2局	辛酉	陰3局	小雪下元	陰2局	辛卯	陽1局	大雪下元	陰1局
26日	己未	陰8局	大暑下元	陰4局	庚寅	陰4局	処暑下元	陰7局	辛酉	陰9局	秋分下元	陰4局	辛卯	陰6局	霜降下元	陰2局	壬戌	陰2局	小雪下元	陰2局	壬辰	陽2局	大雪下元	陰1局
27日	庚申	陰7局	大暑下元	陰4局	辛卯	陰3局	処暑下元	陰7局	壬戌	陰8局	秋分下元	陰4局	壬辰	陰5局	霜降下元	陰2局	癸亥	陰1局	小雪下元	陰2局	癸巳	陽3局	大雪下元	陰1局
28日	辛酉	陰6局	大暑下元	陰4局	壬辰	陰2局	処暑下元	陰7局	癸亥	陰7局	秋分下元	陰4局	癸巳	陰4局	霜降下元	陰2局	甲子	陰9局	大雪上元	陰4局	甲午	陽4局	冬至上元	陽1局
29日	壬戌	陰5局	大暑下元	陰4局	癸巳	陰1局	処暑下元	陰7局	甲子	陰6局	寒露上元	陰6局	甲午	陰3局	立冬上元	陰6局	乙丑	陰8局	大雪上元	陰4局	乙未	陽5局	冬至上元	陽1局
30日	癸亥	陰4局	大暑下元	陰4局	甲午	陰9局	白露上元	陰9局	乙丑	陰5局	寒露上元	陰6局	乙未	陰2局	立冬上元	陰6局	丙寅	陰7局	大雪上元	陰4局	丙申	陽6局	冬至上元	陽1局
31日	甲子	陰3局	立秋上元	陰2局	乙未	陰8局	白露上元	陰9局					丙申	陰1局	立冬上元	陰6局					丁酉	陽7局	冬至上元	陽1局

	1月				2月				3月				4月				5月				6月			
2019年	日盤:二至換局		時盤:超神接気		日盤:二至換局		時盤:超神接気		日盤:二至換局		時盤:超神接気		日盤:二至換局		時盤:超神接気		日盤:二至換局		時盤:超神接気		日盤:二至換局		時盤:超神接気	
日付	干支	局数	節気三元	局数	干支	局数	節気三元	局数	干支	局数	節気三元	局数	干支	局数	節気三元	局数	干支	局数	節気三元	局数	干支	局数	節気三元	局数
1日	戊戌	陽8局	冬至上元	陽1局	己巳	陽3局	大寒中元	陽9局	丁酉	陽4局	雨水上元	陽9局	戊辰	陽8局	春分上元	陽3局	戊戌	陽2局	穀雨上元	陽5局	己巳	陽6局	小満中元	陽2局
2日	己亥	陽9局	冬至中元	陽7局	庚午	陽4局	大寒中元	陽9局	戊戌	陽5局	雨水上元	陽9局	己巳	陽9局	春分中元	陽9局	己亥	陽3局	穀雨中元	陽2局	庚午	陽7局	小満中元	陽2局
3日	庚子	陽1局	冬至中元	陽7局	辛未	陽5局	大寒中元	陽9局	己亥	陽6局	雨水中元	陽6局	庚午	陽1局	春分中元	陽9局	庚子	陽4局	穀雨中元	陽2局	辛未	陽8局	小満中元	陽2局
4日	辛丑	陽2局	冬至中元	陽7局	壬申	陽6局	大寒中元	陽9局	庚子	陽7局	雨水中元	陽6局	辛未	陽2局	春分中元	陽9局	辛丑	陽5局	穀雨中元	陽2局	壬申	陽9局	小満中元	陽2局
5日	壬寅	陽3局	冬至中元	陽7局	癸酉	陽7局	大寒中元	陽9局	辛丑	陽8局	雨水中元	陽6局	壬申	陽3局	春分中元	陽9局	壬寅	陽6局	穀雨中元	陽2局	癸酉	陽1局	小満中元	陽2局
6日	癸卯	陽4局	冬至中元	陽7局	甲戌	陽8局	大寒下元	陽6局	壬寅	陽9局	雨水中元	陽6局	癸酉	陽4局	春分中元	陽9局	癸卯	陽7局	穀雨中元	陽2局	甲戌	陽2局	小満下元	陽8局
7日	甲辰	陽5局	冬至下元	陽4局	乙亥	陽9局	大寒下元	陽6局	癸卯	陽1局	雨水中元	陽6局	甲戌	陽5局	春分下元	陽6局	甲辰	陽8局	穀雨下元	陽8局	乙亥	陽3局	小満下元	陽8局
8日	乙巳	陽6局	冬至下元	陽4局	丙子	陽1局	大寒下元	陽6局	甲辰	陽2局	雨水下元	陽3局	乙亥	陽6局	春分下元	陽6局	乙巳	陽9局	穀雨下元	陽8局	丙子	陽4局	小満下元	陽8局
9日	丙午	陽7局	冬至下元	陽4局	丁丑	陽2局	大寒下元	陽6局	乙巳	陽3局	雨水下元	陽3局	丙子	陽7局	春分下元	陽6局	丙午	陽1局	穀雨下元	陽8局	丁丑	陽5局	小満下元	陽8局
10日	丁未	陽8局	冬至下元	陽4局	戊寅	陽3局	大寒下元	陽6局	丙午	陽4局	雨水下元	陽3局	丁丑	陽8局	春分下元	陽6局	丁未	陽2局	穀雨下元	陽8局	戊寅	陽6局	小満下元	陽8局
11日	戊申	陽9局	冬至下元	陽4局	己卯	陽4局	立春上元	陽8局	丁未	陽5局	雨水下元	陽3局	戊寅	陽9局	春分下元	陽6局	戊申	陽3局	穀雨下元	陽8局	己卯	陽7局	芒種上元	陽6局
12日	己酉	陽1局	小寒上元	陽2局	庚辰	陽5局	立春上元	陽8局	戊申	陽6局	雨水下元	陽3局	己卯	陽1局	清明上元	陽4局	己酉	陽4局	立夏上元	陽4局	庚辰	陽8局	芒種上元	陽6局
13日	庚戌	陽2局	小寒上元	陽2局	辛巳	陽6局	立春上元	陽8局	己酉	陽7局	啓蟄上元	陽1局	庚辰	陽2局	清明上元	陽4局	庚戌	陽5局	立夏上元	陽4局	辛巳	陽9局	芒種上元	陽6局
14日	辛亥	陽3局	小寒上元	陽2局	壬午	陽7局	立春上元	陽8局	庚戌	陽8局	啓蟄上元	陽1局	辛巳	陽3局	清明上元	陽4局	辛亥	陽6局	立夏上元	陽4局	壬午	陽1局	芒種上元	陽6局
15日	壬子	陽4局	小寒上元	陽2局	癸未	陽8局	立春上元	陽8局	辛亥	陽9局	啓蟄上元	陽1局	壬午	陽4局	清明上元	陽4局	壬子	陽7局	立夏上元	陽4局	癸未	陽2局	芒種上元	陽6局
16日	癸丑	陽5局	小寒上元	陽2局	甲申	陽9局	立春中元	陽5局	壬子	陽1局	啓蟄上元	陽1局	癸未	陽5局	清明上元	陽4局	癸丑	陽8局	立夏上元	陽4局	甲申	陽3局	芒種中元	陽3局
17日	甲寅	陽6局	小寒中元	陽8局	乙酉	陽1局	立春中元	陽5局	癸丑	陽2局	啓蟄上元	陽1局	甲申	陽6局	清明中元	陽1局	甲寅	陽9局	立夏中元	陽1局	乙酉	陽4局	芒種中元	陽3局
18日	乙卯	陽7局	小寒中元	陽8局	丙戌	陽2局	立春中元	陽5局	甲寅	陽3局	啓蟄中元	陽7局	乙酉	陽7局	清明中元	陽1局	乙卯	陽1局	立夏中元	陽1局	丙戌	陽5局	芒種中元	陽3局
19日	丙辰	陽8局	小寒中元	陽8局	丁亥	陽3局	立春中元	陽5局	乙卯	陽4局	啓蟄中元	陽7局	丙戌	陽8局	清明中元	陽1局	丙辰	陽2局	立夏中元	陽1局	丁亥	陽6局	芒種中元	陽3局
20日	丁巳	陽9局	小寒中元	陽8局	戊子	陽4局	立春中元	陽5局	丙辰	陽5局	啓蟄中元	陽7局	丁亥	陽9局	清明中元	陽1局	丁巳	陽3局	立夏中元	陽1局	戊子	陽7局	芒種中元	陽3局
21日	戊午	陽1局	小寒中元	陽8局	己丑	陽5局	立春下元	陽2局	丁巳	陽6局	啓蟄中元	陽7局	戊子	陽1局	清明中元	陽1局	戊午	陽4局	立夏中元	陽1局	己丑	陽8局	芒種下元	陽9局
22日	己未	陽2局	小寒下元	陽5局	庚寅	陽6局	立春下元	陽2局	戊午	陽7局	啓蟄中元	陽7局	己丑	陽2局	清明下元	陽7局	己未	陽5局	立夏下元	陽7局	庚寅	陽9/陰1	芒種下元	陽9局
23日	庚申	陽3局	小寒下元	陽5局	辛卯	陽7局	立春下元	陽2局	己未	陽8局	啓蟄下元	陽4局	庚寅	陽3局	清明下元	陽7局	庚申	陽6局	立夏下元	陽7局	辛卯	陰9局	芒種下元	陽9局
24日	辛酉	陽4局	小寒下元	陽5局	壬辰	陽8局	立春下元	陽2局	庚申	陽9局	啓蟄下元	陽4局	辛卯	陽4局	清明下元	陽7局	辛酉	陽7局	立夏下元	陽7局	壬辰	陰8局	芒種下元	陽9局
25日	壬戌	陽5局	小寒下元	陽5局	癸巳	陽9局	立春下元	陽2局	辛酉	陽1局	啓蟄下元	陽4局	壬辰	陽5局	清明下元	陽7局	壬戌	陽8局	立夏下元	陽7局	癸巳	陰7局	芒種下元	陽9局
26日	癸亥	陽6局	小寒下元	陽5局	甲午	陽1局	雨水上元	陽9局	壬戌	陽2局	啓蟄下元	陽4局	癸巳	陽6局	清明下元	陽7局	癸亥	陽9局	立夏下元	陽7局	甲午	陰6局	夏至上元	陰9局
27日	甲子	陽7局	大寒上元	陽3局	乙未	陽2局	雨水上元	陽9局	癸亥	陽3局	啓蟄下元	陽4局	甲午	陽7局	穀雨上元	陽5局	甲子	陽1局	小満上元	陽5局	乙未	陰5局	夏至上元	陰9局
28日	乙丑	陽8局	大寒上元	陽3局	丙申	陽3局	雨水上元	陽9局	甲子	陽4局	春分上元	陽3局	乙未	陽8局	穀雨上元	陽5局	乙丑	陽2局	小満上元	陽5局	丙申	陰4局	夏至上元	陰9局
29日	丙寅	陽9局	大寒上元	陽3局					乙丑	陽5局	春分上元	陽3局	丙申	陽9局	穀雨上元	陽5局	丙寅	陽3局	小満上元	陽5局	丁酉	陰3局	夏至上元	陰9局
30日	丁卯	陽1局	大寒上元	陽3局					丙寅	陽6局	春分上元	陽3局	丁酉	陽1局	穀雨上元	陽5局	丁卯	陽4局	小満上元	陽5局	戊戌	陰2局	夏至上元	陰9局
31日	戊辰	陽2局	大寒上元	陽3局					丁卯	陽7局	春分上元	陽3局					戊辰	陽5局	小満上元	陽5局				

	7月				8月				9月				10月				11月				12月			
2019年	日盤:二至換局		時盤:超神接気		日盤:二至換局		時盤:超神接気		日盤:二至換局		時盤:超神接気		日盤:二至換局		時盤:超神接気		日盤:二至換局		時盤:超神接気		日盤:二至換局		時盤:超神接気	
日付	干支	局数	節気三元	局数	干支	局数	節気三元	局数	干支	局数	節気三元	局数	干支	局数	節気三元	局数	干支	局数	節気三元	局数	干支	局数	節気三元	局数
1日	己亥	陰1局	夏至中元	陰3局	庚午	陰6局	大暑中元	陰1局	辛丑	陰2局	処暑中元	陰4局	辛未	陰8局	秋分中元	陰1局	壬寅	陰4局	霜降中元	陰8局	壬申	陰1局	小雪中元	陰8局
2日	庚子	陰9局	夏至中元	陰3局	辛未	陰5局	大暑中元	陰1局	壬寅	陰1局	処暑中元	陰4局	壬申	陰7局	秋分中元	陰1局	癸卯	陰3局	霜降中元	陰8局	癸酉	陰9局	小雪中元	陰8局
3日	辛丑	陰8局	夏至中元	陰3局	壬申	陰4局	大暑中元	陰1局	癸卯	陰9局	処暑中元	陰4局	癸酉	陰6局	秋分中元	陰1局	甲辰	陰2局	霜降下元	陰2局	甲戌	陰8局	小雪下元	陰2局
4日	壬寅	陰7局	夏至中元	陰3局	癸酉	陰3局	大暑中元	陰1局	甲辰	陰8局	処暑下元	陰7局	甲戌	陰5局	秋分下元	陰4局	乙巳	陰1局	霜降下元	陰2局	乙亥	陰7局	小雪下元	陰2局
5日	癸卯	陰6局	夏至中元	陰3局	甲戌	陰2局	大暑下元	陰4局	乙巳	陰7局	処暑下元	陰7局	乙亥	陰4局	秋分下元	陰4局	丙午	陰9局	霜降下元	陰2局	丙子	陰6局	小雪下元	陰2局
6日	甲辰	陰5局	夏至下元	陰6局	乙亥	陰1局	大暑下元	陰4局	丙午	陰6局	処暑下元	陰7局	丙子	陰3局	秋分下元	陰4局	丁未	陰8局	霜降下元	陰2局	丁丑	陰5局	小雪下元	陰2局
7日	乙巳	陰4局	夏至下元	陰6局	丙子	陰9局	大暑下元	陰4局	丁未	陰5局	処暑下元	陰7局	丁丑	陰2局	秋分下元	陰4局	戊申	陰7局	霜降下元	陰2局	戊寅	陰4局	小雪下元	陰2局
8日	丙午	陰3局	夏至下元	陰6局	丁丑	陰8局	大暑下元	陰4局	戊申	陰4局	処暑下元	陰7局	戊寅	陰1局	秋分下元	陰4局	己酉	陰6局	立冬上元	陰6局	己卯	陰3局	大雪上元	陰4局
9日	丁未	陰2局	夏至下元	陰6局	戊寅	陰7局	大暑下元	陰4局	己酉	陰3局	白露上元	陰9局	己卯	陰9局	寒露上元	陰6局	庚戌	陰5局	立冬上元	陰6局	庚辰	陰2局	大雪上元	陰4局
10日	戊申	陰1局	夏至下元	陰6局	己卯	陰6局	立秋上元	陰2局	庚戌	陰2局	白露上元	陰9局	庚辰	陰8局	寒露上元	陰6局	辛亥	陰4局	立冬上元	陰6局	辛巳	陰1局	大雪上元	陰4局
11日	己酉	陰9局	小暑上元	陰8局	庚辰	陰5局	立秋上元	陰2局	辛亥	陰1局	白露上元	陰9局	辛巳	陰7局	寒露上元	陰6局	壬子	陰3局	立冬上元	陰6局	壬午	陰9局	大雪上元	陰4局
12日	庚戌	陰8局	小暑上元	陰8局	辛巳	陰4局	立秋上元	陰2局	壬子	陰9局	白露上元	陰9局	壬午	陰6局	寒露上元	陰6局	癸丑	陰2局	立冬上元	陰6局	癸未	陰8局	大雪上元	陰4局
13日	辛亥	陰7局	小暑上元	陰8局	壬午	陰3局	立秋上元	陰2局	癸丑	陰8局	白露上元	陰9局	癸未	陰5局	寒露上元	陰6局	甲寅	陰1局	立冬中元	陰9局	甲申	陰7局	大雪中元	陰7局
14日	壬子	陰6局	小暑上元	陰8局	癸未	陰2局	立秋上元	陰2局	甲寅	陰7局	白露中元	陰3局	甲申	陰4局	寒露中元	陰9局	乙卯	陰9局	立冬中元	陰9局	乙酉	陰6局	大雪中元	陰7局
15日	癸丑	陰5局	小暑上元	陰8局	甲申	陰1局	立秋中元	陰5局	乙卯	陰6局	白露中元	陰3局	乙酉	陰3局	寒露中元	陰9局	丙辰	陰8局	立冬中元	陰9局	丙戌	陰5局	大雪中元	陰7局
16日	甲寅	陰4局	小暑中元	陰2局	乙酉	陰9局	立秋中元	陰5局	丙辰	陰5局	白露中元	陰3局	丙戌	陰2局	寒露中元	陰9局	丁巳	陰7局	立冬中元	陰9局	丁亥	陰4局	大雪中元	陰7局
17日	乙卯	陰3局	小暑中元	陰2局	丙戌	陰8局	立秋中元	陰5局	丁巳	陰4局	白露中元	陰3局	丁亥	陰1局	寒露中元	陰9局	戊午	陰6局	立冬中元	陰9局	戊子	陰3局	大雪中元	陰7局
18日	丙辰	陰2局	小暑中元	陰2局	丁亥	陰7局	立秋中元	陰5局	戊午	陰3局	白露中元	陰3局	戊子	陰9局	寒露中元	陰9局	己未	陰5局	立冬下元	陰3局	己丑	陰2局	大雪下元	陰1局
19日	丁巳	陰1局	小暑中元	陰2局	戊子	陰6局	立秋中元	陰5局	己未	陰2局	白露下元	陰6局	己丑	陰8局	寒露下元	陰3局	庚申	陰4局	立冬下元	陰3局	庚寅	陰1局	大雪下元	陰1局
20日	戊午	陰9局	小暑中元	陰2局	己丑	陰5局	立秋下元	陰8局	庚申	陰1局	白露下元	陰6局	庚寅	陰7局	寒露下元	陰3局	辛酉	陰3局	立冬下元	陰3局	辛卯	陰9局	大雪下元	陰1局
21日	己未	陰8局	小暑下元	陰5局	庚寅	陰4局	立秋下元	陰8局	辛酉	陰9局	白露下元	陰6局	辛卯	陰6局	寒露下元	陰3局	壬戌	陰2局	立冬下元	陰3局	壬辰	陰8局	大雪下元	陰1局
22日	庚申	陰7局	小暑下元	陰5局	辛卯	陰3局	立秋下元	陰8局	壬戌	陰8局	白露下元	陰6局	壬辰	陰5局	寒露下元	陰3局	癸亥	陰1局	立冬下元	陰3局	癸巳	陰7/陽3	大雪下元	陰1局
23日	辛酉	陰6局	小暑下元	陰5局	壬辰	陰2局	立秋下元	陰8局	癸亥	陰7局	白露下元	陰6局	癸巳	陰4局	寒露下元	陰3局	甲子	陰9局	小雪上元	陰5局	甲午	陽4局	冬至上元	陽1局
24日	壬戌	陰5局	小暑下元	陰5局	癸巳	陰1局	立秋下元	陰8局	甲子	陰6局	秋分上元	陰7局	甲午	陰3局	霜降上元	陰5局	乙丑	陰8局	小雪上元	陰5局	乙未	陽5局	冬至上元	陽1局
25日	癸亥	陰4局	小暑下元	陰5局	甲午	陰9局	処暑上元	陰1局	乙丑	陰5局	秋分上元	陰7局	乙未	陰2局	霜降上元	陰5局	丙寅	陰7局	小雪上元	陰5局	丙申	陽6局	冬至上元	陽1局
26日	甲子	陰3局	大暑上元	陰7局	乙未	陰8局	処暑上元	陰1局	丙寅	陰4局	秋分上元	陰7局	丙申	陰1局	霜降上元	陰5局	丁卯	陰6局	小雪上元	陰5局	丁酉	陽7局	冬至上元	陽1局
27日	乙丑	陰2局	大暑上元	陰7局	丙申	陰7局	処暑上元	陰1局	丁卯	陰3局	秋分上元	陰7局	丁酉	陰9局	霜降上元	陰5局	戊辰	陰5局	小雪上元	陰5局	戊戌	陽8局	冬至上元	陽1局
28日	丙寅	陰1局	大暑上元	陰7局	丁酉	陰6局	処暑上元	陰1局	戊辰	陰2局	秋分上元	陰7局	戊戌	陰8局	霜降上元	陰5局	己巳	陰4局	小雪中元	陰8局	己亥	陽9局	冬至中元	陽7局
29日	丁卯	陰9局	大暑上元	陰7局	戊戌	陰5局	処暑上元	陰1局	己巳	陰1局	秋分中元	陰1局	己亥	陰7局	霜降中元	陰8局	庚午	陰3局	小雪中元	陰8局	庚子	陽1局	冬至中元	陽7局
30日	戊辰	陰8局	大暑上元	陰7局	己亥	陰4局	処暑中元	陰4局	庚午	陰9局	秋分中元	陰1局	庚子	陰6局	霜降中元	陰8局	辛未	陰2局	小雪中元	陰8局	辛丑	陽2局	冬至中元	陽7局
31日	己巳	陰7局	大暑中元	陰1局	庚子	陰3局	処暑中元	陰4局					辛丑	陰5局	霜降中元	陰8局					壬寅	陽3局	冬至中元	陽7局

	1月				2月				3月				4月				5月				6月			
2020年	日盤:二至換局		時盤:超神接気		日盤:二至換局		時盤:超神接気		日盤:二至換局		時盤:超神接気		日盤:二至換局		時盤:超神接気		日盤:二至換局		時盤:超神接気		日盤:二至換局		時盤:超神接気	
日付	干支	局数	節気三元	局数	干支	局数	節気三元	局数	干支	局数	節気三元	局数	干支	局数	節気三元	局数	干支	局数	節気三元	局数	干支	局数	節気三元	局数
1日	癸卯	陽4局	冬至中元	陽7局	甲戌	陽8局	大寒下元	陽6局	癸卯	陽1局	雨水中元	陽6局	甲戌	陽5局	春分下元	陽6局	甲辰	陽8局	穀雨下元	陽8局	乙亥	陽3局	小満下元	陽8局
2日	甲辰	陽5局	冬至下元	陽4局	乙亥	陽9局	大寒下元	陽6局	甲辰	陽2局	雨水下元	陽3局	乙亥	陽6局	春分下元	陽6局	乙巳	陽9局	穀雨下元	陽8局	丙子	陽4局	小満下元	陽8局
3日	乙巳	陽6局	冬至下元	陽4局	丙子	陽1局	大寒下元	陽6局	乙巳	陽3局	雨水下元	陽3局	丙子	陽7局	春分下元	陽6局	丙午	陽1局	穀雨下元	陽8局	丁丑	陽5局	小満下元	陽8局
4日	丙午	陽7局	冬至下元	陽4局	丁丑	陽2局	大寒下元	陽6局	丙午	陽4局	雨水下元	陽3局	丁丑	陽8局	春分下元	陽6局	丁未	陽2局	穀雨下元	陽8局	戊寅	陽6局	小満下元	陽8局
5日	丁未	陽8局	冬至下元	陽4局	戊寅	陽3局	大寒下元	陽6局	丁未	陽5局	雨水下元	陽3局	戊寅	陽9局	春分下元	陽6局	戊申	陽3局	穀雨下元	陽8局	己卯	陽7局	芒種上元	陽6局
6日	戊申	陽9局	冬至下元	陽4局	己卯	陽4局	立春上元	陽8局	戊申	陽6局	雨水下元	陽3局	己卯	陽1局	清明上元	陽4局	己酉	陽4局	立夏上元	陽4局	庚辰	陽8局	芒種上元	陽6局
7日	己酉	陽1局	小寒上元	陽2局	庚辰	陽5局	立春上元	陽8局	己酉	陽7局	啓蟄上元	陽1局	庚辰	陽2局	清明上元	陽4局	庚戌	陽5局	立夏上元	陽4局	辛巳	陽9局	芒種上元	陽6局
8日	庚戌	陽2局	小寒上元	陽2局	辛巳	陽6局	立春上元	陽8局	庚戌	陽8局	啓蟄上元	陽1局	辛巳	陽3局	清明上元	陽4局	辛亥	陽6局	立夏上元	陽4局	壬午	陽1局	芒種上元	陽6局
9日	辛亥	陽3局	小寒上元	陽2局	壬午	陽7局	立春上元	陽8局	辛亥	陽9局	啓蟄上元	陽1局	壬午	陽4局	清明上元	陽4局	壬子	陽7局	立夏上元	陽4局	癸未	陽2局	芒種上元	陽6局
10日	壬子	陽4局	小寒上元	陽2局	癸未	陽8局	立春上元	陽8局	壬子	陽1局	啓蟄上元	陽1局	癸未	陽5局	清明上元	陽4局	癸丑	陽8局	立夏上元	陽4局	甲申	陽3局	芒種中元	陽3局
11日	癸丑	陽5局	小寒上元	陽2局	甲申	陽9局	立春中元	陽5局	癸丑	陽2局	啓蟄上元	陽1局	甲申	陽6局	清明中元	陽1局	甲寅	陽9局	立夏中元	陽1局	乙酉	陽4局	芒種中元	陽3局
12日	甲寅	陽6局	小寒中元	陽8局	乙酉	陽1局	立春中元	陽5局	甲寅	陽3局	啓蟄中元	陽7局	乙酉	陽7局	清明中元	陽1局	乙卯	陽1局	立夏中元	陽1局	丙戌	陽5局	芒種中元	陽3局
13日	乙卯	陽7局	小寒中元	陽8局	丙戌	陽2局	立春中元	陽5局	乙卯	陽4局	啓蟄中元	陽7局	丙戌	陽8局	清明中元	陽1局	丙辰	陽2局	立夏中元	陽1局	丁亥	陽6局	芒種中元	陽3局
14日	丙辰	陽8局	小寒中元	陽8局	丁亥	陽3局	立春中元	陽5局	丙辰	陽5局	啓蟄中元	陽7局	丁亥	陽9局	清明中元	陽1局	丁巳	陽3局	立夏中元	陽1局	戊子	陽7局	芒種中元	陽3局
15日	丁巳	陽9局	小寒中元	陽8局	戊子	陽4局	立春中元	陽5局	丁巳	陽6局	啓蟄中元	陽7局	戊子	陽1局	清明中元	陽1局	戊午	陽4局	立夏中元	陽1局	己丑	陽8局	芒種下元	陽9局
16日	戊午	陽1局	小寒中元	陽8局	己丑	陽5局	立春下元	陽2局	戊午	陽7局	啓蟄中元	陽7局	己丑	陽2局	清明下元	陽7局	己未	陽5局	立夏下元	陽7局	庚寅	陽9局	芒種下元	陽9局
17日	己未	陽2局	小寒下元	陽5局	庚寅	陽6局	立春下元	陽2局	己未	陽8局	啓蟄下元	陽4局	庚寅	陽3局	清明下元	陽7局	庚申	陽6局	立夏下元	陽7局	辛卯	陽1局	芒種下元	陽9局
18日	庚申	陽3局	小寒下元	陽5局	辛卯	陽7局	立春下元	陽2局	庚申	陽9局	啓蟄下元	陽4局	辛卯	陽4局	清明下元	陽7局	辛酉	陽7局	立夏下元	陽7局	壬辰	陽2局	芒種下元	陽9局
19日	辛酉	陽4局	小寒下元	陽5局	壬辰	陽8局	立春下元	陽2局	辛酉	陽1局	啓蟄下元	陽4局	壬辰	陽5局	清明下元	陽7局	壬戌	陽8局	立夏下元	陽7局	癸巳	陽3局	芒種下元	陽9局
20日	壬戌	陽5局	小寒下元	陽5局	癸巳	陽9局	立春下元	陽2局	壬戌	陽2局	啓蟄下元	陽4局	癸巳	陽6局	清明下元	陽7局	癸亥	陽9局	立夏下元	陽7局	甲午	陽7局	夏至上元	陰9局
21日	癸亥	陽6局	小寒下元	陽5局	甲午	陽1局	雨水上元	陽9局	癸亥	陽3局	啓蟄下元	陽4局	甲午	陽7局	穀雨上元	陽5局	甲子	陽1局	小満上元	陽5局	乙未	陽8/陰2	夏至上元	陰9局
22日	甲子	陽7局	大寒上元	陽3局	乙未	陽2局	雨水上元	陽9局	甲子	陽4局	春分上元	陽3局	乙未	陽8局	穀雨上元	陽5局	乙丑	陽2局	小満上元	陽5局	丙申	陰1局	夏至上元	陰9局
23日	乙丑	陽8局	大寒上元	陽3局	丙申	陽3局	雨水上元	陽9局	乙丑	陽5局	春分上元	陽3局	丙申	陽9局	穀雨上元	陽5局	丙寅	陽3局	小満上元	陽5局	丁酉	陰9局	夏至上元	陰9局
24日	丙寅	陽9局	大寒上元	陽3局	丁酉	陽4局	雨水上元	陽9局	丙寅	陽6局	春分上元	陽3局	丁酉	陽1局	穀雨上元	陽5局	丁卯	陽4局	小満上元	陽5局	戊戌	陰8局	夏至上元	陰9局
25日	丁卯	陽1局	大寒上元	陽3局	戊戌	陽5局	雨水上元	陽9局	丁卯	陽7局	春分上元	陽3局	戊戌	陽2局	穀雨上元	陽5局	戊辰	陽5局	小満上元	陽5局	己亥	陰7局	夏至中元	陰3局
26日	戊辰	陽2局	大寒上元	陽3局	己亥	陽6局	雨水中元	陽6局	戊辰	陽8局	春分上元	陽3局	己亥	陽3局	穀雨中元	陽2局	己巳	陽6局	小満中元	陽2局	庚子	陰6局	夏至中元	陰3局
27日	己巳	陽3局	大寒中元	陽9局	庚子	陽7局	雨水中元	陽6局	己巳	陽9局	春分中元	陽9局	庚子	陽4局	穀雨中元	陽2局	庚午	陽7局	小満中元	陽2局	辛丑	陰5局	夏至中元	陰3局
28日	庚午	陽4局	大寒中元	陽9局	辛丑	陽8局	雨水中元	陽6局	庚午	陽1局	春分中元	陽9局	辛丑	陽5局	穀雨中元	陽2局	辛未	陽8局	小満中元	陽2局	壬寅	陰4局	夏至中元	陰3局
29日	辛未	陽5局	大寒中元	陽9局	壬寅	陽9局	雨水中元	陽6局	辛未	陽2局	春分中元	陽9局	壬寅	陽6局	穀雨中元	陽2局	壬申	陽9局	小満中元	陽2局	癸卯	陰3局	夏至中元	陰3局
30日	壬申	陽6局	大寒中元	陽9局					壬申	陽3局	春分中元	陽9局	癸卯	陽7局	穀雨中元	陽2局	癸酉	陽1局	小満中元	陽2局	甲辰	陰2局	夏至下元	陰6局
31日	癸酉	陽7局	大寒中元	陽9局					癸酉	陽4局	春分中元	陽9局					甲戌	陽2局	小満下元	陽8局				

	7月				8月				9月				10月				11月				12月			
2020年	日盤:二至換局		時盤:超神接気		日盤:二至換局		時盤:超神接気		日盤:二至換局		時盤:超神接気		日盤:二至換局		時盤:超神接気		日盤:二至換局		時盤:超神接気		日盤:二至換局		時盤:超神接気	
日付	干支	局数	節気三元	局数	干支	局数	節気三元	局数	干支	局数	節気三元	局数	干支	局数	節気三元	局数	干支	局数	節気三元	局数	干支	局数	節気三元	局数
1日	乙巳	陰1局	夏至下元	陰6局	丙子	陰6局	大暑下元	陰4局	丁未	陰2局	処暑下元	陰7局	丁丑	陰8局	秋分下元	陰4局	戊申	陰4局	霜降下元	陰2局	戊寅	陰1局	小雪下元	陰2局
2日	丙午	陰9局	夏至下元	陰6局	丁丑	陰5局	大暑下元	陰4局	戊申	陰1局	処暑下元	陰7局	戊寅	陰7局	秋分下元	陰4局	己酉	陰3局	立冬上元	陰6局	己卯	陰9局	大雪上元	陰4局
3日	丁未	陰8局	夏至下元	陰6局	戊寅	陰4局	大暑下元	陰4局	己酉	陰9局	白露上元	陰9局	己卯	陰6局	寒露上元	陰6局	庚戌	陰2局	立冬上元	陰6局	庚辰	陰8局	大雪上元	陰4局
4日	戊申	陰7局	夏至下元	陰6局	己卯	陰3局	立秋上元	陰2局	庚戌	陰8局	白露上元	陰9局	庚辰	陰5局	寒露上元	陰6局	辛亥	陰1局	立冬上元	陰6局	辛巳	陰7局	大雪上元	陰4局
5日	己酉	陰6局	小暑上元	陰8局	庚辰	陰2局	立秋上元	陰2局	辛亥	陰7局	白露上元	陰9局	辛巳	陰4局	寒露上元	陰6局	壬子	陰9局	立冬上元	陰6局	壬午	陰6局	大雪上元	陰4局
6日	庚戌	陰5局	小暑上元	陰8局	辛巳	陰1局	立秋上元	陰2局	壬子	陰6局	白露上元	陰9局	壬午	陰3局	寒露上元	陰6局	癸丑	陰8局	立冬上元	陰6局	癸未	陰5局	大雪上元	陰4局
7日	辛亥	陰4局	小暑上元	陰8局	壬午	陰9局	立秋上元	陰2局	癸丑	陰5局	白露上元	陰9局	癸未	陰2局	寒露上元	陰6局	甲寅	陰7局	立冬中元	陰9局	甲申	陰4局	大雪中元	陰7局
8日	壬子	陰3局	小暑上元	陰8局	癸未	陰8局	立秋上元	陰2局	甲寅	陰4局	白露中元	陰3局	甲申	陰1局	寒露中元	陰9局	乙卯	陰6局	立冬中元	陰9局	乙酉	陰3局	大雪中元	陰7局
9日	癸丑	陰2局	小暑上元	陰8局	甲申	陰7局	立秋中元	陰5局	乙卯	陰3局	白露中元	陰3局	乙酉	陰9局	寒露中元	陰9局	丙辰	陰5局	立冬中元	陰9局	丙戌	陰2局	大雪中元	陰7局
10日	甲寅	陰1局	小暑中元	陰2局	乙酉	陰6局	立秋中元	陰5局	丙辰	陰2局	白露中元	陰3局	丙戌	陰8局	寒露中元	陰9局	丁巳	陰4局	立冬中元	陰9局	丁亥	陰1局	大雪中元	陰7局
11日	乙卯	陰9局	小暑中元	陰2局	丙戌	陰5局	立秋中元	陰5局	丁巳	陰1局	白露中元	陰3局	丁亥	陰7局	寒露中元	陰9局	戊午	陰3局	立冬中元	陰9局	戊子	陰9局	大雪中元	陰7局
12日	丙辰	陰8局	小暑中元	陰2局	丁亥	陰4局	立秋中元	陰5局	戊午	陰9局	白露中元	陰3局	戊子	陰6局	寒露中元	陰9局	己未	陰2局	立冬下元	陰3局	己丑	陰8局	大雪下元	陰1局
13日	丁巳	陰7局	小暑中元	陰2局	戊子	陰3局	立秋中元	陰5局	己未	陰8局	白露下元	陰6局	己丑	陰5局	寒露下元	陰3局	庚申	陰1局	立冬下元	陰3局	庚寅	陰7局	大雪下元	陰1局
14日	戊午	陰6局	小暑中元	陰2局	己丑	陰2局	立秋下元	陰8局	庚申	陰7局	白露下元	陰6局	庚寅	陰4局	寒露下元	陰3局	辛酉	陰9局	立冬下元	陰3局	辛卯	陰6局	大雪下元	陰1局
15日	己未	陰5局	小暑下元	陰5局	庚寅	陰1局	立秋下元	陰8局	辛酉	陰6局	白露下元	陰6局	辛卯	陰3局	寒露下元	陰3局	壬戌	陰8局	立冬下元	陰3局	壬辰	陰5局	大雪下元	陰1局
16日	庚申	陰4局	小暑下元	陰5局	辛卯	陰9局	立秋下元	陰8局	壬戌	陰5局	白露下元	陰6局	壬辰	陰2局	寒露下元	陰3局	癸亥	陰7局	立冬下元	陰3局	癸巳	陰4局	大雪下元	陰1局
17日	辛酉	陰3局	小暑下元	陰5局	壬辰	陰8局	立秋下元	陰8局	癸亥	陰4局	白露下元	陰6局	癸巳	陰1局	寒露下元	陰3局	甲子	陰6局	小雪上元	陰5局	甲午	陰3局	冬至上元	陽1局
18日	壬戌	陰2局	小暑下元	陰5局	癸巳	陰7局	立秋下元	陰8局	甲子	陰3局	秋分上元	陰7局	甲午	陰9局	霜降上元	陰5局	乙丑	陰5局	小雪上元	陰5局	乙未	陰2局	冬至上元	陽1局
19日	癸亥	陰1局	小暑下元	陰5局	甲午	陰6局	処暑上元	陰1局	乙丑	陰2局	秋分上元	陰7局	乙未	陰8局	霜降上元	陰5局	丙寅	陰4局	小雪上元	陰5局	丙申	陰1局	冬至上元	陽1局
20日	甲子	陰9局	大暑上元	陰7局	乙未	陰5局	処暑上元	陰1局	丙寅	陰1局	秋分上元	陰7局	丙申	陰7局	霜降上元	陰5局	丁卯	陰3局	小雪上元	陰5局	丁酉	陰9局	冬至上元	陽1局
21日	乙丑	陰8局	大暑上元	陰7局	丙申	陰4局	処暑上元	陰1局	丁卯	陰9局	秋分上元	陰7局	丁酉	陰6局	霜降上元	陰5局	戊辰	陰2局	小雪上元	陰5局	戊戌	陰8/陽2	冬至上元	陽1局
22日	丙寅	陰7局	大暑上元	陰7局	丁酉	陰3局	処暑上元	陰1局	戊辰	陰8局	秋分上元	陰7局	戊戌	陰5局	霜降上元	陰5局	己巳	陰1局	小雪中元	陰8局	己亥	陽3局	冬至中元	陽7局
23日	丁卯	陰6局	大暑上元	陰7局	戊戌	陰2局	処暑上元	陰1局	己巳	陰7局	秋分中元	陰1局	己亥	陰4局	霜降中元	陰8局	庚午	陰9局	小雪中元	陰8局	庚子	陽4局	冬至中元	陽7局
24日	戊辰	陰5局	大暑上元	陰7局	己亥	陰1局	処暑中元	陰4局	庚午	陰6局	秋分中元	陰1局	庚子	陰3局	霜降中元	陰8局	辛未	陰8局	小雪中元	陰8局	辛丑	陽5局	冬至中元	陽7局
25日	己巳	陰4局	大暑中元	陰1局	庚子	陰9局	処暑中元	陰4局	辛未	陰5局	秋分中元	陰1局	辛丑	陰2局	霜降中元	陰8局	壬申	陰7局	小雪中元	陰8局	壬寅	陽6局	冬至中元	陽7局
26日	庚午	陰3局	大暑中元	陰1局	辛丑	陰8局	処暑中元	陰4局	壬申	陰4局	秋分中元	陰1局	壬寅	陰1局	霜降中元	陰8局	癸酉	陰6局	小雪中元	陰8局	癸卯	陽7局	冬至中元	陽7局
27日	辛未	陰2局	大暑中元	陰1局	壬寅	陰7局	処暑中元	陰4局	癸酉	陰3局	秋分中元	陰1局	癸卯	陰9局	霜降中元	陰8局	甲戌	陰5局	小雪下元	陰2局	甲辰	陽8局	冬至下元	陽4局
28日	壬申	陰1局	大暑中元	陰1局	癸卯	陰6局	処暑中元	陰4局	甲戌	陰2局	秋分下元	陰4局	甲辰	陰8局	霜降下元	陰2局	乙亥	陰4局	小雪下元	陰2局	乙巳	陽9局	冬至下元	陽4局
29日	癸酉	陰9局	大暑中元	陰1局	甲辰	陰5局	処暑下元	陰7局	乙亥	陰1局	秋分下元	陰4局	乙巳	陰7局	霜降下元	陰2局	丙子	陰3局	小雪下元	陰2局	丙午	陽1局	冬至下元	陽4局
30日	甲戌	陰8局	大暑下元	陰4局	乙巳	陰4局	処暑下元	陰7局	丙子	陰9局	秋分下元	陰4局	丙午	陰6局	霜降下元	陰2局	丁丑	陰2局	小雪下元	陰2局	丁未	陽2局	冬至下元	陽4局
31日	乙亥	陰7局	大暑下元	陰4局	丙午	陰3局	処暑下元	陰7局					丁未	陰5局	霜降下元	陰2局					戊申	陽3局	冬至下元	陽4局

	1月				2月				3月				4月				5月				6月			
2021年	日盤:二至換局		時盤:超神接気		日盤:二至換局		時盤:超神接気		日盤:二至換局		時盤:超神接気		日盤:二至換局		時盤:超神接気		日盤:二至換局		時盤:超神接気		日盤:二至換局		時盤:超神接気	
日付	干支	局数	節気三元	局数	干支	局数	節気三元	局数	干支	局数	節気三元	局数	干支	局数	節気三元	局数	干支	局数	節気三元	局数	干支	局数	節気三元	局数
1日	己酉	陽4局	小寒上元	陽2局	庚辰	陽8局	立春上元	陽8局	戊申	陽9局	雨水下元	陽3局	己卯	陽4局	清明上元	陽4局	己酉	陽7局	立夏上元	陽4局	庚辰	陽2局	芒種上元	陽6局
2日	庚戌	陽5局	小寒上元	陽2局	辛巳	陽9局	立春上元	陽8局	己酉	陽1局	啓蟄上元	陽1局	庚辰	陽5局	清明上元	陽4局	庚戌	陽8局	立夏上元	陽4局	辛巳	陽3局	芒種上元	陽6局
3日	辛亥	陽6局	小寒上元	陽2局	壬午	陽1局	立春上元	陽8局	庚戌	陽2局	啓蟄上元	陽1局	辛巳	陽6局	清明上元	陽4局	辛亥	陽9局	立夏上元	陽4局	壬午	陽4局	芒種上元	陽6局
4日	壬子	陽7局	小寒上元	陽2局	癸未	陽2局	立春上元	陽8局	辛亥	陽3局	啓蟄上元	陽1局	壬午	陽7局	清明上元	陽4局	壬子	陽1局	立夏上元	陽4局	癸未	陽5局	芒種上元	陽6局
5日	癸丑	陽8局	小寒上元	陽2局	甲申	陽3局	立春中元	陽5局	壬子	陽4局	啓蟄上元	陽1局	癸未	陽8局	清明上元	陽4局	癸丑	陽2局	立夏上元	陽4局	甲申	陽6局	芒種中元	陽3局
6日	甲寅	陽9局	小寒中元	陽8局	乙酉	陽4局	立春中元	陽5局	癸丑	陽5局	啓蟄上元	陽1局	甲申	陽9局	清明中元	陽1局	甲寅	陽3局	立夏中元	陽1局	乙酉	陽7局	芒種中元	陽3局
7日	乙卯	陽1局	小寒中元	陽8局	丙戌	陽5局	立春中元	陽5局	甲寅	陽6局	啓蟄中元	陽7局	乙酉	陽1局	清明中元	陽1局	乙卯	陽4局	立夏中元	陽1局	丙戌	陽8局	芒種中元	陽3局
8日	丙辰	陽2局	小寒中元	陽8局	丁亥	陽6局	立春中元	陽5局	乙卯	陽7局	啓蟄中元	陽7局	丙戌	陽2局	清明中元	陽1局	丙辰	陽5局	立夏中元	陽1局	丁亥	陽9局	芒種中元	陽3局
9日	丁巳	陽3局	小寒中元	陽8局	戊子	陽7局	立春中元	陽5局	丙辰	陽8局	啓蟄中元	陽7局	丁亥	陽3局	清明中元	陽1局	丁巳	陽6局	立夏中元	陽1局	戊子	陽1局	芒種中元	陽3局
10日	戊午	陽4局	小寒中元	陽8局	己丑	陽8局	立春下元	陽2局	丁巳	陽9局	啓蟄中元	陽7局	戊子	陽4局	清明中元	陽1局	戊午	陽7局	立夏中元	陽1局	己丑	陽2局	芒種下元	陽9局
11日	己未	陽5局	小寒下元	陽5局	庚寅	陽9局	立春下元	陽2局	戊午	陽1局	啓蟄中元	陽7局	己丑	陽5局	清明下元	陽7局	己未	陽8局	立夏下元	陽7局	庚寅	陽3局	芒種下元	陽9局
12日	庚申	陽6局	小寒下元	陽5局	辛卯	陽1局	立春下元	陽2局	己未	陽2局	啓蟄下元	陽4局	庚寅	陽6局	清明下元	陽7局	庚申	陽9局	立夏下元	陽7局	辛卯	陽4局	芒種下元	陽9局
13日	辛酉	陽7局	小寒下元	陽5局	壬辰	陽2局	立春下元	陽2局	庚申	陽3局	啓蟄下元	陽4局	辛卯	陽7局	清明下元	陽7局	辛酉	陽1局	立夏下元	陽7局	壬辰	陽5局	芒種下元	陽9局
14日	壬戌	陽8局	小寒下元	陽5局	癸巳	陽3局	立春下元	陽2局	辛酉	陽4局	啓蟄下元	陽4局	壬辰	陽8局	清明下元	陽7局	壬戌	陽2局	立夏下元	陽7局	癸巳	陽6局	芒種下元	陽9局
15日	癸亥	陽9局	小寒下元	陽5局	甲午	陽4局	雨水上元	陽9局	壬戌	陽5局	啓蟄下元	陽4局	癸巳	陽9局	清明下元	陽7局	癸亥	陽3局	立夏下元	陽7局	甲午	陽7局	夏至上元	陰9局
16日	甲子	陽1局	大寒上元	陽3局	乙未	陽5局	雨水上元	陽9局	癸亥	陽6局	啓蟄下元	陽4局	甲午	陽1局	穀雨上元	陽5局	甲子	陽4局	小満上元	陽5局	乙未	陽8局	夏至上元	陰9局
17日	乙丑	陽2局	大寒上元	陽3局	丙申	陽6局	雨水上元	陽9局	甲子	陽7局	春分上元	陽3局	乙未	陽2局	穀雨上元	陽5局	乙丑	陽5局	小満上元	陽5局	丙申	陽9局	夏至上元	陰9局
18日	丙寅	陽3局	大寒上元	陽3局	丁酉	陽7局	雨水上元	陽9局	乙丑	陽8局	春分上元	陽3局	丙申	陽3局	穀雨上元	陽5局	丙寅	陽6局	小満上元	陽5局	丁酉	陽1局	夏至上元	陰9局
19日	丁卯	陽4局	大寒上元	陽3局	戊戌	陽8局	雨水上元	陽9局	丙寅	陽9局	春分上元	陽3局	丁酉	陽4局	穀雨上元	陽5局	丁卯	陽7局	小満上元	陽5局	戊戌	陽2局	夏至上元	陰9局
20日	戊辰	陽5局	大寒上元	陽3局	己亥	陽9局	雨水中元	陽6局	丁卯	陽1局	春分上元	陽3局	戊戌	陽5局	穀雨上元	陽5局	戊辰	陽8局	小満上元	陽5局	己亥	陽3局	夏至中元	陰3局
21日	己巳	陽6局	大寒中元	陽9局	庚子	陽1局	雨水中元	陽6局	戊辰	陽2局	春分上元	陽3局	己亥	陽6局	穀雨中元	陽2局	己巳	陽9局	小満中元	陽2局	庚子	陽4/陰6	夏至中元	陰3局
22日	庚午	陽7局	大寒中元	陽9局	辛丑	陽2局	雨水中元	陽6局	己巳	陽3局	春分中元	陽9局	庚子	陽7局	穀雨中元	陽2局	庚午	陽1局	小満中元	陽2局	辛丑	陰5局	夏至中元	陰3局
23日	辛未	陽8局	大寒中元	陽9局	壬寅	陽3局	雨水中元	陽6局	庚午	陽4局	春分中元	陽9局	辛丑	陽8局	穀雨中元	陽2局	辛未	陽2局	小満中元	陽2局	壬寅	陰4局	夏至中元	陰3局
24日	壬申	陽9局	大寒中元	陽9局	癸卯	陽4局	雨水中元	陽6局	辛未	陽5局	春分中元	陽9局	壬寅	陽9局	穀雨中元	陽2局	壬申	陽3局	小満中元	陽2局	癸卯	陰3局	夏至中元	陰3局
25日	癸酉	陽1局	大寒中元	陽9局	甲辰	陽5局	雨水下元	陽3局	壬申	陽6局	春分中元	陽9局	癸卯	陽1局	穀雨中元	陽2局	癸酉	陽4局	小満中元	陽2局	甲辰	陰2局	夏至下元	陰6局
26日	甲戌	陽2局	大寒下元	陽6局	乙巳	陽6局	雨水下元	陽3局	癸酉	陽7局	春分中元	陽9局	甲辰	陽2局	穀雨下元	陽8局	甲戌	陽5局	小満下元	陽8局	乙巳	陰1局	夏至下元	陰6局
27日	乙亥	陽3局	大寒下元	陽6局	丙午	陽7局	雨水下元	陽3局	甲戌	陽8局	春分下元	陽6局	乙巳	陽3局	穀雨下元	陽8局	乙亥	陽6局	小満下元	陽8局	丙午	陰9局	夏至下元	陰6局
28日	丙子	陽4局	大寒下元	陽6局	丁未	陽8局	雨水下元	陽3局	乙亥	陽9局	春分下元	陽6局	丙午	陽4局	穀雨下元	陽8局	丙子	陽7局	小満下元	陽8局	丁未	陰8局	夏至下元	陰6局
29日	丁丑	陽5局	大寒下元	陽6局					丙子	陽1局	春分下元	陽6局	丁未	陽5局	穀雨下元	陽8局	丁丑	陽8局	小満下元	陽8局	戊申	陰7局	夏至下元	陰6局
30日	戊寅	陽6局	大寒下元	陽6局					丁丑	陽2局	春分下元	陽6局	戊申	陽6局	穀雨下元	陽8局	戊寅	陽9局	小満下元	陽8局	己酉	陰6局	小暑上元	陰8局
31日	己卯	陽7局	立春上元	陽8局					戊寅	陽3局	春分下元	陽6局					己卯	陽1局	芒種上元	陽6局				

	7月				8月				9月				10月				11月				12月			
2021年	日盤:二至換局		時盤:超神接気		日盤:二至換局		時盤:超神接気		日盤:二至換局		時盤:超神接気		日盤:二至換局		時盤:超神接気		日盤:二至換局		時盤:超神接気		日盤:二至換局		時盤:超神接気	
日付	干支	局数	節気三元	局数	干支	局数	節気三元	局数	干支	局数	節気三元	局数	干支	局数	節気三元	局数	干支	局数	節気三元	局数	干支	局数	節気三元	局数
1日	庚戌	陰5局	小暑上元	陰8局	辛巳	陰1局	立秋上元	陰2局	壬子	陰6局	白露上元	陰9局	壬午	陰3局	寒露上元	陰6局	癸丑	陰8局	立冬上元	陰6局	癸未	陰5局	大雪上元	陰4局
2日	辛亥	陰4局	小暑上元	陰8局	壬午	陰9局	立秋上元	陰2局	癸丑	陰5局	白露上元	陰9局	癸未	陰2局	寒露上元	陰6局	甲寅	陰7局	立冬中元	陰9局	甲申	陰4局	大雪中元	陰7局
3日	壬子	陰3局	小暑上元	陰8局	癸未	陰8局	立秋上元	陰2局	甲寅	陰4局	白露中元	陰3局	甲申	陰1局	寒露中元	陰9局	乙卯	陰6局	立冬中元	陰9局	乙酉	陰3局	大雪中元	陰7局
4日	癸丑	陰2局	小暑上元	陰8局	甲申	陰7局	立秋中元	陰5局	乙卯	陰3局	白露中元	陰3局	乙酉	陰9局	寒露中元	陰9局	丙辰	陰5局	立冬中元	陰9局	丙戌	陰2局	大雪中元	陰7局
5日	甲寅	陰1局	小暑中元	陰2局	乙酉	陰6局	立秋中元	陰5局	丙辰	陰2局	白露中元	陰3局	丙戌	陰8局	寒露中元	陰9局	丁巳	陰4局	立冬中元	陰9局	丁亥	陰1局	大雪中元	陰7局
6日	乙卯	陰9局	小暑中元	陰2局	丙戌	陰5局	立秋中元	陰5局	丁巳	陰1局	白露中元	陰3局	丁亥	陰7局	寒露中元	陰9局	戊午	陰3局	立冬中元	陰9局	戊子	陰9局	大雪中元	陰7局
7日	丙辰	陰8局	小暑中元	陰2局	丁亥	陰4局	立秋中元	陰5局	戊午	陰9局	白露中元	陰3局	戊子	陰6局	寒露中元	陰9局	己未	陰2局	立冬下元	陰3局	己丑	陰8局	大雪下元	陰1局
8日	丁巳	陰7局	小暑中元	陰2局	戊子	陰3局	立秋中元	陰5局	己未	陰8局	白露下元	陰6局	己丑	陰5局	寒露下元	陰3局	庚申	陰1局	立冬下元	陰3局	庚寅	陰7局	大雪下元	陰1局
9日	戊午	陰6局	小暑中元	陰2局	己丑	陰2局	立秋下元	陰8局	庚申	陰7局	白露下元	陰6局	庚寅	陰4局	寒露下元	陰3局	辛酉	陰9局	立冬下元	陰3局	辛卯	陰6局	大雪下元	陰1局
10日	己未	陰5局	小暑下元	陰5局	庚寅	陰1局	立秋下元	陰8局	辛酉	陰6局	白露下元	陰6局	辛卯	陰3局	寒露下元	陰3局	壬戌	陰8局	立冬下元	陰3局	壬辰	陰5局	大雪下元	陰1局
11日	庚申	陰4局	小暑下元	陰5局	辛卯	陰9局	立秋下元	陰8局	壬戌	陰5局	白露下元	陰6局	壬辰	陰2局	寒露下元	陰3局	癸亥	陰7局	立冬下元	陰3局	癸巳	陰4局	大雪下元	陰1局
12日	辛酉	陰3局	小暑下元	陰5局	壬辰	陰8局	立秋下元	陰8局	癸亥	陰4局	白露下元	陰6局	癸巳	陰1局	寒露下元	陰3局	甲子	陰6局	小雪上元	陰5局	甲午	陰3局	大雪上元	陰4局
13日	壬戌	陰2局	小暑下元	陰5局	癸巳	陰7局	立秋下元	陰8局	甲子	陰3局	秋分上元	陰7局	甲午	陰9局	霜降上元	陰5局	乙丑	陰5局	小雪上元	陰5局	乙未	陰2局	大雪上元	陰4局
14日	癸亥	陰1局	小暑下元	陰5局	甲午	陰6局	処暑上元	陰1局	乙丑	陰2局	秋分上元	陰7局	乙未	陰8局	霜降上元	陰5局	丙寅	陰4局	小雪上元	陰5局	丙申	陰1局	大雪上元	陰4局
15日	甲子	陰9局	大暑上元	陰7局	乙未	陰5局	処暑上元	陰1局	丙寅	陰1局	秋分上元	陰7局	丙申	陰7局	霜降上元	陰5局	丁卯	陰3局	小雪上元	陰5局	丁酉	陰9局	大雪上元	陰4局
16日	乙丑	陰8局	大暑上元	陰7局	丙申	陰4局	処暑上元	陰1局	丁卯	陰9局	秋分上元	陰7局	丁酉	陰6局	霜降上元	陰5局	戊辰	陰2局	小雪上元	陰5局	戊戌	陰8局	大雪上元	陰4局
17日	丙寅	陰7局	大暑上元	陰7局	丁酉	陰3局	処暑上元	陰1局	戊辰	陰8局	秋分上元	陰7局	戊戌	陰5局	霜降上元	陰5局	己巳	陰1局	小雪中元	陰8局	己亥	陰7局	大雪中元	陰7局
18日	丁卯	陰6局	大暑上元	陰7局	戊戌	陰2局	処暑上元	陰1局	己巳	陰7局	秋分中元	陰1局	己亥	陰4局	霜降中元	陰8局	庚午	陰9局	小雪中元	陰8局	庚子	陰6局	大雪中元	陰7局
19日	戊辰	陰5局	大暑上元	陰7局	己亥	陰1局	処暑中元	陰4局	庚午	陰6局	秋分中元	陰1局	庚子	陰3局	霜降中元	陰8局	辛未	陰8局	小雪中元	陰8局	辛丑	陰5局	大雪中元	陰7局
20日	己巳	陰4局	大暑中元	陰1局	庚子	陰9局	処暑中元	陰4局	辛未	陰5局	秋分中元	陰1局	辛丑	陰2局	霜降中元	陰8局	壬申	陰7局	小雪中元	陰8局	壬寅	陰4局	大雪中元	陰7局
21日	庚午	陰3局	大暑中元	陰1局	辛丑	陰8局	処暑中元	陰4局	壬申	陰4局	秋分中元	陰1局	壬寅	陰1局	霜降中元	陰8局	癸酉	陰6局	小雪中元	陰8局	癸卯	陰3局	大雪中元	陰7局
22日	辛未	陰2局	大暑中元	陰1局	壬寅	陰7局	処暑中元	陰4局	癸酉	陰3局	秋分中元	陰1局	癸卯	陰9局	霜降中元	陰8局	甲戌	陰5局	小雪下元	陰2局	甲辰	陰2/陽8	大雪下元	陰1局
23日	壬申	陰1局	大暑中元	陰1局	癸卯	陰6局	処暑中元	陰4局	甲戌	陰2局	秋分下元	陰4局	甲辰	陰8局	霜降下元	陰2局	乙亥	陰4局	小雪下元	陰2局	乙巳	陽9局	大雪下元	陰1局
24日	癸酉	陰9局	大暑中元	陰1局	甲辰	陰5局	処暑下元	陰7局	乙亥	陰1局	秋分下元	陰4局	乙巳	陰7局	霜降下元	陰2局	丙子	陰3局	小雪下元	陰2局	丙午	陽1局	大雪下元	陰1局
25日	甲戌	陰8局	大暑下元	陰4局	乙巳	陰4局	処暑下元	陰7局	丙子	陰9局	秋分下元	陰4局	丙午	陰6局	霜降下元	陰2局	丁丑	陰2局	小雪下元	陰2局	丁未	陽2局	大雪下元	陰1局
26日	乙亥	陰7局	大暑下元	陰4局	丙午	陰3局	処暑下元	陰7局	丁丑	陰8局	秋分下元	陰4局	丁未	陰5局	霜降下元	陰2局	戊寅	陰1局	小雪下元	陰2局	戊申	陽3局	大雪下元	陰1局
27日	丙子	陰6局	大暑下元	陰4局	丁未	陰2局	処暑下元	陰7局	戊寅	陰7局	秋分下元	陰4局	戊申	陰4局	霜降下元	陰2局	己卯	陰9局	大雪上元	陰4局	己酉	陽4局	冬至上元	陽1局
28日	丁丑	陰5局	大暑下元	陰4局	戊申	陰1局	処暑下元	陰7局	己卯	陰6局	寒露上元	陰6局	己酉	陰3局	立冬上元	陰6局	庚辰	陰8局	大雪上元	陰4局	庚戌	陽5局	冬至上元	陽1局
29日	戊寅	陰4局	大暑下元	陰4局	己酉	陰9局	白露上元	陰9局	庚辰	陰5局	寒露上元	陰6局	庚戌	陰2局	立冬上元	陰6局	辛巳	陰7局	大雪上元	陰4局	辛亥	陽6局	冬至上元	陽1局
30日	己卯	陰3局	立秋上元	陰2局	庚戌	陰8局	白露上元	陰9局	辛巳	陰4局	寒露上元	陰6局	辛亥	陰1局	立冬上元	陰6局	壬午	陰6局	大雪上元	陰4局	壬子	陽7局	冬至上元	陽1局
31日	庚辰	陰2局	立秋上元	陰2局	辛亥	陰7局	白露上元	陰9局					壬子	陰9局	立冬上元	陰6局					癸丑	陽8局	冬至上元	陽1局

	1月				2月				3月				4月				5月				6月			
2022年	日盤:二至換局		時盤:超神接気		日盤:二至換局		時盤:超神接気		日盤:二至換局		時盤:超神接気		日盤:二至換局		時盤:超神接気		日盤:二至換局		時盤:超神接気		日盤:二至換局		時盤:超神接気	
日付	干支	局数	節気三元	局数	干支	局数	節気三元	局数	干支	局数	節気三元	局数	干支	局数	節気三元	局数	干支	局数	節気三元	局数	干支	局数	節気三元	局数
1日	甲寅	陽9局	冬至中元	陽7局	乙酉	陽4局	大寒中元	陽9局	癸丑	陽5局	雨水上元	陽9局	甲申	陽9局	春分中元	陽9局	甲寅	陽3局	穀雨中元	陽2局	乙酉	陽7局	小満中元	陽2局
2日	乙卯	陽1局	冬至中元	陽7局	丙戌	陽5局	大寒中元	陽9局	甲寅	陽6局	雨水中元	陽6局	乙酉	陽1局	春分中元	陽9局	乙卯	陽4局	穀雨中元	陽2局	丙戌	陽8局	小満中元	陽2局
3日	丙辰	陽2局	冬至中元	陽7局	丁亥	陽6局	大寒中元	陽9局	乙卯	陽7局	雨水中元	陽6局	丙戌	陽2局	春分中元	陽9局	丙辰	陽5局	穀雨中元	陽2局	丁亥	陽9局	小満中元	陽2局
4日	丁巳	陽3局	冬至中元	陽7局	戊子	陽7局	大寒中元	陽9局	丙辰	陽8局	雨水中元	陽6局	丁亥	陽3局	春分中元	陽9局	丁巳	陽6局	穀雨中元	陽2局	戊子	陽1局	小満中元	陽2局
5日	戊午	陽4局	冬至中元	陽7局	己丑	陽8局	大寒下元	陽6局	丁巳	陽9局	雨水中元	陽6局	戊子	陽4局	春分中元	陽9局	戊午	陽7局	穀雨中元	陽2局	己丑	陽2局	小満下元	陽8局
6日	己未	陽5局	冬至下元	陽4局	庚寅	陽9局	大寒下元	陽6局	戊午	陽1局	雨水中元	陽6局	己丑	陽5局	春分下元	陽6局	己未	陽8局	穀雨下元	陽8局	庚寅	陽3局	小満下元	陽8局
7日	庚申	陽6局	冬至下元	陽4局	辛卯	陽1局	大寒下元	陽6局	己未	陽2局	雨水下元	陽3局	庚寅	陽6局	春分下元	陽6局	庚申	陽9局	穀雨下元	陽8局	辛卯	陽4局	小満下元	陽8局
8日	辛酉	陽7局	冬至下元	陽4局	壬辰	陽2局	大寒下元	陽6局	庚申	陽3局	雨水下元	陽3局	辛卯	陽7局	春分下元	陽6局	辛酉	陽1局	穀雨下元	陽8局	壬辰	陽5局	小満下元	陽8局
9日	壬戌	陽8局	冬至下元	陽4局	癸巳	陽3局	大寒下元	陽6局	辛酉	陽4局	雨水下元	陽3局	壬辰	陽8局	春分下元	陽6局	壬戌	陽2局	穀雨下元	陽8局	癸巳	陽6局	小満下元	陽8局
10日	癸亥	陽9局	冬至下元	陽4局	甲午	陽4局	立春上元	陽8局	壬戌	陽5局	雨水下元	陽3局	癸巳	陽9局	春分下元	陽6局	癸亥	陽3局	穀雨下元	陽8局	甲午	陽7局	芒種上元	陽6局
11日	甲子	陽1局	小寒上元	陽2局	乙未	陽5局	立春上元	陽8局	癸亥	陽6局	雨水下元	陽3局	甲午	陽1局	清明上元	陽4局	甲子	陽4局	立夏上元	陽4局	乙未	陽8局	芒種上元	陽6局
12日	乙丑	陽2局	小寒上元	陽2局	丙申	陽6局	立春上元	陽8局	甲子	陽7局	啓蟄上元	陽1局	乙未	陽2局	清明上元	陽4局	乙丑	陽5局	立夏上元	陽4局	丙申	陽9局	芒種上元	陽6局
13日	丙寅	陽3局	小寒上元	陽2局	丁酉	陽7局	立春上元	陽8局	乙丑	陽8局	啓蟄上元	陽1局	丙申	陽3局	清明上元	陽4局	丙寅	陽6局	立夏上元	陽4局	丁酉	陽1局	芒種上元	陽6局
14日	丁卯	陽4局	小寒上元	陽2局	戊戌	陽8局	立春上元	陽8局	丙寅	陽9局	啓蟄上元	陽1局	丁酉	陽4局	清明上元	陽4局	丁卯	陽7局	立夏上元	陽4局	戊戌	陽2局	芒種上元	陽6局
15日	戊辰	陽5局	小寒上元	陽2局	己亥	陽9局	立春中元	陽5局	丁卯	陽1局	啓蟄上元	陽1局	戊戌	陽5局	清明上元	陽4局	戊辰	陽8局	立夏上元	陽4局	己亥	陽3局	芒種中元	陽3局
16日	己巳	陽6局	小寒中元	陽8局	庚子	陽1局	立春中元	陽5局	戊辰	陽2局	啓蟄上元	陽1局	己亥	陽6局	清明中元	陽1局	己巳	陽9局	立夏中元	陽1局	庚子	陽4局	芒種中元	陽3局
17日	庚午	陽7局	小寒中元	陽8局	辛丑	陽2局	立春中元	陽5局	己巳	陽3局	啓蟄中元	陽7局	庚子	陽7局	清明中元	陽1局	庚午	陽1局	立夏中元	陽1局	辛丑	陽5局	芒種中元	陽3局
18日	辛未	陽8局	小寒中元	陽8局	壬寅	陽3局	立春中元	陽5局	庚午	陽4局	啓蟄中元	陽7局	辛丑	陽8局	清明中元	陽1局	辛未	陽2局	立夏中元	陽1局	壬寅	陽6局	芒種中元	陽3局
19日	壬申	陽9局	小寒中元	陽8局	癸卯	陽4局	立春中元	陽5局	辛未	陽5局	啓蟄中元	陽7局	壬寅	陽9局	清明中元	陽1局	壬申	陽3局	立夏中元	陽1局	癸卯	陽7局	芒種中元	陽3局
20日	癸酉	陽1局	小寒中元	陽8局	甲辰	陽5局	立春下元	陽2局	壬申	陽6局	啓蟄中元	陽7局	癸卯	陽1局	清明中元	陽1局	癸酉	陽4局	立夏中元	陽1局	甲辰	陽8局	芒種下元	陽9局
21日	甲戌	陽2局	小寒下元	陽5局	乙巳	陽6局	立春下元	陽2局	癸酉	陽7局	啓蟄中元	陽7局	甲辰	陽2局	清明下元	陽7局	甲戌	陽5局	立夏下元	陽7局	乙巳	陽9/陰1	芒種下元	陽9局
22日	乙亥	陽3局	小寒下元	陽5局	丙午	陽7局	立春下元	陽2局	甲戌	陽8局	啓蟄下元	陽4局	乙巳	陽3局	清明下元	陽7局	乙亥	陽6局	立夏下元	陽7局	丙午	陰9局	芒種下元	陽9局
23日	丙子	陽4局	小寒下元	陽5局	丁未	陽8局	立春下元	陽2局	乙亥	陽9局	啓蟄下元	陽4局	丙午	陽4局	清明下元	陽7局	丙子	陽7局	立夏下元	陽7局	丁未	陰8局	芒種下元	陽9局
24日	丁丑	陽5局	小寒下元	陽5局	戊申	陽9局	立春下元	陽2局	丙子	陽1局	啓蟄下元	陽4局	丁未	陽5局	清明下元	陽7局	丁丑	陽8局	立夏下元	陽7局	戊申	陰7局	芒種下元	陽9局
25日	戊寅	陽6局	小寒下元	陽5局	己酉	陽1局	雨水上元	陽9局	丁丑	陽2局	啓蟄下元	陽4局	戊申	陽6局	清明下元	陽7局	戊寅	陽9局	立夏下元	陽7局	己酉	陰6局	夏至上元	陰9局
26日	己卯	陽7局	大寒上元	陽3局	庚戌	陽2局	雨水上元	陽9局	戊寅	陽3局	啓蟄下元	陽4局	己酉	陽7局	穀雨上元	陽5局	己卯	陽1局	小満上元	陽5局	庚戌	陰5局	夏至上元	陰9局
27日	庚辰	陽8局	大寒上元	陽3局	辛亥	陽3局	雨水上元	陽9局	己卯	陽4局	春分上元	陽3局	庚戌	陽8局	穀雨上元	陽5局	庚辰	陽2局	小満上元	陽5局	辛亥	陰4局	夏至上元	陰9局
28日	辛巳	陽9局	大寒上元	陽3局	壬子	陽4局	雨水上元	陽9局	庚辰	陽5局	春分上元	陽3局	辛亥	陽9局	穀雨上元	陽5局	辛巳	陽3局	小満上元	陽5局	壬子	陰3局	夏至上元	陰9局
29日	壬午	陽1局	大寒上元	陽3局					辛巳	陽6局	春分上元	陽3局	壬子	陽1局	穀雨上元	陽5局	壬午	陽4局	小満上元	陽5局	癸丑	陰2局	夏至上元	陰9局
30日	癸未	陽2局	大寒上元	陽3局					壬午	陽7局	春分上元	陽3局	癸丑	陽2局	穀雨上元	陽5局	癸未	陽5局	小満上元	陽5局	甲寅	陰1局	夏至中元	陰3局
31日	甲申	陽3局	大寒中元	陽9局					癸未	陽8局	春分上元	陽3局					甲申	陽6局	小満中元	陽2局				

	7月				8月				9月			
2022年	日盤:二至換局		時盤:超神接気		日盤:二至換局		時盤:超神接気		日盤:二至換局		時盤:超神接気	
日付	干支	局数	節気三元	局数	干支	局数	節気三元	局数	干支	局数	節気三元	局数
1日	乙卯	陰9局	夏至中元	陰3局	丙戌	陰5局	大暑中元	陰1局	丁巳	陰1局	処暑中元	陰4局
2日	丙辰	陰8局	夏至中元	陰3局	丁亥	陰4局	大暑中元	陰1局	戊午	陰9局	処暑中元	陰4局
3日	丁巳	陰7局	夏至中元	陰3局	戊子	陰3局	大暑中元	陰1局	己未	陰8局	処暑下元	陰7局
4日	戊午	陰6局	夏至中元	陰3局	己丑	陰2局	大暑下元	陰4局	庚申	陰7局	処暑下元	陰7局
5日	己未	陰5局	夏至下元	陰6局	庚寅	陰1局	大暑下元	陰4局	辛酉	陰6局	処暑下元	陰7局
6日	庚申	陰4局	夏至下元	陰6局	辛卯	陰9局	大暑下元	陰4局	壬戌	陰5局	処暑下元	陰7局
7日	辛酉	陰3局	夏至下元	陰6局	壬辰	陰8局	大暑下元	陰4局	癸亥	陰4局	処暑下元	陰7局
8日	壬戌	陰2局	夏至下元	陰6局	癸巳	陰7局	大暑下元	陰4局	甲子	陰3局	白露上元	陰9局
9日	癸亥	陰1局	夏至下元	陰6局	甲午	陰6局	立秋上元	陰2局	乙丑	陰2局	白露上元	陰9局
10日	甲子	陰9局	小暑上元	陰8局	乙未	陰5局	立秋上元	陰2局	丙寅	陰1局	白露上元	陰9局
11日	乙丑	陰8局	小暑上元	陰8局	丙申	陰4局	立秋上元	陰2局	丁卯	陰9局	白露上元	陰9局
12日	丙寅	陰7局	小暑上元	陰8局	丁酉	陰3局	立秋上元	陰2局	戊辰	陰8局	白露上元	陰9局
13日	丁卯	陰6局	小暑上元	陰8局	戊戌	陰2局	立秋上元	陰2局	己巳	陰7局	白露中元	陰3局
14日	戊辰	陰5局	小暑上元	陰8局	己亥	陰1局	立秋中元	陰5局	庚午	陰6局	白露中元	陰3局
15日	己巳	陰4局	小暑中元	陰2局	庚子	陰9局	立秋中元	陰5局	辛未	陰5局	白露中元	陰3局
16日	庚午	陰3局	小暑中元	陰2局	辛丑	陰8局	立秋中元	陰5局	壬申	陰4局	白露中元	陰3局
17日	辛未	陰2局	小暑中元	陰2局	壬寅	陰7局	立秋中元	陰5局	癸酉	陰3局	白露中元	陰3局
18日	壬申	陰1局	小暑中元	陰2局	癸卯	陰6局	立秋中元	陰5局	甲戌	陰2局	白露下元	陰6局
19日	癸酉	陰9局	小暑中元	陰2局	甲辰	陰5局	立秋下元	陰8局	乙亥	陰1局	白露下元	陰6局
20日	甲戌	陰8局	小暑下元	陰5局	乙巳	陰4局	立秋下元	陰8局	丙子	陰9局	白露下元	陰6局
21日	乙亥	陰7局	小暑下元	陰5局	丙午	陰3局	立秋下元	陰8局	丁丑	陰8局	白露下元	陰6局
22日	丙子	陰6局	小暑下元	陰5局	丁未	陰2局	立秋下元	陰8局	戊寅	陰7局	白露下元	陰6局
23日	丁丑	陰5局	小暑下元	陰5局	戊申	陰1局	立秋下元	陰8局	己卯	陰6局	秋分上元	陰7局
24日	戊寅	陰4局	小暑下元	陰5局	己酉	陰9局	処暑上元	陰1局	庚辰	陰5局	秋分上元	陰7局
25日	己卯	陰3局	大暑上元	陰7局	庚戌	陰8局	処暑上元	陰1局	辛巳	陰4局	秋分上元	陰7局
26日	庚辰	陰2局	大暑上元	陰7局	辛亥	陰7局	処暑上元	陰1局	壬午	陰3局	秋分上元	陰7局
27日	辛巳	陰1局	大暑上元	陰7局	壬子	陰6局	処暑上元	陰1局	癸未	陰2局	秋分上元	陰7局
28日	壬午	陰9局	大暑上元	陰7局	癸丑	陰5局	処暑上元	陰1局	甲申	陰1局	秋分中元	陰1局
29日	癸未	陰8局	大暑上元	陰7局	甲寅	陰4局	処暑中元	陰4局	乙酉	陰9局	秋分中元	陰1局
30日	甲申	陰7局	大暑中元	陰1局	乙卯	陰3局	処暑中元	陰4局	丙戌	陰8局	秋分中元	陰1局
31日	乙酉	陰6局	大暑中元	陰1局	丙辰	陰2局	処暑中元	陰4局				

	10月				11月				１２月			
2022年	日盤:二至換局		時盤:超神接気		日盤:二至換局		時盤:超神接気		日盤:二至換局		時盤:超神接気	
日付	干支	局数	節気三元	局数	干支	局数	節気三元	局数	干支	局数	節気三元	局数
1日	丁亥	陰7局	秋分中元	陰1局	戊午	陰3局	霜降中元	陰8局	戊子	陰9局	小雪中元	陰8局
2日	戊子	陰6局	秋分中元	陰1局	己未	陰2局	霜降下元	陰2局	己丑	陰8局	小雪下元	陰2局
3日	己丑	陰5局	秋分下元	陰4局	庚申	陰1局	霜降下元	陰2局	庚寅	陰7局	小雪下元	陰2局
4日	庚寅	陰4局	秋分下元	陰4局	辛酉	陰9局	霜降下元	陰2局	辛卯	陰6局	小雪下元	陰2局
5日	辛卯	陰3局	秋分下元	陰4局	壬戌	陰8局	霜降下元	陰2局	壬辰	陰5局	小雪下元	陰2局
6日	壬辰	陰2局	秋分下元	陰4局	癸亥	陰7局	霜降下元	陰2局	癸巳	陰4局	小雪下元	陰2局
7日	癸巳	陰1局	秋分下元	陰4局	甲子	陰6局	立冬上元	陰6局	甲午	陰3局	大雪上元	陰4局
8日	甲午	陰9局	寒露上元	陰6局	乙丑	陰5局	立冬上元	陰6局	乙未	陰2局	大雪上元	陰4局
9日	乙未	陰8局	寒露上元	陰6局	丙寅	陰4局	立冬上元	陰6局	丙申	陰1局	大雪上元	陰4局
10日	丙申	陰7局	寒露上元	陰6局	丁卯	陰3局	立冬上元	陰6局	丁酉	陰9局	大雪上元	陰4局
11日	丁酉	陰6局	寒露上元	陰6局	戊辰	陰2局	立冬上元	陰6局	戊戌	陰8局	大雪上元	陰4局
12日	戊戌	陰5局	寒露上元	陰6局	己巳	陰1局	立冬中元	陰9局	己亥	陰7局	大雪中元	陰7局
13日	己亥	陰4局	寒露中元	陰9局	庚午	陰9局	立冬中元	陰9局	庚子	陰6局	大雪中元	陰7局
14日	庚子	陰3局	寒露中元	陰9局	辛未	陰8局	立冬中元	陰9局	辛丑	陰5局	大雪中元	陰7局
15日	辛丑	陰2局	寒露中元	陰9局	壬申	陰7局	立冬中元	陰9局	壬寅	陰4局	大雪中元	陰7局
16日	壬寅	陰1局	寒露中元	陰9局	癸酉	陰6局	立冬中元	陰9局	癸卯	陰3局	大雪中元	陰7局
17日	癸卯	陰9局	寒露中元	陰9局	甲戌	陰5局	立冬下元	陰3局	甲辰	陰2局	大雪下元	陰1局
18日	甲辰	陰8局	寒露下元	陰3局	乙亥	陰4局	立冬下元	陰3局	乙巳	陰1局	大雪下元	陰1局
19日	乙巳	陰7局	寒露下元	陰3局	丙子	陰3局	立冬下元	陰3局	丙午	陰9局	大雪下元	陰1局
20日	丙午	陰6局	寒露下元	陰3局	丁丑	陰2局	立冬下元	陰3局	丁未	陰8局	大雪下元	陰1局
21日	丁未	陰5局	寒露下元	陰3局	戊寅	陰1局	立冬下元	陰3局	戊申	陰7局	大雪下元	陰1局
22日	戊申	陰4局	寒露下元	陰3局	己卯	陰9局	小雪上元	陰5局	己酉	陰6/陽4	冬至上元	陽1局
23日	己酉	陰3局	霜降上元	陰5局	庚辰	陰8局	小雪上元	陰5局	庚戌	陽5局	冬至上元	陽1局
24日	庚戌	陰2局	霜降上元	陰5局	辛巳	陰7局	小雪上元	陰5局	辛亥	陽6局	冬至上元	陽1局
25日	辛亥	陰1局	霜降上元	陰5局	壬午	陰6局	小雪上元	陰5局	壬子	陽7局	冬至上元	陽1局
26日	壬子	陰9局	霜降上元	陰5局	癸未	陰5局	小雪上元	陰5局	癸丑	陽8局	冬至上元	陽1局
27日	癸丑	陰8局	霜降上元	陰5局	甲申	陰4局	小雪中元	陰8局	甲寅	陽9局	冬至中元	陽7局
28日	甲寅	陰7局	霜降中元	陰8局	乙酉	陰3局	小雪中元	陰8局	乙卯	陽1局	冬至中元	陽7局
29日	乙卯	陰6局	霜降中元	陰8局	丙戌	陰2局	小雪中元	陰8局	丙辰	陽2局	冬至中元	陽7局
30日	丙辰	陰5局	霜降中元	陰8局	丁亥	陰1局	小雪中元	陰8局	丁巳	陽3局	冬至中元	陽7局
31日	丁巳	陰4局	霜降中元	陰8局					戊午	陽4局	冬至中元	陽7局

	1月				2月				3月			
2023年	日盤:二至換局		時盤:超神接気		日盤:二至換局		時盤:超神接気		日盤:二至換局		時盤:超神接気	
日付	干支	局数	節気三元	局数	干支	局数	節気三元	局数	干支	局数	節気三元	局数
1日	己未	陽5局	冬至下元	陽4局	庚寅	陽9局	大寒下元	陽6局	戊午	陽1局	雨水中元	陽6局
2日	庚申	陽6局	冬至下元	陽4局	辛卯	陽1局	大寒下元	陽6局	己未	陽2局	雨水下元	陽3局
3日	辛酉	陽7局	冬至下元	陽4局	壬辰	陽2局	大寒下元	陽6局	庚申	陽3局	雨水下元	陽3局
4日	壬戌	陽8局	冬至下元	陽4局	癸巳	陽3局	大寒下元	陽6局	辛酉	陽4局	雨水下元	陽3局
5日	癸亥	陽9局	冬至下元	陽4局	甲午	陽4局	立春上元	陽8局	壬戌	陽5局	雨水下元	陽3局
6日	甲子	陽1局	小寒上元	陽2局	乙未	陽5局	立春上元	陽8局	癸亥	陽6局	雨水下元	陽3局
7日	乙丑	陽2局	小寒上元	陽2局	丙申	陽6局	立春上元	陽8局	甲子	陽7局	啓蟄上元	陽1局
8日	丙寅	陽3局	小寒上元	陽2局	丁酉	陽7局	立春上元	陽8局	乙丑	陽8局	啓蟄上元	陽1局
9日	丁卯	陽4局	小寒上元	陽2局	戊戌	陽8局	立春上元	陽8局	丙寅	陽9局	啓蟄上元	陽1局
10日	戊辰	陽5局	小寒上元	陽2局	己亥	陽9局	立春中元	陽5局	丁卯	陽1局	啓蟄上元	陽1局
11日	己巳	陽6局	小寒中元	陽8局	庚子	陽1局	立春中元	陽5局	戊辰	陽2局	啓蟄上元	陽1局
12日	庚午	陽7局	小寒中元	陽8局	辛丑	陽2局	立春中元	陽5局	己巳	陽3局	啓蟄中元	陽7局
13日	辛未	陽8局	小寒中元	陽8局	壬寅	陽3局	立春中元	陽5局	庚午	陽4局	啓蟄中元	陽7局
14日	壬申	陽9局	小寒中元	陽8局	癸卯	陽4局	立春中元	陽5局	辛未	陽5局	啓蟄中元	陽7局
15日	癸酉	陽1局	小寒中元	陽8局	甲辰	陽5局	立春下元	陽2局	壬申	陽6局	啓蟄中元	陽7局
16日	甲戌	陽2局	小寒下元	陽5局	乙巳	陽6局	立春下元	陽2局	癸酉	陽7局	啓蟄中元	陽7局
17日	乙亥	陽3局	小寒下元	陽5局	丙午	陽7局	立春下元	陽2局	甲戌	陽8局	啓蟄下元	陽4局
18日	丙子	陽4局	小寒下元	陽5局	丁未	陽8局	立春下元	陽2局	乙亥	陽9局	啓蟄下元	陽4局
19日	丁丑	陽5局	小寒下元	陽5局	戊申	陽9局	立春下元	陽2局	丙子	陽1局	啓蟄下元	陽4局
20日	戊寅	陽6局	小寒下元	陽5局	己酉	陽1局	雨水上元	陽9局	丁丑	陽2局	啓蟄下元	陽4局
21日	己卯	陽7局	大寒上元	陽3局	庚戌	陽2局	雨水上元	陽9局	戊寅	陽3局	啓蟄下元	陽4局
22日	庚辰	陽8局	大寒上元	陽3局	辛亥	陽3局	雨水上元	陽9局	己卯	陽4局	春分上元	陽3局
23日	辛巳	陽9局	大寒上元	陽3局	壬子	陽4局	雨水上元	陽9局	庚辰	陽5局	春分上元	陽3局
24日	壬午	陽1局	大寒上元	陽3局	癸丑	陽5局	雨水上元	陽9局	辛巳	陽6局	春分上元	陽3局
25日	癸未	陽2局	大寒上元	陽3局	甲寅	陽6局	雨水中元	陽6局	壬午	陽7局	春分上元	陽3局
26日	甲申	陽3局	大寒中元	陽9局	乙卯	陽7局	雨水中元	陽6局	癸未	陽8局	春分上元	陽3局
27日	乙酉	陽4局	大寒中元	陽9局	丙辰	陽8局	雨水中元	陽6局	甲申	陽9局	春分中元	陽9局
28日	丙戌	陽5局	大寒中元	陽9局	丁巳	陽9局	雨水中元	陽6局	乙酉	陽1局	春分中元	陽9局
29日	丁亥	陽6局	大寒中元	陽9局					丙戌	陽2局	春分中元	陽9局
30日	戊子	陽7局	大寒中元	陽9局					丁亥	陽3局	春分中元	陽9局
31日	己丑	陽8局	大寒下元	陽6局					戊子	陽4局	春分中元	陽9局

	4月				5月				6月			
2023年	日盤:二至換局		時盤:超神接気		日盤:二至換局		時盤:超神接気		日盤:二至換局		時盤:超神接気	
日付	干支	局数	節気三元	局数	干支	局数	節気三元	局数	干支	局数	節気三元	局数
1日	己丑	陽5局	春分下元	陽6局	己未	陽8局	穀雨下元	陽8局	庚寅	陽3局	小満下元	陽8局
2日	庚寅	陽6局	春分下元	陽6局	庚申	陽9局	穀雨下元	陽8局	辛卯	陽4局	小満下元	陽8局
3日	辛卯	陽7局	春分下元	陽6局	辛酉	陽1局	穀雨下元	陽8局	壬辰	陽5局	小満下元	陽8局
4日	壬辰	陽8局	春分下元	陽6局	壬戌	陽2局	穀雨下元	陽8局	癸巳	陽6局	小満下元	陽8局
5日	癸巳	陽9局	春分下元	陽6局	癸亥	陽3局	穀雨下元	陽8局	甲午	陽7局	芒種上元	陽6局
6日	甲午	陽1局	清明上元	陽4局	甲子	陽4局	立夏上元	陽4局	乙未	陽8局	芒種上元	陽6局
7日	乙未	陽2局	清明上元	陽4局	乙丑	陽5局	立夏上元	陽4局	丙申	陽9局	芒種上元	陽6局
8日	丙申	陽3局	清明上元	陽4局	丙寅	陽6局	立夏上元	陽4局	丁酉	陽1局	芒種上元	陽6局
9日	丁酉	陽4局	清明上元	陽4局	丁卯	陽7局	立夏上元	陽4局	戊戌	陽2局	芒種上元	陽6局
10日	戊戌	陽5局	清明上元	陽4局	戊辰	陽8局	立夏上元	陽4局	己亥	陽3局	芒種中元	陽3局
11日	己亥	陽6局	清明中元	陽1局	己巳	陽9局	立夏中元	陽1局	庚子	陽4局	芒種中元	陽3局
12日	庚子	陽7局	清明中元	陽1局	庚午	陽1局	立夏中元	陽1局	辛丑	陽5局	芒種中元	陽3局
13日	辛丑	陽8局	清明中元	陽1局	辛未	陽2局	立夏中元	陽1局	壬寅	陽6局	芒種中元	陽3局
14日	壬寅	陽9局	清明中元	陽1局	壬申	陽3局	立夏中元	陽1局	癸卯	陽7局	芒種中元	陽3局
15日	癸卯	陽1局	清明中元	陽1局	癸酉	陽4局	立夏中元	陽1局	甲辰	陽8局	芒種下元	陽9局
16日	甲辰	陽2局	清明下元	陽7局	甲戌	陽5局	立夏下元	陽7局	乙巳	陽9局	芒種下元	陽9局
17日	乙巳	陽3局	清明下元	陽7局	乙亥	陽6局	立夏下元	陽7局	丙午	陽1局	芒種下元	陽9局
18日	丙午	陽4局	清明下元	陽7局	丙子	陽7局	立夏下元	陽7局	丁未	陽2局	芒種下元	陽9局
19日	丁未	陽5局	清明下元	陽7局	丁丑	陽8局	立夏下元	陽7局	戊申	陽3局	芒種下元	陽9局
20日	戊申	陽6局	清明下元	陽7局	戊寅	陽9局	立夏下元	陽7局	己酉	陽4局	夏至上元	陰9局
21日	己酉	陽7局	穀雨上元	陽5局	己卯	陽1局	小満上元	陽5局	庚戌	陽5/陰5	夏至上元	陰9局
22日	庚戌	陽8局	穀雨上元	陽5局	庚辰	陽2局	小満上元	陽5局	辛亥	陰4局	夏至上元	陰9局
23日	辛亥	陽9局	穀雨上元	陽5局	辛巳	陽3局	小満上元	陽5局	壬子	陰3局	夏至上元	陰9局
24日	壬子	陽1局	穀雨上元	陽5局	壬午	陽4局	小満上元	陽5局	癸丑	陰2局	夏至上元	陰9局
25日	癸丑	陽2局	穀雨上元	陽5局	癸未	陽5局	小満上元	陽5局	甲寅	陰1局	夏至中元	陰3局
26日	甲寅	陽3局	穀雨中元	陽2局	甲申	陽6局	小満中元	陽2局	乙卯	陰9局	夏至中元	陰3局
27日	乙卯	陽4局	穀雨中元	陽2局	乙酉	陽7局	小満中元	陽2局	丙辰	陰8局	夏至中元	陰3局
28日	丙辰	陽5局	穀雨中元	陽2局	丙戌	陽8局	小満中元	陽2局	丁巳	陰7局	夏至中元	陰3局
29日	丁巳	陽6局	穀雨中元	陽2局	丁亥	陽9局	小満中元	陽2局	戊午	陰6局	夏至中元	陰3局
30日	戊午	陽7局	穀雨中元	陽2局	戊子	陽1局	小満中元	陽2局	己未	陰5局	夏至下元	陰6局
31日					己丑	陽2局	小満下元	陽8局				

	7月				8月				9月				10月				11月				12月			
2023年	日盤:二至換局		時盤:超神接気		日盤:二至換局		時盤:超神接気		日盤:二至換局		時盤:超神接気		日盤:二至換局		時盤:超神接気		日盤:二至換局		時盤:超神接気		日盤:二至換局		時盤:超神接気	
日付	干支	局数	節気三元	局数	干支	局数	節気三元	局数	干支	局数	節気三元	局数	干支	局数	節気三元	局数	干支	局数	節気三元	局数	干支	局数	節気三元	局数
1日	庚申	陰4局	夏至下元	陰6局	辛卯	陰9局	大暑下元	陰4局	壬戌	陰5局	処暑下元	陰7局	壬辰	陰2局	秋分下元	陰4局	癸亥	陰7局	霜降下元	陰2局	癸巳	陰4局	小雪下元	陰2局
2日	辛酉	陰3局	夏至下元	陰6局	壬辰	陰8局	大暑下元	陰4局	癸亥	陰4局	処暑下元	陰7局	癸巳	陰1局	秋分下元	陰4局	甲子	陰6局	立冬上元	陰6局	甲午	陰3局	大雪上元	陰4局
3日	壬戌	陰2局	夏至下元	陰6局	癸巳	陰7局	大暑下元	陰4局	甲子	陰3局	白露上元	陰9局	甲午	陰9局	寒露上元	陰6局	乙丑	陰5局	立冬上元	陰6局	乙未	陰2局	大雪上元	陰4局
4日	癸亥	陰1局	夏至下元	陰6局	甲午	陰6局	立秋上元	陰2局	乙丑	陰2局	白露上元	陰9局	乙未	陰8局	寒露上元	陰6局	丙寅	陰4局	立冬上元	陰6局	丙申	陰1局	大雪上元	陰4局
5日	甲子	陰9局	小暑上元	陰8局	乙未	陰5局	立秋上元	陰2局	丙寅	陰1局	白露上元	陰9局	丙申	陰7局	寒露上元	陰6局	丁卯	陰3局	立冬上元	陰6局	丁酉	陰9局	大雪上元	陰4局
6日	乙丑	陰8局	小暑上元	陰8局	丙申	陰4局	立秋上元	陰2局	丁卯	陰9局	白露上元	陰9局	丁酉	陰6局	寒露上元	陰6局	戊辰	陰2局	立冬上元	陰6局	戊戌	陰8局	大雪上元	陰4局
7日	丙寅	陰7局	小暑上元	陰8局	丁酉	陰3局	立秋上元	陰2局	戊辰	陰8局	白露上元	陰9局	戊戌	陰5局	寒露上元	陰6局	己巳	陰1局	立冬中元	陰9局	己亥	陰7局	大雪中元	陰7局
8日	丁卯	陰6局	小暑上元	陰8局	戊戌	陰2局	立秋上元	陰2局	己巳	陰7局	白露中元	陰3局	己亥	陰4局	寒露中元	陰9局	庚午	陰9局	立冬中元	陰9局	庚子	陰6局	大雪中元	陰7局
9日	戊辰	陰5局	小暑上元	陰8局	己亥	陰1局	立秋中元	陰5局	庚午	陰6局	白露中元	陰3局	庚子	陰3局	寒露中元	陰9局	辛未	陰8局	立冬中元	陰9局	辛丑	陰5局	大雪中元	陰7局
10日	己巳	陰4局	小暑中元	陰2局	庚子	陰9局	立秋中元	陰5局	辛未	陰5局	白露中元	陰3局	辛丑	陰2局	寒露中元	陰9局	壬申	陰7局	立冬中元	陰9局	壬寅	陰4局	大雪中元	陰7局
11日	庚午	陰3局	小暑中元	陰2局	辛丑	陰8局	立秋中元	陰5局	壬申	陰4局	白露中元	陰3局	壬寅	陰1局	寒露中元	陰9局	癸酉	陰6局	立冬中元	陰9局	癸卯	陰3局	大雪中元	陰7局
12日	辛未	陰2局	小暑中元	陰2局	壬寅	陰7局	立秋中元	陰5局	癸酉	陰3局	白露中元	陰3局	癸卯	陰9局	寒露中元	陰9局	甲戌	陰5局	立冬下元	陰3局	甲辰	陰2局	大雪下元	陰1局
13日	壬申	陰1局	小暑中元	陰2局	癸卯	陰6局	立秋中元	陰5局	甲戌	陰2局	白露下元	陰6局	甲辰	陰8局	寒露下元	陰3局	乙亥	陰4局	立冬下元	陰3局	乙巳	陰1局	大雪下元	陰1局
14日	癸酉	陰9局	小暑中元	陰2局	甲辰	陰5局	立秋下元	陰8局	乙亥	陰1局	白露下元	陰6局	乙巳	陰7局	寒露下元	陰3局	丙子	陰3局	立冬下元	陰3局	丙午	陰9局	大雪下元	陰1局
15日	甲戌	陰8局	小暑下元	陰5局	乙巳	陰4局	立秋下元	陰8局	丙子	陰9局	白露下元	陰6局	丙午	陰6局	寒露下元	陰3局	丁丑	陰2局	立冬下元	陰3局	丁未	陰8局	大雪下元	陰1局
16日	乙亥	陰7局	小暑下元	陰5局	丙午	陰3局	立秋下元	陰8局	丁丑	陰8局	白露下元	陰6局	丁未	陰5局	寒露下元	陰3局	戊寅	陰1局	立冬下元	陰3局	戊申	陰7局	大雪下元	陰1局
17日	丙子	陰6局	小暑下元	陰5局	丁未	陰2局	立秋下元	陰8局	戊寅	陰7局	白露下元	陰6局	戊申	陰4局	寒露下元	陰3局	己卯	陰9局	小雪上元	陰5局	己酉	陰6局	冬至上元	陽1局
18日	丁丑	陰5局	小暑下元	陰5局	戊申	陰1局	立秋下元	陰8局	己卯	陰6局	秋分上元	陰7局	己酉	陰3局	霜降上元	陰5局	庚辰	陰8局	小雪上元	陰5局	庚戌	陰5局	冬至上元	陽1局
19日	戊寅	陰4局	小暑下元	陰5局	己酉	陰9局	処暑上元	陰1局	庚辰	陰5局	秋分上元	陰7局	庚戌	陰2局	霜降上元	陰5局	辛巳	陰7局	小雪上元	陰5局	辛亥	陰4局	冬至上元	陽1局
20日	己卯	陰3局	大暑上元	陰7局	庚戌	陰8局	処暑上元	陰1局	辛巳	陰4局	秋分上元	陰7局	辛亥	陰1局	霜降上元	陰5局	壬午	陰6局	小雪上元	陰5局	壬子	陰3局	冬至上元	陽1局
21日	庚辰	陰2局	大暑上元	陰7局	辛亥	陰7局	処暑上元	陰1局	壬午	陰3局	秋分上元	陰7局	壬子	陰9局	霜降上元	陰5局	癸未	陰5局	小雪上元	陰5局	癸丑	陰2局	冬至上元	陽1局
22日	辛巳	陰1局	大暑上元	陰7局	壬子	陰6局	処暑上元	陰1局	癸未	陰2局	秋分上元	陰7局	癸丑	陰8局	霜降上元	陰5局	甲申	陰4局	小雪中元	陰8局	甲寅	陰1/陽9	冬至中元	陽7局
23日	壬午	陰9局	大暑上元	陰7局	癸丑	陰5局	処暑上元	陰1局	甲申	陰1局	秋分中元	陰1局	甲寅	陰7局	霜降中元	陰8局	乙酉	陰3局	小雪中元	陰8局	乙卯	陽1局	冬至中元	陽7局
24日	癸未	陰8局	大暑上元	陰7局	甲寅	陰4局	処暑中元	陰4局	乙酉	陰9局	秋分中元	陰1局	乙卯	陰6局	霜降中元	陰8局	丙戌	陰2局	小雪中元	陰8局	丙辰	陽2局	冬至中元	陽7局
25日	甲申	陰7局	大暑中元	陰1局	乙卯	陰3局	処暑中元	陰4局	丙戌	陰8局	秋分中元	陰1局	丙辰	陰5局	霜降中元	陰8局	丁亥	陰1局	小雪中元	陰8局	丁巳	陽3局	冬至中元	陽7局
26日	乙酉	陰6局	大暑中元	陰1局	丙辰	陰2局	処暑中元	陰4局	丁亥	陰7局	秋分中元	陰1局	丁巳	陰4局	霜降中元	陰8局	戊子	陰9局	小雪中元	陰8局	戊午	陽4局	冬至中元	陽7局
27日	丙戌	陰5局	大暑中元	陰1局	丁巳	陰1局	処暑中元	陰4局	戊子	陰6局	秋分中元	陰1局	戊午	陰3局	霜降中元	陰8局	己丑	陰8局	小雪下元	陰2局	己未	陽5局	冬至下元	陽4局
28日	丁亥	陰4局	大暑中元	陰1局	戊午	陰9局	処暑中元	陰4局	己丑	陰5局	秋分下元	陰4局	己未	陰2局	霜降下元	陰2局	庚寅	陰7局	小雪下元	陰2局	庚申	陽6局	冬至下元	陽4局
29日	戊子	陰3局	大暑中元	陰1局	己未	陰8局	処暑下元	陰7局	庚寅	陰4局	秋分下元	陰4局	庚申	陰1局	霜降下元	陰2局	辛卯	陰6局	小雪下元	陰2局	辛酉	陽7局	冬至下元	陽4局
30日	己丑	陰2局	大暑下元	陰4局	庚申	陰7局	処暑下元	陰7局	辛卯	陰3局	秋分下元	陰4局	辛酉	陰9局	霜降下元	陰2局	壬辰	陰5局	小雪下元	陰2局	壬戌	陽8局	冬至下元	陽4局
31日	庚寅	陰1局	大暑下元	陰4局	辛酉	陰6局	処暑下元	陰7局					壬戌	陰8局	霜降下元	陰2局					癸亥	陽9局	冬至下元	陽4局

	1月				2月				3月				4月				5月				6月			
2024年	日盤:二至換局		時盤:超神接気		日盤:二至換局		時盤:超神接気		日盤:二至換局		時盤:超神接気		日盤:二至換局		時盤:超神接気		日盤:二至換局		時盤:超神接気		日盤:二至換局		時盤:超神接気	
日付	干支	局数	節気三元	局数	干支	局数	節気三元	局数	干支	局数	節気三元	局数	干支	局数	節気三元	局数	干支	局数	節気三元	局数	干支	局数	節気三元	局数
1日	甲子	陽1局	小寒上元	陽2局	乙未	陽5局	立春上元	陽8局	甲子	陽7局	啓蟄上元	陽1局	乙未	陽2局	清明上元	陽4局	乙丑	陽5局	立夏上元	陽4局	丙申	陽9局	芒種上元	陽6局
2日	乙丑	陽2局	小寒上元	陽2局	丙申	陽6局	立春上元	陽8局	乙丑	陽8局	啓蟄上元	陽1局	丙申	陽3局	清明上元	陽4局	丙寅	陽6局	立夏上元	陽4局	丁酉	陽1局	芒種上元	陽6局
3日	丙寅	陽3局	小寒上元	陽2局	丁酉	陽7局	立春上元	陽8局	丙寅	陽9局	啓蟄上元	陽1局	丁酉	陽4局	清明上元	陽4局	丁卯	陽7局	立夏上元	陽4局	戊戌	陽2局	芒種上元	陽6局
4日	丁卯	陽4局	小寒上元	陽2局	戊戌	陽8局	立春上元	陽8局	丁卯	陽1局	啓蟄上元	陽1局	戊戌	陽5局	清明上元	陽4局	戊辰	陽8局	立夏上元	陽4局	己亥	陽3局	芒種中元	陽3局
5日	戊辰	陽5局	小寒上元	陽2局	己亥	陽9局	立春中元	陽5局	戊辰	陽2局	啓蟄上元	陽1局	己亥	陽6局	清明中元	陽1局	己巳	陽9局	立夏中元	陽1局	庚子	陽4局	芒種中元	陽3局
6日	己巳	陽6局	小寒中元	陽8局	庚子	陽1局	立春中元	陽5局	己巳	陽3局	啓蟄中元	陽7局	庚子	陽7局	清明中元	陽1局	庚午	陽1局	立夏中元	陽1局	辛丑	陽5局	芒種中元	陽3局
7日	庚午	陽7局	小寒中元	陽8局	辛丑	陽2局	立春中元	陽5局	庚午	陽4局	啓蟄中元	陽7局	辛丑	陽8局	清明中元	陽1局	辛未	陽2局	立夏中元	陽1局	壬寅	陽6局	芒種中元	陽3局
8日	辛未	陽8局	小寒中元	陽8局	壬寅	陽3局	立春中元	陽5局	辛未	陽5局	啓蟄中元	陽7局	壬寅	陽9局	清明中元	陽1局	壬申	陽3局	立夏中元	陽1局	癸卯	陽7局	芒種中元	陽3局
9日	壬申	陽9局	小寒中元	陽8局	癸卯	陽4局	立春中元	陽5局	壬申	陽6局	啓蟄中元	陽7局	癸卯	陽1局	清明中元	陽1局	癸酉	陽4局	立夏中元	陽1局	甲辰	陽8局	芒種下元	陽9局
10日	癸酉	陽1局	小寒中元	陽8局	甲辰	陽5局	立春下元	陽2局	癸酉	陽7局	啓蟄中元	陽7局	甲辰	陽2局	清明下元	陽7局	甲戌	陽5局	立夏下元	陽7局	乙巳	陽9局	芒種下元	陽9局
11日	甲戌	陽2局	小寒下元	陽5局	乙巳	陽6局	立春下元	陽2局	甲戌	陽8局	啓蟄下元	陽4局	乙巳	陽3局	清明下元	陽7局	乙亥	陽6局	立夏下元	陽7局	丙午	陽1局	芒種下元	陽9局
12日	乙亥	陽3局	小寒下元	陽5局	丙午	陽7局	立春下元	陽2局	乙亥	陽9局	啓蟄下元	陽4局	丙午	陽4局	清明下元	陽7局	丙子	陽7局	立夏下元	陽7局	丁未	陽2局	芒種下元	陽9局
13日	丙子	陽4局	小寒下元	陽5局	丁未	陽8局	立春下元	陽2局	丙子	陽1局	啓蟄下元	陽4局	丁未	陽5局	清明下元	陽7局	丁丑	陽8局	立夏下元	陽7局	戊申	陽3局	芒種下元	陽9局
14日	丁丑	陽5局	小寒下元	陽5局	戊申	陽9局	立春下元	陽2局	丁丑	陽2局	啓蟄下元	陽4局	戊申	陽6局	清明下元	陽7局	戊寅	陽9局	立夏下元	陽7局	己酉	陽4局	夏至上元	陰9局
15日	戊寅	陽6局	小寒下元	陽5局	己酉	陽1局	雨水上元	陽9局	戊寅	陽3局	啓蟄下元	陽4局	己酉	陽7局	穀雨上元	陽5局	己卯	陽1局	小満上元	陽5局	庚戌	陽5局	夏至上元	陰9局
16日	己卯	陽7局	大寒上元	陽3局	庚戌	陽2局	雨水上元	陽9局	己卯	陽4局	春分上元	陽3局	庚戌	陽8局	穀雨上元	陽5局	庚辰	陽2局	小満上元	陽5局	辛亥	陽6局	夏至上元	陰9局
17日	庚辰	陽8局	大寒上元	陽3局	辛亥	陽3局	雨水上元	陽9局	庚辰	陽5局	春分上元	陽3局	辛亥	陽9局	穀雨上元	陽5局	辛巳	陽3局	小満上元	陽5局	壬子	陽7局	夏至上元	陰9局
18日	辛巳	陽9局	大寒上元	陽3局	壬子	陽4局	雨水上元	陽9局	辛巳	陽6局	春分上元	陽3局	壬子	陽1局	穀雨上元	陽5局	壬午	陽4局	小満上元	陽5局	癸丑	陽8局	夏至上元	陰9局
19日	壬午	陽1局	大寒上元	陽3局	癸丑	陽5局	雨水上元	陽9局	壬午	陽7局	春分上元	陽3局	癸丑	陽2局	穀雨上元	陽5局	癸未	陽5局	小満上元	陽5局	甲寅	陽9局	夏至中元	陰3局
20日	癸未	陽2局	大寒上元	陽3局	甲寅	陽6局	雨水中元	陽6局	癸未	陽8局	春分上元	陽3局	甲寅	陽3局	穀雨中元	陽2局	甲申	陽6局	小満中元	陽2局	乙卯	陽1局	夏至中元	陰3局
21日	甲申	陽3局	大寒中元	陽9局	乙卯	陽7局	雨水中元	陽6局	甲申	陽9局	春分中元	陽9局	乙卯	陽4局	穀雨中元	陽2局	乙酉	陽7局	小満中元	陽2局	丙辰	陽2/陰8	夏至中元	陰3局
22日	乙酉	陽4局	大寒中元	陽9局	丙辰	陽8局	雨水中元	陽6局	乙酉	陽1局	春分中元	陽9局	丙辰	陽5局	穀雨中元	陽2局	丙戌	陽8局	小満中元	陽2局	丁巳	陰7局	夏至中元	陰3局
23日	丙戌	陽5局	大寒中元	陽9局	丁巳	陽9局	雨水中元	陽6局	丙戌	陽2局	春分中元	陽9局	丁巳	陽6局	穀雨中元	陽2局	丁亥	陽9局	小満中元	陽2局	戊午	陰6局	夏至中元	陰3局
24日	丁亥	陽6局	大寒中元	陽9局	戊午	陽1局	雨水中元	陽6局	丁亥	陽3局	春分中元	陽9局	戊午	陽7局	穀雨中元	陽2局	戊子	陽1局	小満中元	陽2局	己未	陰5局	夏至下元	陰6局
25日	戊子	陽7局	大寒中元	陽9局	己未	陽2局	雨水下元	陽3局	戊子	陽4局	春分中元	陽9局	己未	陽8局	穀雨下元	陽8局	己丑	陽2局	小満下元	陽8局	庚申	陰4局	夏至下元	陰6局
26日	己丑	陽8局	大寒下元	陽6局	庚申	陽3局	雨水下元	陽3局	己丑	陽5局	春分下元	陽6局	庚申	陽9局	穀雨下元	陽8局	庚寅	陽3局	小満下元	陽8局	辛酉	陰3局	夏至下元	陰6局
27日	庚寅	陽9局	大寒下元	陽6局	辛酉	陽4局	雨水下元	陽3局	庚寅	陽6局	春分下元	陽6局	辛酉	陽1局	穀雨下元	陽8局	辛卯	陽4局	小満下元	陽8局	壬戌	陰2局	夏至下元	陰6局
28日	辛卯	陽1局	大寒下元	陽6局	壬戌	陽5局	雨水下元	陽3局	辛卯	陽7局	春分下元	陽6局	壬戌	陽2局	穀雨下元	陽8局	壬辰	陽5局	小満下元	陽8局	癸亥	陰1局	夏至下元	陰6局
29日	壬辰	陽2局	大寒下元	陽6局	癸亥	陽6局	雨水下元	陽3局	壬辰	陽8局	春分下元	陽6局	癸亥	陽3局	穀雨下元	陽8局	癸巳	陽6局	小満下元	陽8局	甲子	陰9局	小暑上元	陰8局
30日	癸巳	陽3局	大寒下元	陽6局					癸巳	陽9局	春分下元	陽6局	甲子	陽4局	立夏上元	陽4局	甲午	陽7局	芒種上元	陽6局	乙丑	陰8局	小暑上元	陰8局
31日	甲午	陽4局	立春上元	陽8局					甲午	陽1局	清明上元	陽4局					乙未	陽8局	芒種上元	陽6局				

	7月				8月				9月				10月				11月				１2月			
2024年	日盤:二至換局		時盤:超神接気		日盤:二至換局		時盤:超神接気		日盤:二至換局		時盤:超神接気		日盤:二至換局		時盤:超神接気		日盤:二至換局		時盤:超神接気		日盤:二至換局		時盤:超神接気	
日付	干支	局数	節気三元	局数	干支	局数	節気三元	局数	干支	局数	節気三元	局数	干支	局数	節気三元	局数	干支	局数	節気三元	局数	干支	局数	節気三元	局数
1日	丙寅	陰7局	小暑上元	陰8局	丁酉	陰3局	立秋上元	陰2局	戊辰	陰8局	白露上元	陰9局	戊戌	陰5局	寒露上元	陰6局	己巳	陰1局	立冬中元	陰9局	己亥	陰7局	大雪中元	陰7局
2日	丁卯	陰6局	小暑上元	陰8局	戊戌	陰2局	立秋上元	陰2局	己巳	陰7局	白露中元	陰3局	己亥	陰4局	寒露中元	陰9局	庚午	陰9局	立冬中元	陰9局	庚子	陰6局	大雪中元	陰7局
3日	戊辰	陰5局	小暑上元	陰8局	己亥	陰1局	立秋中元	陰5局	庚午	陰6局	白露中元	陰3局	庚子	陰3局	寒露中元	陰9局	辛未	陰8局	立冬中元	陰9局	辛丑	陰5局	大雪中元	陰7局
4日	己巳	陰4局	小暑中元	陰2局	庚子	陰9局	立秋中元	陰5局	辛未	陰5局	白露中元	陰3局	辛丑	陰2局	寒露中元	陰9局	壬申	陰7局	立冬中元	陰9局	壬寅	陰4局	大雪中元	陰7局
5日	庚午	陰3局	小暑中元	陰2局	辛丑	陰8局	立秋中元	陰5局	壬申	陰4局	白露中元	陰3局	壬寅	陰1局	寒露中元	陰9局	癸酉	陰6局	立冬中元	陰9局	癸卯	陰3局	大雪中元	陰7局
6日	辛未	陰2局	小暑中元	陰2局	壬寅	陰7局	立秋中元	陰5局	癸酉	陰3局	白露中元	陰3局	癸卯	陰9局	寒露中元	陰9局	甲戌	陰5局	立冬下元	陰3局	甲辰	陰2局	大雪下元	陰1局
7日	壬申	陰1局	小暑中元	陰2局	癸卯	陰6局	立秋中元	陰5局	甲戌	陰2局	白露下元	陰6局	甲辰	陰8局	寒露下元	陰3局	乙亥	陰4局	立冬下元	陰3局	乙巳	陰1局	大雪下元	陰1局
8日	癸酉	陰9局	小暑中元	陰2局	甲辰	陰5局	立秋下元	陰8局	乙亥	陰1局	白露下元	陰6局	乙巳	陰7局	寒露下元	陰3局	丙子	陰3局	立冬下元	陰3局	丙午	陰9局	大雪下元	陰1局
9日	甲戌	陰8局	小暑下元	陰5局	乙巳	陰4局	立秋下元	陰8局	丙子	陰9局	白露下元	陰6局	丙午	陰6局	寒露下元	陰3局	丁丑	陰2局	立冬下元	陰3局	丁未	陰8局	大雪下元	陰1局
10日	乙亥	陰7局	小暑下元	陰5局	丙午	陰3局	立秋下元	陰8局	丁丑	陰8局	白露下元	陰6局	丁未	陰5局	寒露下元	陰3局	戊寅	陰1局	立冬下元	陰3局	戊申	陰7局	大雪下元	陰1局
11日	丙子	陰6局	小暑下元	陰5局	丁未	陰2局	立秋下元	陰8局	戊寅	陰7局	白露下元	陰6局	戊申	陰4局	寒露下元	陰3局	己卯	陰9局	小雪上元	陰5局	己酉	陰6局	大雪上元	陰4局
12日	丁丑	陰5局	小暑下元	陰5局	戊申	陰1局	立秋下元	陰8局	己卯	陰6局	秋分上元	陰7局	己酉	陰3局	霜降上元	陰5局	庚辰	陰8局	小雪上元	陰5局	庚戌	陰5局	大雪上元	陰4局
13日	戊寅	陰4局	小暑下元	陰5局	己酉	陰9局	処暑上元	陰1局	庚辰	陰5局	秋分上元	陰7局	庚戌	陰2局	霜降上元	陰5局	辛巳	陰7局	小雪上元	陰5局	辛亥	陰4局	大雪上元	陰4局
14日	己卯	陰3局	大暑上元	陰7局	庚戌	陰8局	処暑上元	陰1局	辛巳	陰4局	秋分上元	陰7局	辛亥	陰1局	霜降上元	陰5局	壬午	陰6局	小雪上元	陰5局	壬子	陰3局	大雪上元	陰4局
15日	庚辰	陰2局	大暑上元	陰7局	辛亥	陰7局	処暑上元	陰1局	壬午	陰3局	秋分上元	陰7局	壬子	陰9局	霜降上元	陰5局	癸未	陰5局	小雪上元	陰5局	癸丑	陰2局	大雪上元	陰4局
16日	辛巳	陰1局	大暑上元	陰7局	壬子	陰6局	処暑上元	陰1局	癸未	陰2局	秋分上元	陰7局	癸丑	陰8局	霜降上元	陰5局	甲申	陰4局	小雪中元	陰8局	甲寅	陰1局	大雪中元	陰7局
17日	壬午	陰9局	大暑上元	陰7局	癸丑	陰5局	処暑上元	陰1局	甲申	陰1局	秋分中元	陰1局	甲寅	陰7局	霜降中元	陰8局	乙酉	陰3局	小雪中元	陰8局	乙卯	陰9局	大雪中元	陰7局
18日	癸未	陰8局	大暑上元	陰7局	甲寅	陰4局	処暑中元	陰4局	乙酉	陰9局	秋分中元	陰1局	乙卯	陰6局	霜降中元	陰8局	丙戌	陰2局	小雪中元	陰8局	丙辰	陰8局	大雪中元	陰7局
19日	甲申	陰7局	大暑中元	陰1局	乙卯	陰3局	処暑中元	陰4局	丙戌	陰8局	秋分中元	陰1局	丙辰	陰5局	霜降中元	陰8局	丁亥	陰1局	小雪中元	陰8局	丁巳	陰7局	大雪中元	陰7局
20日	乙酉	陰6局	大暑中元	陰1局	丙辰	陰2局	処暑中元	陰4局	丁亥	陰7局	秋分中元	陰1局	丁巳	陰4局	霜降中元	陰8局	戊子	陰9局	小雪中元	陰8局	戊午	陰6局	大雪中元	陰7局
21日	丙戌	陰5局	大暑中元	陰1局	丁巳	陰1局	処暑中元	陰4局	戊子	陰6局	秋分中元	陰1局	戊午	陰3局	霜降中元	陰8局	己丑	陰8局	小雪下元	陰2局	己未	陰5/陽5	大雪下元	陰1局
22日	丁亥	陰4局	大暑中元	陰1局	戊午	陰9局	処暑中元	陰4局	己丑	陰5局	秋分下元	陰4局	己未	陰2局	霜降下元	陰2局	庚寅	陰7局	小雪下元	陰2局	庚申	陽6局	大雪下元	陰1局
23日	戊子	陰3局	大暑中元	陰1局	己未	陰8局	処暑下元	陰7局	庚寅	陰4局	秋分下元	陰4局	庚申	陰1局	霜降下元	陰2局	辛卯	陰6局	小雪下元	陰2局	辛酉	陽7局	大雪下元	陰1局
24日	己丑	陰2局	大暑下元	陰4局	庚申	陰7局	処暑下元	陰7局	辛卯	陰3局	秋分下元	陰4局	辛酉	陰9局	霜降下元	陰2局	壬辰	陰5局	小雪下元	陰2局	壬戌	陽8局	大雪下元	陰1局
25日	庚寅	陰1局	大暑下元	陰4局	辛酉	陰6局	処暑下元	陰7局	壬辰	陰2局	秋分下元	陰4局	壬戌	陰8局	霜降下元	陰2局	癸巳	陰4局	小雪下元	陰2局	癸亥	陽9局	大雪下元	陰1局
26日	辛卯	陰9局	大暑下元	陰4局	壬戌	陰5局	処暑下元	陰7局	癸巳	陰1局	秋分下元	陰4局	癸亥	陰7局	霜降下元	陰2局	甲午	陰3局	大雪上元	陰4局	甲子	陽1局	冬至上元	陽1局
27日	壬辰	陰8局	大暑下元	陰4局	癸亥	陰4局	処暑下元	陰7局	甲午	陰9局	寒露上元	陰6局	甲子	陰6局	立冬上元	陰6局	乙未	陰2局	大雪上元	陰4局	乙丑	陽2局	冬至上元	陽1局
28日	癸巳	陰7局	大暑下元	陰4局	甲子	陰3局	白露上元	陰9局	乙未	陰8局	寒露上元	陰6局	乙丑	陰5局	立冬上元	陰6局	丙申	陰1局	大雪上元	陰4局	丙寅	陽3局	冬至上元	陽1局
29日	甲午	陰6局	立秋上元	陰2局	乙丑	陰2局	白露上元	陰9局	丙申	陰7局	寒露上元	陰6局	丙寅	陰4局	立冬上元	陰6局	丁酉	陰9局	大雪上元	陰4局	丁卯	陽4局	冬至上元	陽1局
30日	乙未	陰5局	立秋上元	陰2局	丙寅	陰1局	白露上元	陰9局	丁酉	陰6局	寒露上元	陰6局	丁卯	陰3局	立冬上元	陰6局	戊戌	陰8局	大雪上元	陰4局	戊辰	陽5局	冬至上元	陽1局
31日	丙申	陰4局	立秋上元	陰2局	丁卯	陰9局	白露上元	陰9局					戊辰	陰2局	立冬上元	陰6局					己巳	陽6局	冬至中元	陽7局

	1月				2月				3月				4月				5月				6月			
2025年	日盤:二至換局		時盤:超神接気		日盤:二至換局		時盤:超神接気		日盤:二至換局		時盤:超神接気		日盤:二至換局		時盤:超神接気		日盤:二至換局		時盤:超神接気		日盤:二至換局		時盤:超神接気	
日付	干支	局数	節気三元	局数	干支	局数	節気三元	局数	干支	局数	節気三元	局数	干支	局数	節気三元	局数	干支	局数	節気三元	局数	干支	局数	節気三元	局数
1日	庚午	陽7局	冬至中元	陽7局	辛丑	陽2局	大寒中元	陽9局	己巳	陽3局	雨水中元	陽6局	庚子	陽7局	春分中元	陽9局	庚午	陽1局	穀雨中元	陽2局	辛丑	陽5局	小満中元	陽2局
2日	辛未	陽8局	冬至中元	陽7局	壬寅	陽3局	大寒中元	陽9局	庚午	陽4局	雨水中元	陽6局	辛丑	陽8局	春分中元	陽9局	辛未	陽2局	穀雨中元	陽2局	壬寅	陽6局	小満中元	陽2局
3日	壬申	陽9局	冬至中元	陽7局	癸卯	陽4局	大寒中元	陽9局	辛未	陽5局	雨水中元	陽6局	壬寅	陽9局	春分中元	陽9局	壬申	陽3局	穀雨中元	陽2局	癸卯	陽7局	小満中元	陽2局
4日	癸酉	陽1局	冬至中元	陽7局	甲辰	陽5局	大寒下元	陽6局	壬申	陽6局	雨水中元	陽6局	癸卯	陽1局	春分中元	陽9局	癸酉	陽4局	穀雨中元	陽2局	甲辰	陽8局	小満下元	陽8局
5日	甲戌	陽2局	冬至下元	陽4局	乙巳	陽6局	大寒下元	陽6局	癸酉	陽7局	雨水中元	陽6局	甲辰	陽2局	春分下元	陽6局	甲戌	陽5局	穀雨下元	陽8局	乙巳	陽9局	小満下元	陽8局
6日	乙亥	陽3局	冬至下元	陽4局	丙午	陽7局	大寒下元	陽6局	甲戌	陽8局	雨水下元	陽3局	乙巳	陽3局	春分下元	陽6局	乙亥	陽6局	穀雨下元	陽8局	丙午	陽1局	小満下元	陽8局
7日	丙子	陽4局	冬至下元	陽4局	丁未	陽8局	大寒下元	陽6局	乙亥	陽9局	雨水下元	陽3局	丙午	陽4局	春分下元	陽6局	丙子	陽7局	穀雨下元	陽8局	丁未	陽2局	小満下元	陽8局
8日	丁丑	陽5局	冬至下元	陽4局	戊申	陽9局	大寒下元	陽6局	丙子	陽1局	雨水下元	陽3局	丁未	陽5局	春分下元	陽6局	丁丑	陽8局	穀雨下元	陽8局	戊申	陽3局	小満下元	陽8局
9日	戊寅	陽6局	冬至下元	陽4局	己酉	陽1局	立春上元	陽8局	丁丑	陽2局	雨水下元	陽3局	戊申	陽6局	春分下元	陽6局	戊寅	陽9局	穀雨下元	陽8局	己酉	陽4局	芒種上元	陽6局
10日	己卯	陽7局	小寒上元	陽2局	庚戌	陽2局	立春上元	陽8局	戊寅	陽3局	雨水下元	陽3局	己酉	陽7局	清明上元	陽4局	己卯	陽1局	立夏上元	陽4局	庚戌	陽5局	芒種上元	陽6局
11日	庚辰	陽8局	小寒上元	陽2局	辛亥	陽3局	立春上元	陽8局	己卯	陽4局	啓蟄上元	陽1局	庚戌	陽8局	清明上元	陽4局	庚辰	陽2局	立夏上元	陽4局	辛亥	陽6局	芒種上元	陽6局
12日	辛巳	陽9局	小寒上元	陽2局	壬子	陽4局	立春上元	陽8局	庚辰	陽5局	啓蟄上元	陽1局	辛亥	陽9局	清明上元	陽4局	辛巳	陽3局	立夏上元	陽4局	壬子	陽7局	芒種上元	陽6局
13日	壬午	陽1局	小寒上元	陽2局	癸丑	陽5局	立春上元	陽8局	辛巳	陽6局	啓蟄上元	陽1局	壬子	陽1局	清明上元	陽4局	壬午	陽4局	立夏上元	陽4局	癸丑	陽8局	芒種上元	陽6局
14日	癸未	陽2局	小寒上元	陽2局	甲寅	陽6局	立春中元	陽5局	壬午	陽7局	啓蟄上元	陽1局	癸丑	陽2局	清明上元	陽4局	癸未	陽5局	立夏上元	陽4局	甲寅	陽9局	芒種中元	陽3局
15日	甲申	陽3局	小寒中元	陽8局	乙卯	陽7局	立春中元	陽5局	癸未	陽8局	啓蟄上元	陽1局	甲寅	陽3局	清明中元	陽1局	甲申	陽6局	立夏中元	陽1局	乙卯	陽1局	芒種中元	陽3局
16日	乙酉	陽4局	小寒中元	陽8局	丙辰	陽8局	立春中元	陽5局	甲申	陽9局	啓蟄中元	陽7局	乙卯	陽4局	清明中元	陽1局	乙酉	陽7局	立夏中元	陽1局	丙辰	陽2局	芒種中元	陽3局
17日	丙戌	陽5局	小寒中元	陽8局	丁巳	陽9局	立春中元	陽5局	乙酉	陽1局	啓蟄中元	陽7局	丙辰	陽5局	清明中元	陽1局	丙戌	陽8局	立夏中元	陽1局	丁巳	陽3局	芒種中元	陽3局
18日	丁亥	陽6局	小寒中元	陽8局	戊午	陽1局	立春中元	陽5局	丙戌	陽2局	啓蟄中元	陽7局	丁巳	陽6局	清明中元	陽1局	丁亥	陽9局	立夏中元	陽1局	戊午	陽4局	芒種中元	陽3局
19日	戊子	陽7局	小寒中元	陽8局	己未	陽2局	立春下元	陽2局	丁亥	陽3局	啓蟄中元	陽7局	戊午	陽7局	清明中元	陽1局	戊子	陽1局	立夏中元	陽1局	己未	陽5局	芒種下元	陽9局
20日	己丑	陽8局	小寒下元	陽5局	庚申	陽3局	立春下元	陽2局	戊子	陽4局	啓蟄中元	陽7局	己未	陽8局	清明下元	陽7局	己丑	陽2局	立夏下元	陽7局	庚申	陽6局	芒種下元	陽9局
21日	庚寅	陽9局	小寒下元	陽5局	辛酉	陽4局	立春下元	陽2局	己丑	陽5局	啓蟄中元	陽4局	庚申	陽9局	清明下元	陽7局	庚寅	陽3局	立夏下元	陽7局	辛酉	陽7/陰3	芒種下元	陽9局
22日	辛卯	陽1局	小寒下元	陽5局	壬戌	陽5局	立春下元	陽2局	庚寅	陽6局	啓蟄下元	陽4局	辛酉	陽1局	清明下元	陽7局	辛卯	陽4局	立夏下元	陽7局	壬戌	陰2局	芒種下元	陽9局
23日	壬辰	陽2局	小寒下元	陽5局	癸亥	陽6局	立春下元	陽2局	辛卯	陽7局	啓蟄下元	陽4局	壬戌	陽2局	清明下元	陽7局	壬辰	陽5局	立夏下元	陽7局	癸亥	陰1局	芒種下元	陽9局
24日	癸巳	陽3局	小寒下元	陽5局	甲子	陽7局	雨水上元	陽9局	壬辰	陽8局	啓蟄下元	陽4局	癸亥	陽3局	清明下元	陽7局	癸巳	陽6局	立夏下元	陽7局	甲子	陰9局	夏至上元	陰9局
25日	甲午	陽4局	大寒上元	陽3局	乙丑	陽8局	雨水上元	陽9局	癸巳	陽9局	啓蟄下元	陽4局	甲子	陽4局	穀雨上元	陽5局	甲午	陽7局	小満上元	陽5局	乙丑	陰8局	夏至上元	陰9局
26日	乙未	陽5局	大寒上元	陽3局	丙寅	陽9局	雨水上元	陽9局	甲午	陽1局	春分上元	陽3局	乙丑	陽5局	穀雨上元	陽5局	乙未	陽8局	小満上元	陽5局	丙寅	陰7局	夏至上元	陰9局
27日	丙申	陽6局	大寒上元	陽3局	丁卯	陽1局	雨水上元	陽9局	乙未	陽2局	春分上元	陽3局	丙寅	陽6局	穀雨上元	陽5局	丙申	陽9局	小満上元	陽5局	丁卯	陰6局	夏至上元	陰9局
28日	丁酉	陽7局	大寒上元	陽3局	戊辰	陽2局	雨水上元	陽9局	丙申	陽3局	春分上元	陽3局	丁卯	陽7局	穀雨上元	陽5局	丁酉	陽1局	小満上元	陽5局	戊辰	陰5局	夏至上元	陰9局
29日	戊戌	陽8局	大寒上元	陽3局					丁酉	陽4局	春分上元	陽3局	戊辰	陽8局	穀雨上元	陽5局	戊戌	陽2局	小満上元	陽5局	己巳	陰4局	夏至中元	陰3局
30日	己亥	陽9局	大寒中元	陽9局					戊戌	陽5局	春分上元	陽3局	己巳	陽9局	穀雨中元	陽2局	己亥	陽3局	小満中元	陽2局	庚午	陰3局	夏至中元	陰3局
31日	庚子	陽1局	大寒中元	陽9局					己亥	陽6局	春分中元	陽9局					庚子	陽4局	小満中元	陽2局				

	7月				8月				9月				10月				11月				12月			
2025年	日盤:二至換局		時盤:超神接気		日盤:二至換局		時盤:超神接気		日盤:二至換局		時盤:超神接気		日盤:二至換局		時盤:超神接気		日盤:二至換局		時盤:超神接気		日盤:二至換局		時盤:超神接気	
日付	干支	局数	節気三元	局数	干支	局数	節気三元	局数	干支	局数	節気三元	局数	干支	局数	節気三元	局数	干支	局数	節気三元	局数	干支	局数	節気三元	局数
1日	辛未	陰2局	夏至中元	陰3局	壬寅	陰7局	大暑中元	陰1局	癸酉	陰3局	処暑中元	陰4局	癸卯	陰9局	秋分中元	陰1局	甲戌	陰5局	霜降下元	陰2局	甲辰	陰2局	小雪下元	陰2局
2日	壬申	陰1局	夏至中元	陰3局	癸卯	陰6局	大暑中元	陰1局	甲戌	陰2局	処暑下元	陰7局	甲辰	陰8局	秋分下元	陰4局	乙亥	陰4局	霜降下元	陰2局	乙巳	陰1局	小雪下元	陰2局
3日	癸酉	陰9局	夏至中元	陰3局	甲辰	陰5局	大暑下元	陰4局	乙亥	陰1局	処暑下元	陰7局	乙巳	陰7局	秋分下元	陰4局	丙子	陰3局	霜降下元	陰2局	丙午	陰9局	小雪下元	陰2局
4日	甲戌	陰8局	夏至下元	陰6局	乙巳	陰4局	大暑下元	陰4局	丙子	陰9局	処暑下元	陰7局	丙午	陰6局	秋分下元	陰4局	丁丑	陰2局	霜降下元	陰2局	丁未	陰8局	小雪下元	陰2局
5日	乙亥	陰7局	夏至下元	陰6局	丙午	陰3局	大暑下元	陰4局	丁丑	陰8局	処暑下元	陰7局	丁未	陰5局	秋分下元	陰4局	戊寅	陰1局	霜降下元	陰2局	戊申	陰7局	小雪下元	陰2局
6日	丙子	陰6局	夏至下元	陰6局	丁未	陰2局	大暑下元	陰4局	戊寅	陰7局	処暑下元	陰7局	戊申	陰4局	秋分下元	陰4局	己卯	陰9局	立冬上元	陰6局	己酉	陰6局	大雪上元	陰4局
7日	丁丑	陰5局	夏至下元	陰6局	戊申	陰1局	大暑下元	陰4局	己卯	陰6局	白露上元	陰9局	己酉	陰3局	寒露上元	陰6局	庚辰	陰8局	立冬上元	陰6局	庚戌	陰5局	大雪上元	陰4局
8日	戊寅	陰4局	夏至下元	陰6局	己酉	陰9局	立秋上元	陰2局	庚辰	陰5局	白露上元	陰9局	庚戌	陰2局	寒露上元	陰6局	辛巳	陰7局	立冬上元	陰6局	辛亥	陰4局	大雪上元	陰4局
9日	己卯	陰3局	小暑上元	陰8局	庚戌	陰8局	立秋上元	陰2局	辛巳	陰4局	白露上元	陰9局	辛亥	陰1局	寒露上元	陰6局	壬午	陰6局	立冬上元	陰6局	壬子	陰3局	大雪上元	陰4局
10日	庚辰	陰2局	小暑上元	陰8局	辛亥	陰7局	立秋上元	陰2局	壬午	陰3局	白露上元	陰9局	壬子	陰9局	寒露上元	陰6局	癸未	陰5局	立冬上元	陰6局	癸丑	陰2局	大雪上元	陰4局
11日	辛巳	陰1局	小暑上元	陰8局	壬子	陰6局	立秋上元	陰2局	癸未	陰2局	白露上元	陰9局	癸丑	陰8局	寒露上元	陰6局	甲申	陰4局	立冬中元	陰9局	甲寅	陰1局	大雪中元	陰7局
12日	壬午	陰9局	小暑上元	陰8局	癸丑	陰5局	立秋上元	陰2局	甲申	陰1局	白露中元	陰3局	甲寅	陰7局	寒露中元	陰9局	乙酉	陰3局	立冬中元	陰9局	乙卯	陰9局	大雪中元	陰7局
13日	癸未	陰8局	小暑上元	陰8局	甲寅	陰4局	立秋中元	陰5局	乙酉	陰9局	白露中元	陰3局	乙卯	陰6局	寒露中元	陰9局	丙戌	陰2局	立冬中元	陰9局	丙辰	陰8局	大雪中元	陰7局
14日	甲申	陰7局	小暑中元	陰2局	乙卯	陰3局	立秋中元	陰5局	丙戌	陰8局	白露中元	陰3局	丙辰	陰5局	寒露中元	陰9局	丁亥	陰1局	立冬中元	陰9局	丁巳	陰7局	大雪中元	陰7局
15日	乙酉	陰6局	小暑中元	陰2局	丙辰	陰2局	立秋中元	陰5局	丁亥	陰7局	白露中元	陰3局	丁巳	陰4局	寒露中元	陰9局	戊子	陰9局	立冬中元	陰9局	戊午	陰6局	大雪中元	陰7局
16日	丙戌	陰5局	小暑中元	陰2局	丁巳	陰1局	立秋中元	陰5局	戊子	陰6局	白露中元	陰3局	戊午	陰3局	寒露中元	陰9局	己丑	陰8局	立冬下元	陰3局	己未	陰5局	大雪下元	陰1局
17日	丁亥	陰4局	小暑中元	陰2局	戊午	陰9局	立秋中元	陰5局	己丑	陰5局	白露下元	陰6局	己未	陰2局	寒露下元	陰3局	庚寅	陰7局	立冬下元	陰3局	庚申	陰4局	大雪下元	陰1局
18日	戊子	陰3局	小暑中元	陰2局	己未	陰8局	立秋下元	陰8局	庚寅	陰4局	白露下元	陰6局	庚申	陰1局	寒露下元	陰3局	辛卯	陰6局	立冬下元	陰3局	辛酉	陰3局	大雪下元	陰1局
19日	己丑	陰2局	小暑下元	陰5局	庚申	陰7局	立秋下元	陰8局	辛卯	陰3局	白露下元	陰6局	辛酉	陰9局	寒露下元	陰3局	壬辰	陰5局	立冬下元	陰3局	壬戌	陰2局	大雪下元	陰1局
20日	庚寅	陰1局	小暑下元	陰5局	辛酉	陰6局	立秋下元	陰8局	壬辰	陰2局	白露下元	陰6局	壬戌	陰8局	寒露下元	陰3局	癸巳	陰4局	立冬下元	陰3局	癸亥	陰1局	大雪下元	陰1局
21日	辛卯	陰9局	小暑下元	陰5局	壬戌	陰5局	立秋下元	陰8局	癸巳	陰1局	白露下元	陰6局	癸亥	陰7局	寒露下元	陰3局	甲午	陰3局	小雪上元	陰5局	甲子	陰9局	冬至上元	陽1局
22日	壬辰	陰8局	小暑下元	陰5局	癸亥	陰4局	立秋下元	陰8局	甲午	陰9局	秋分上元	陰7局	甲子	陰6局	霜降上元	陰5局	乙未	陰2局	小雪上元	陰5局	乙丑	陰8/陽2	冬至上元	陽1局
23日	癸巳	陰7局	小暑下元	陰5局	甲子	陰3局	処暑上元	陰1局	乙未	陰8局	秋分上元	陰7局	乙丑	陰5局	霜降上元	陰5局	丙申	陰1局	小雪上元	陰5局	丙寅	陽3局	冬至上元	陽1局
24日	甲午	陰6局	大暑上元	陰7局	乙丑	陰2局	処暑上元	陰1局	丙申	陰7局	秋分上元	陰7局	丙寅	陰4局	霜降上元	陰5局	丁酉	陰9局	小雪上元	陰5局	丁卯	陽4局	冬至上元	陽1局
25日	乙未	陰5局	大暑上元	陰7局	丙寅	陰1局	処暑上元	陰1局	丁酉	陰6局	秋分上元	陰7局	丁卯	陰3局	霜降上元	陰5局	戊戌	陰8局	小雪上元	陰5局	戊辰	陽5局	冬至上元	陽1局
26日	丙申	陰4局	大暑上元	陰7局	丁卯	陰9局	処暑上元	陰1局	戊戌	陰5局	秋分上元	陰7局	戊辰	陰2局	霜降上元	陰5局	己亥	陰7局	小雪中元	陰8局	己巳	陽6局	冬至中元	陽7局
27日	丁酉	陰3局	大暑上元	陰7局	戊辰	陰8局	処暑上元	陰1局	己亥	陰4局	秋分中元	陰1局	己巳	陰1局	霜降中元	陰8局	庚子	陰6局	小雪中元	陰8局	庚午	陽7局	冬至中元	陽7局
28日	戊戌	陰2局	大暑上元	陰7局	己巳	陰7局	処暑中元	陰4局	庚子	陰3局	秋分中元	陰1局	庚午	陰9局	霜降中元	陰8局	辛丑	陰5局	小雪中元	陰8局	辛未	陽8局	冬至中元	陽7局
29日	己亥	陰1局	大暑中元	陰1局	庚午	陰6局	処暑中元	陰4局	辛丑	陰2局	秋分中元	陰1局	辛未	陰8局	霜降中元	陰8局	壬寅	陰4局	小雪中元	陰8局	壬申	陽9局	冬至中元	陽7局
30日	庚子	陰9局	大暑中元	陰1局	辛未	陰5局	処暑中元	陰4局	壬寅	陰1局	秋分中元	陰1局	壬申	陰7局	霜降中元	陰8局	癸卯	陰3局	小雪中元	陰8局	癸酉	陽1局	冬至中元	陽7局
31日	辛丑	陰8局	大暑中元	陰1局	壬申	陰4局	処暑中元	陰4局					癸酉	陰6局	霜降中元	陰8局					甲戌	陽2局	冬至下元	陽4局

	1月				2月				3月				4月				5月				6月			
2026年	日盤:二至換局		時盤:超神接気		日盤:二至換局		時盤:超神接気		日盤:二至換局		時盤:超神接気		日盤:二至換局		時盤:超神接気		日盤:二至換局		時盤:超神接気		日盤:二至換局		時盤:超神接気	
日付	干支	局数	節気三元	局数	干支	局数	節気三元	局数	干支	局数	節気三元	局数	干支	局数	節気三元	局数	干支	局数	節気三元	局数	干支	局数	節気三元	局数
1日	乙亥	陽3局	冬至下元	陽4局	丙午	陽7局	大寒下元	陽6局	甲戌	陽8局	雨水下元	陽3局	乙巳	陽3局	春分下元	陽6局	乙亥	陽6局	穀雨下元	陽8局	丙午	陽1局	小満下元	陽8局
2日	丙子	陽4局	冬至下元	陽4局	丁未	陽8局	大寒下元	陽6局	乙亥	陽9局	雨水下元	陽3局	丙午	陽4局	春分下元	陽6局	丙子	陽7局	穀雨下元	陽8局	丁未	陽2局	小満下元	陽8局
3日	丁丑	陽5局	冬至下元	陽4局	戊申	陽9局	大寒下元	陽6局	丙子	陽1局	雨水下元	陽3局	丁未	陽5局	春分下元	陽6局	丁丑	陽8局	穀雨下元	陽8局	戊申	陽3局	小満下元	陽8局
4日	戊寅	陽6局	冬至下元	陽4局	己酉	陽1局	立春上元	陽8局	丁丑	陽2局	雨水下元	陽3局	戊申	陽6局	春分下元	陽6局	戊寅	陽9局	穀雨下元	陽8局	己酉	陽4局	芒種上元	陽6局
5日	己卯	陽7局	小寒上元	陽2局	庚戌	陽2局	立春上元	陽8局	戊寅	陽3局	雨水下元	陽3局	己酉	陽7局	清明上元	陽4局	己卯	陽1局	立夏上元	陽4局	庚戌	陽5局	芒種上元	陽6局
6日	庚辰	陽8局	小寒上元	陽2局	辛亥	陽3局	立春上元	陽8局	己卯	陽4局	啓蟄上元	陽1局	庚戌	陽8局	清明上元	陽4局	庚辰	陽2局	立夏上元	陽4局	辛亥	陽6局	芒種上元	陽6局
7日	辛巳	陽9局	小寒上元	陽2局	壬子	陽4局	立春上元	陽8局	庚辰	陽5局	啓蟄上元	陽1局	辛亥	陽9局	清明上元	陽4局	辛巳	陽3局	立夏上元	陽4局	壬子	陽7局	芒種上元	陽6局
8日	壬午	陽1局	小寒上元	陽2局	癸丑	陽5局	立春上元	陽8局	辛巳	陽6局	啓蟄上元	陽1局	壬子	陽1局	清明上元	陽4局	壬午	陽4局	立夏上元	陽4局	癸丑	陽8局	芒種上元	陽6局
9日	癸未	陽2局	小寒上元	陽2局	甲寅	陽6局	立春中元	陽5局	壬午	陽7局	啓蟄上元	陽1局	癸丑	陽2局	清明上元	陽4局	癸未	陽5局	立夏上元	陽4局	甲寅	陽9局	芒種中元	陽3局
10日	甲申	陽3局	小寒中元	陽8局	乙卯	陽7局	立春中元	陽5局	癸未	陽8局	啓蟄上元	陽1局	甲寅	陽3局	清明中元	陽1局	甲申	陽6局	立夏中元	陽1局	乙卯	陽1局	芒種中元	陽3局
11日	乙酉	陽4局	小寒中元	陽8局	丙辰	陽8局	立春中元	陽5局	甲申	陽9局	啓蟄中元	陽7局	乙卯	陽4局	清明中元	陽1局	乙酉	陽7局	立夏中元	陽1局	丙辰	陽2局	芒種中元	陽3局
12日	丙戌	陽5局	小寒中元	陽8局	丁巳	陽9局	立春中元	陽5局	乙酉	陽1局	啓蟄中元	陽7局	丙辰	陽5局	清明中元	陽1局	丙戌	陽8局	立夏中元	陽1局	丁巳	陽3局	芒種中元	陽3局
13日	丁亥	陽6局	小寒中元	陽8局	戊午	陽1局	立春中元	陽5局	丙戌	陽2局	啓蟄中元	陽7局	丁巳	陽6局	清明中元	陽1局	丁亥	陽9局	立夏中元	陽1局	戊午	陽4局	芒種中元	陽3局
14日	戊子	陽7局	小寒中元	陽8局	己未	陽2局	立春下元	陽2局	丁亥	陽3局	啓蟄中元	陽7局	戊午	陽7局	清明中元	陽1局	戊子	陽1局	立夏中元	陽1局	己未	陽5局	芒種下元	陽9局
15日	己丑	陽8局	小寒下元	陽5局	庚申	陽3局	立春下元	陽2局	戊子	陽4局	啓蟄中元	陽7局	己未	陽8局	清明下元	陽7局	己丑	陽2局	立夏下元	陽7局	庚申	陽6局	芒種下元	陽9局
16日	庚寅	陽9局	小寒下元	陽5局	辛酉	陽4局	立春下元	陽2局	己丑	陽5局	啓蟄下元	陽4局	庚申	陽9局	清明下元	陽7局	庚寅	陽3局	立夏下元	陽7局	辛酉	陽7局	芒種下元	陽9局
17日	辛卯	陽1局	小寒下元	陽5局	壬戌	陽5局	立春下元	陽2局	庚寅	陽6局	啓蟄下元	陽4局	辛酉	陽1局	清明下元	陽7局	辛卯	陽4局	立夏下元	陽7局	壬戌	陽8局	芒種下元	陽9局
18日	壬辰	陽2局	小寒下元	陽5局	癸亥	陽6局	立春下元	陽2局	辛卯	陽7局	啓蟄下元	陽4局	壬戌	陽2局	清明下元	陽7局	壬辰	陽5局	立夏下元	陽7局	癸亥	陽9局	芒種下元	陽9局
19日	癸巳	陽3局	小寒下元	陽5局	甲子	陽7局	雨水上元	陽9局	壬辰	陽8局	啓蟄下元	陽4局	癸亥	陽3局	清明下元	陽7局	癸巳	陽6局	立夏下元	陽7局	甲子	陽1局	夏至上元	陰9局
20日	甲午	陽4局	大寒上元	陽3局	乙丑	陽8局	雨水上元	陽9局	癸巳	陽9局	啓蟄下元	陽4局	甲子	陽4局	穀雨上元	陽5局	甲午	陽7局	小満上元	陽5局	乙丑	陽2局	夏至上元	陰9局
21日	乙未	陽5局	大寒上元	陽3局	丙寅	陽9局	雨水上元	陽9局	甲午	陽1局	春分上元	陽3局	乙丑	陽5局	穀雨上元	陽5局	乙未	陽8局	小満上元	陽5局	丙寅	陽3/陰7	夏至上元	陰9局
22日	丙申	陽6局	大寒上元	陽3局	丁卯	陽1局	雨水上元	陽9局	乙未	陽2局	春分上元	陽3局	丙寅	陽6局	穀雨上元	陽5局	丙申	陽9局	小満上元	陽5局	丁卯	陰6局	夏至上元	陰9局
23日	丁酉	陽7局	大寒上元	陽3局	戊辰	陽2局	雨水上元	陽9局	丙申	陽3局	春分上元	陽3局	丁卯	陽7局	穀雨上元	陽5局	丁酉	陽1局	小満上元	陽5局	戊辰	陰5局	夏至上元	陰9局
24日	戊戌	陽8局	大寒上元	陽3局	己巳	陽3局	雨水中元	陽6局	丁酉	陽4局	春分上元	陽3局	戊辰	陽8局	穀雨上元	陽5局	戊戌	陽2局	小満上元	陽5局	己巳	陰4局	夏至中元	陰3局
25日	己亥	陽9局	大寒中元	陽9局	庚午	陽4局	雨水中元	陽6局	戊戌	陽5局	春分上元	陽3局	己巳	陽9局	穀雨中元	陽2局	己亥	陽3局	小満中元	陽2局	庚午	陰3局	夏至中元	陰3局
26日	庚子	陽1局	大寒中元	陽9局	辛未	陽5局	雨水中元	陽6局	己亥	陽6局	春分中元	陽9局	庚午	陽1局	穀雨中元	陽2局	庚子	陽4局	小満中元	陽2局	辛未	陰2局	夏至中元	陰3局
27日	辛丑	陽2局	大寒中元	陽9局	壬申	陽6局	雨水中元	陽6局	庚子	陽7局	春分中元	陽9局	辛未	陽2局	穀雨中元	陽2局	辛丑	陽5局	小満中元	陽2局	壬申	陰1局	夏至中元	陰3局
28日	壬寅	陽3局	大寒中元	陽9局	癸酉	陽7局	雨水中元	陽6局	辛丑	陽8局	春分中元	陽9局	壬申	陽3局	穀雨中元	陽2局	壬寅	陽6局	小満中元	陽2局	癸酉	陰9局	夏至中元	陰3局
29日	癸卯	陽4局	大寒中元	陽9局					壬寅	陽9局	春分中元	陽9局	癸酉	陽4局	穀雨中元	陽2局	癸卯	陽7局	小満中元	陽2局	甲戌	陰8局	夏至下元	陰6局
30日	甲辰	陽5局	大寒下元	陽6局					癸卯	陽1局	春分中元	陽9局	甲戌	陽5局	穀雨下元	陽8局	甲辰	陽8局	小満下元	陽8局	乙亥	陰7局	夏至下元	陰6局
31日	乙巳	陽6局	大寒下元	陽6局					甲辰	陽2局	春分下元	陽6局					乙巳	陽9局	小満下元	陽8局				

	7月				8月				9月				10月				11月				12月			
2026年	日盤:二至換局		時盤:超神接気		日盤:二至換局		時盤:超神接気		日盤:二至換局		時盤:超神接気		日盤:二至換局		時盤:超神接気		日盤:二至換局		時盤:超神接気		日盤:二至換局		時盤:超神接気	
日付	干支	局数	節気三元	局数	干支	局数	節気三元	局数	干支	局数	節気三元	局数	干支	局数	節気三元	局数	干支	局数	節気三元	局数	干支	局数	節気三元	局数
1日	丙子	陰6局	夏至下元	陰6局	丁未	陰2局	大暑下元	陰4局	戊寅	陰7局	処暑下元	陰7局	戊申	陰4局	秋分下元	陰4局	己卯	陰9局	立冬上元	陰6局	己酉	陰6局	大雪上元	陰4局
2日	丁丑	陰5局	夏至下元	陰6局	戊申	陰1局	大暑下元	陰4局	己卯	陰6局	白露上元	陰9局	己酉	陰3局	寒露上元	陰6局	庚辰	陰8局	立冬上元	陰6局	庚戌	陰5局	大雪上元	陰4局
3日	戊寅	陰4局	夏至下元	陰6局	己酉	陰9局	立秋上元	陰2局	庚辰	陰5局	白露上元	陰9局	庚戌	陰2局	寒露上元	陰6局	辛巳	陰7局	立冬上元	陰6局	辛亥	陰4局	大雪上元	陰4局
4日	己卯	陰3局	小暑上元	陰8局	庚戌	陰8局	立秋上元	陰2局	辛巳	陰4局	白露上元	陰9局	辛亥	陰1局	寒露上元	陰6局	壬午	陰6局	立冬上元	陰6局	壬子	陰3局	大雪上元	陰4局
5日	庚辰	陰2局	小暑上元	陰8局	辛亥	陰7局	立秋上元	陰2局	壬午	陰3局	白露上元	陰9局	壬子	陰9局	寒露上元	陰6局	癸未	陰5局	立冬上元	陰6局	癸丑	陰2局	大雪上元	陰4局
6日	辛巳	陰1局	小暑上元	陰8局	壬子	陰6局	立秋上元	陰2局	癸未	陰2局	白露上元	陰9局	癸丑	陰8局	寒露上元	陰6局	甲申	陰4局	立冬中元	陰9局	甲寅	陰1局	大雪中元	陰7局
7日	壬午	陰9局	小暑上元	陰8局	癸丑	陰5局	立秋上元	陰2局	甲申	陰1局	白露中元	陰3局	甲寅	陰7局	寒露中元	陰9局	乙酉	陰3局	立冬中元	陰9局	乙卯	陰9局	大雪中元	陰7局
8日	癸未	陰8局	小暑上元	陰8局	甲寅	陰4局	立秋中元	陰5局	乙酉	陰9局	白露中元	陰3局	乙卯	陰6局	寒露中元	陰9局	丙戌	陰2局	立冬中元	陰9局	丙辰	陰8局	大雪中元	陰7局
9日	甲申	陰7局	小暑中元	陰2局	乙卯	陰3局	立秋中元	陰5局	丙戌	陰8局	白露中元	陰3局	丙辰	陰5局	寒露中元	陰9局	丁亥	陰1局	立冬中元	陰9局	丁巳	陰7局	大雪中元	陰7局
10日	乙酉	陰6局	小暑中元	陰2局	丙辰	陰2局	立秋中元	陰5局	丁亥	陰7局	白露中元	陰3局	丁巳	陰4局	寒露中元	陰9局	戊子	陰9局	立冬中元	陰9局	戊午	陰6局	大雪中元	陰7局
11日	丙戌	陰5局	小暑中元	陰2局	丁巳	陰1局	立秋中元	陰5局	戊子	陰6局	白露中元	陰3局	戊午	陰3局	寒露中元	陰9局	己丑	陰8局	立冬下元	陰3局	己未	陰5局	大雪下元	陰1局
12日	丁亥	陰4局	小暑中元	陰2局	戊午	陰9局	立秋中元	陰5局	己丑	陰5局	白露下元	陰6局	己未	陰2局	寒露下元	陰3局	庚寅	陰7局	立冬下元	陰3局	庚申	陰4局	大雪下元	陰1局
13日	戊子	陰3局	小暑中元	陰2局	己未	陰8局	立秋下元	陰8局	庚寅	陰4局	白露下元	陰6局	庚申	陰1局	寒露下元	陰3局	辛卯	陰6局	立冬下元	陰3局	辛酉	陰3局	大雪下元	陰1局
14日	己丑	陰2局	小暑下元	陰5局	庚申	陰7局	立秋下元	陰8局	辛卯	陰3局	白露下元	陰6局	辛酉	陰9局	寒露下元	陰3局	壬辰	陰5局	立冬下元	陰3局	壬戌	陰2局	大雪下元	陰1局
15日	庚寅	陰1局	小暑下元	陰5局	辛酉	陰6局	立秋下元	陰8局	壬辰	陰2局	白露下元	陰6局	壬戌	陰8局	寒露下元	陰3局	癸巳	陰4局	立冬下元	陰3局	癸亥	陰1局	大雪下元	陰1局
16日	辛卯	陰9局	小暑下元	陰5局	壬戌	陰5局	立秋下元	陰8局	癸巳	陰1局	白露下元	陰6局	癸亥	陰7局	寒露下元	陰3局	甲午	陰3局	小雪上元	陰5局	甲子	陰9局	冬至上元	陽1局
17日	壬辰	陰8局	小暑下元	陰5局	癸亥	陰4局	立秋下元	陰8局	甲午	陰9局	秋分上元	陰7局	甲子	陰6局	霜降上元	陰5局	乙未	陰2局	小雪上元	陰5局	乙丑	陰8局	冬至上元	陽1局
18日	癸巳	陰7局	小暑下元	陰5局	甲子	陰3局	処暑上元	陰1局	乙未	陰8局	秋分上元	陰7局	乙丑	陰5局	霜降上元	陰5局	丙申	陰1局	小雪上元	陰5局	丙寅	陰7局	冬至上元	陽1局
19日	甲午	陰6局	大暑上元	陰7局	乙丑	陰2局	処暑上元	陰1局	丙申	陰7局	秋分上元	陰7局	丙寅	陰4局	霜降上元	陰5局	丁酉	陰9局	小雪上元	陰5局	丁卯	陰6局	冬至上元	陽1局
20日	乙未	陰5局	大暑上元	陰7局	丙寅	陰1局	処暑上元	陰1局	丁酉	陰6局	秋分上元	陰7局	丁卯	陰3局	霜降上元	陰5局	戊戌	陰8局	小雪上元	陰5局	戊辰	陰5局	冬至上元	陽1局
21日	丙申	陰4局	大暑上元	陰7局	丁卯	陰9局	処暑上元	陰1局	戊戌	陰5局	秋分上元	陰7局	戊辰	陰2局	霜降上元	陰5局	己亥	陰7局	小雪中元	陰8局	己巳	陰4局	冬至中元	陽7局
22日	丁酉	陰3局	大暑上元	陰7局	戊辰	陰8局	処暑上元	陰1局	己亥	陰4局	秋分中元	陰1局	己巳	陰1局	霜降中元	陰8局	庚子	陰6局	小雪中元	陰8局	庚午	陰3/陽7	冬至中元	陽7局
23日	戊戌	陰2局	大暑上元	陰7局	己巳	陰7局	処暑中元	陰4局	庚子	陰3局	秋分中元	陰1局	庚午	陰9局	霜降中元	陰8局	辛丑	陰5局	小雪中元	陰8局	辛未	陽8局	冬至中元	陽7局
24日	己亥	陰1局	大暑中元	陰1局	庚午	陰6局	処暑中元	陰4局	辛丑	陰2局	秋分中元	陰1局	辛未	陰8局	霜降中元	陰8局	壬寅	陰4局	小雪中元	陰8局	壬申	陽9局	冬至中元	陽7局
25日	庚子	陰9局	大暑中元	陰1局	辛未	陰5局	処暑中元	陰4局	壬寅	陰1局	秋分中元	陰1局	壬申	陰7局	霜降中元	陰8局	癸卯	陰3局	小雪中元	陰8局	癸酉	陽1局	冬至中元	陽7局
26日	辛丑	陰8局	大暑中元	陰1局	壬申	陰4局	処暑中元	陰4局	癸卯	陰9局	秋分中元	陰1局	癸酉	陰6局	霜降中元	陰8局	甲辰	陰2局	小雪下元	陰2局	甲戌	陽2局	冬至下元	陽4局
27日	壬寅	陰7局	大暑中元	陰1局	癸酉	陰3局	処暑中元	陰4局	甲辰	陰8局	秋分下元	陰4局	甲戌	陰5局	霜降下元	陰2局	乙巳	陰1局	小雪下元	陰2局	乙亥	陽3局	冬至下元	陽4局
28日	癸卯	陰6局	大暑中元	陰1局	甲戌	陰2局	処暑下元	陰7局	乙巳	陰7局	秋分下元	陰4局	乙亥	陰4局	霜降下元	陰2局	丙午	陰9局	小雪下元	陰2局	丙子	陽4局	冬至下元	陽4局
29日	甲辰	陰5局	大暑下元	陰4局	乙亥	陰1局	処暑下元	陰7局	丙午	陰6局	秋分下元	陰4局	丙子	陰3局	霜降下元	陰2局	丁未	陰8局	小雪下元	陰2局	丁丑	陽5局	冬至下元	陽4局
30日	乙巳	陰4局	大暑下元	陰4局	丙子	陰9局	処暑下元	陰7局	丁未	陰5局	秋分下元	陰4局	丁丑	陰2局	霜降下元	陰2局	戊申	陰7局	小雪下元	陰2局	戊寅	陽6局	冬至下元	陽4局
31日	丙午	陰3局	大暑下元	陰4局	丁丑	陰8局	処暑下元	陰7局					戊寅	陰1局	霜降下元	陰2局					己卯	陽7局	小寒上元	陽2局

	1月				2月				3月				4月				5月				6月			
2027年	日盤:二至換局		時盤:超神接気		日盤:二至換局		時盤:超神接気		日盤:二至換局		時盤:超神接気		日盤:二至換局		時盤:超神接気		日盤:二至換局		時盤:超神接気		日盤:二至換局		時盤:超神接気	
日付	干支	局数	節気三元	局数	干支	局数	節気三元	局数	干支	局数	節気三元	局数	干支	局数	節気三元	局数	干支	局数	節気三元	局数	干支	局数	節気三元	局数
1日	庚辰	陽８局	小寒上元	陽２局	辛亥	陽３局	立春上元	陽８局	己卯	陽４局	啓蟄上元	陽１局	庚戌	陽８局	清明上元	陽４局	庚辰	陽２局	立夏上元	陽４局	辛亥	陽６局	芒種上元	陽６局
2日	辛巳	陽９局	小寒上元	陽２局	壬子	陽４局	立春上元	陽８局	庚辰	陽５局	啓蟄上元	陽１局	辛亥	陽９局	清明上元	陽４局	辛巳	陽３局	立夏上元	陽４局	壬子	陽７局	芒種上元	陽６局
3日	壬午	陽１局	小寒上元	陽２局	癸丑	陽５局	立春上元	陽８局	辛巳	陽６局	啓蟄上元	陽１局	壬子	陽１局	清明上元	陽４局	壬午	陽４局	立夏上元	陽４局	癸丑	陽８局	芒種上元	陽６局
4日	癸未	陽２局	小寒上元	陽２局	甲寅	陽６局	立春中元	陽５局	壬午	陽７局	啓蟄上元	陽１局	癸丑	陽２局	清明上元	陽４局	癸未	陽５局	立夏上元	陽４局	甲寅	陽９局	芒種中元	陽３局
5日	甲申	陽３局	小寒中元	陽８局	乙卯	陽７局	立春中元	陽５局	癸未	陽８局	啓蟄上元	陽１局	甲寅	陽３局	清明中元	陽１局	甲申	陽６局	立夏中元	陽１局	乙卯	陽１局	芒種中元	陽３局
6日	乙酉	陽４局	小寒中元	陽８局	丙辰	陽８局	立春中元	陽５局	甲申	陽９局	啓蟄中元	陽７局	乙卯	陽４局	清明中元	陽１局	乙酉	陽７局	立夏中元	陽１局	丙辰	陽２局	芒種中元	陽３局
7日	丙戌	陽５局	小寒中元	陽８局	丁巳	陽９局	立春中元	陽５局	乙酉	陽１局	啓蟄中元	陽７局	丙辰	陽５局	清明中元	陽１局	丙戌	陽８局	立夏中元	陽１局	丁巳	陽３局	芒種中元	陽３局
8日	丁亥	陽６局	小寒中元	陽８局	戊午	陽１局	立春中元	陽５局	丙戌	陽２局	啓蟄中元	陽７局	丁巳	陽６局	清明中元	陽１局	丁亥	陽９局	立夏中元	陽１局	戊午	陽４局	芒種中元	陽３局
9日	戊子	陽７局	小寒中元	陽８局	己未	陽２局	立春下元	陽２局	丁亥	陽３局	啓蟄中元	陽７局	戊午	陽７局	清明中元	陽１局	戊子	陽１局	立夏中元	陽１局	己未	陽５局	芒種下元	陽９局
10日	己丑	陽８局	小寒下元	陽５局	庚申	陽３局	立春下元	陽２局	戊子	陽４局	啓蟄中元	陽７局	己未	陽８局	清明下元	陽７局	己丑	陽２局	立夏下元	陽７局	庚申	陽６局	芒種下元	陽９局
11日	庚寅	陽９局	小寒下元	陽５局	辛酉	陽４局	立春下元	陽２局	己丑	陽５局	啓蟄下元	陽４局	庚申	陽９局	清明下元	陽７局	庚寅	陽３局	立夏下元	陽７局	辛酉	陽７局	芒種下元	陽９局
12日	辛卯	陽１局	小寒下元	陽５局	壬戌	陽５局	立春下元	陽２局	庚寅	陽６局	啓蟄下元	陽４局	辛酉	陽１局	清明下元	陽７局	辛卯	陽４局	立夏下元	陽７局	壬戌	陽８局	芒種下元	陽９局
13日	壬辰	陽２局	小寒下元	陽５局	癸亥	陽６局	立春下元	陽２局	辛卯	陽７局	啓蟄下元	陽４局	壬戌	陽２局	清明下元	陽７局	壬辰	陽５局	立夏下元	陽７局	癸亥	陽９局	芒種下元	陽９局
14日	癸巳	陽３局	小寒下元	陽５局	甲子	陽７局	雨水上元	陽９局	壬辰	陽８局	啓蟄下元	陽４局	癸亥	陽３局	清明下元	陽７局	癸巳	陽６局	立夏下元	陽７局	甲子	陽１局	夏至上元	陰９局
15日	甲午	陽４局	大寒上元	陽３局	乙丑	陽８局	雨水上元	陽９局	癸巳	陽９局	啓蟄下元	陽４局	甲子	陽４局	穀雨上元	陽５局	甲午	陽７局	小満上元	陽５局	乙丑	陽２局	夏至上元	陰９局
16日	乙未	陽５局	大寒上元	陽３局	丙寅	陽９局	雨水上元	陽９局	甲午	陽１局	春分上元	陽３局	乙丑	陽５局	穀雨上元	陽５局	乙未	陽８局	小満上元	陽５局	丙寅	陽３局	夏至上元	陰９局
17日	丙申	陽６局	大寒上元	陽３局	丁卯	陽１局	雨水上元	陽９局	乙未	陽２局	春分上元	陽３局	丙寅	陽６局	穀雨上元	陽５局	丙申	陽９局	小満上元	陽５局	丁卯	陽４局	夏至上元	陰９局
18日	丁酉	陽７局	大寒上元	陽３局	戊辰	陽２局	雨水上元	陽９局	丙申	陽３局	春分上元	陽３局	丁卯	陽７局	穀雨上元	陽５局	丁酉	陽１局	小満上元	陽５局	戊辰	陽５局	夏至上元	陰９局
19日	戊戌	陽８局	大寒上元	陽３局	己巳	陽３局	雨水中元	陽６局	丁酉	陽４局	春分上元	陽３局	戊辰	陽８局	穀雨上元	陽５局	戊戌	陽２局	小満上元	陽５局	己巳	陽６局	夏至中元	陰３局
20日	己亥	陽９局	大寒中元	陽９局	庚午	陽４局	雨水中元	陽６局	戊戌	陽５局	春分上元	陽３局	己巳	陽９局	穀雨中元	陽２局	己亥	陽３局	小満中元	陽２局	庚午	陽７局	夏至中元	陰３局
21日	庚子	陽１局	大寒中元	陽９局	辛未	陽５局	雨水中元	陽６局	己亥	陽６局	春分中元	陽９局	庚午	陽１局	穀雨中元	陽２局	庚子	陽４局	小満中元	陽２局	辛未	陽8/陰2	夏至中元	陰３局
22日	辛丑	陽２局	大寒中元	陽９局	壬申	陽６局	雨水中元	陽６局	庚子	陽７局	春分中元	陽９局	辛未	陽２局	穀雨中元	陽２局	辛丑	陽５局	小満中元	陽２局	壬申	陰１局	夏至中元	陰３局
23日	壬寅	陽３局	大寒中元	陽９局	癸酉	陽７局	雨水中元	陽６局	辛丑	陽８局	春分中元	陽９局	壬申	陽３局	穀雨中元	陽２局	壬寅	陽６局	小満中元	陽２局	癸酉	陰９局	夏至中元	陰３局
24日	癸卯	陽４局	大寒中元	陽９局	甲戌	陽８局	雨水下元	陽３局	壬寅	陽９局	春分中元	陽９局	癸酉	陽４局	穀雨中元	陽２局	癸卯	陽７局	小満中元	陽２局	甲戌	陰８局	夏至下元	陰６局
25日	甲辰	陽５局	大寒下元	陽６局	乙亥	陽９局	雨水下元	陽３局	癸卯	陽１局	春分中元	陽９局	甲戌	陽５局	穀雨下元	陽８局	甲辰	陽８局	小満下元	陽８局	乙亥	陰７局	夏至下元	陰６局
26日	乙巳	陽６局	大寒下元	陽６局	丙子	陽１局	雨水下元	陽３局	甲辰	陽２局	春分下元	陽６局	乙亥	陽６局	穀雨下元	陽８局	乙巳	陽９局	小満下元	陽８局	丙子	陰６局	夏至下元	陰６局
27日	丙午	陽７局	大寒下元	陽６局	丁丑	陽２局	雨水下元	陽３局	乙巳	陽３局	春分下元	陽６局	丙子	陽７局	穀雨下元	陽８局	丙午	陽１局	小満下元	陽８局	丁丑	陰５局	夏至下元	陰６局
28日	丁未	陽８局	大寒下元	陽６局	戊寅	陽３局	雨水下元	陽３局	丙午	陽４局	春分下元	陽６局	丁丑	陽８局	穀雨下元	陽８局	丁未	陽２局	小満下元	陽８局	戊寅	陰４局	夏至下元	陰６局
29日	戊申	陽９局	大寒下元	陽６局					丁未	陽５局	春分下元	陽６局	戊寅	陽９局	穀雨下元	陽８局	戊申	陽３局	小満下元	陽８局	己卯	陰３局	小暑上元	陰８局
30日	己酉	陽１局	立春上元	陽８局					戊申	陽６局	春分下元	陽６局	己卯	陽１局	立夏上元	陽４局	己酉	陽４局	芒種上元	陽６局	庚辰	陰２局	小暑上元	陰８局
31日	庚戌	陽２局	立春上元	陽８局					己酉	陽７局	清明上元	陽４局					庚戌	陽５局	芒種上元	陽６局				

	7月				8月				9月				10月				11月				12月			
2027年	日盤:二至換局		時盤:超神接気		日盤:二至換局		時盤:超神接気		日盤:二至換局		時盤:超神接気		日盤:二至換局		時盤:超神接気		日盤:二至換局		時盤:超神接気		日盤:二至換局		時盤:超神接気	
日付	干支	局数	節気三元	局数	干支	局数	節気三元	局数	干支	局数	節気三元	局数	干支	局数	節気三元	局数	干支	局数	節気三元	局数	干支	局数	節気三元	局数
1日	辛巳	陰1局	小暑上元	陰8局	壬子	陰6局	立秋上元	陰2局	癸未	陰2局	白露上元	陰9局	癸丑	陰8局	寒露上元	陰6局	甲申	陰4局	立冬中元	陰9局	甲寅	陰1局	大雪中元	陰7局
2日	壬午	陰9局	小暑上元	陰8局	癸丑	陰5局	立秋上元	陰2局	甲申	陰1局	白露中元	陰3局	甲寅	陰7局	寒露中元	陰9局	乙酉	陰3局	立冬中元	陰9局	乙卯	陰9局	大雪中元	陰7局
3日	癸未	陰8局	小暑上元	陰8局	甲寅	陰4局	立秋中元	陰5局	乙酉	陰9局	白露中元	陰3局	乙卯	陰6局	寒露中元	陰9局	丙戌	陰2局	立冬中元	陰9局	丙辰	陰8局	大雪中元	陰7局
4日	甲申	陰7局	小暑中元	陰2局	乙卯	陰3局	立秋中元	陰5局	丙戌	陰8局	白露中元	陰3局	丙辰	陰5局	寒露中元	陰9局	丁亥	陰1局	立冬中元	陰9局	丁巳	陰7局	大雪中元	陰7局
5日	乙酉	陰6局	小暑中元	陰2局	丙辰	陰2局	立秋中元	陰5局	丁亥	陰7局	白露中元	陰3局	丁巳	陰4局	寒露中元	陰9局	戊子	陰9局	立冬中元	陰9局	戊午	陰6局	大雪中元	陰7局
6日	丙戌	陰5局	小暑中元	陰2局	丁巳	陰1局	立秋中元	陰5局	戊子	陰6局	白露中元	陰3局	戊午	陰3局	寒露中元	陰9局	己丑	陰8局	立冬下元	陰3局	己未	陰5局	大雪下元	陰1局
7日	丁亥	陰4局	小暑中元	陰2局	戊午	陰9局	立秋中元	陰5局	己丑	陰5局	白露下元	陰6局	己未	陰2局	寒露下元	陰3局	庚寅	陰7局	立冬下元	陰3局	庚申	陰4局	大雪下元	陰1局
8日	戊子	陰3局	小暑中元	陰2局	己未	陰8局	立秋下元	陰8局	庚寅	陰4局	白露下元	陰6局	庚申	陰1局	寒露下元	陰3局	辛卯	陰6局	立冬下元	陰3局	辛酉	陰3局	大雪下元	陰1局
9日	己丑	陰2局	小暑下元	陰5局	庚申	陰7局	立秋下元	陰8局	辛卯	陰3局	白露下元	陰6局	辛酉	陰9局	寒露下元	陰3局	壬辰	陰5局	立冬下元	陰3局	壬戌	陰2局	大雪下元	陰1局
10日	庚寅	陰1局	小暑下元	陰5局	辛酉	陰6局	立秋下元	陰8局	壬辰	陰2局	白露下元	陰6局	壬戌	陰8局	寒露下元	陰3局	癸巳	陰4局	立冬下元	陰3局	癸亥	陰1局	大雪下元	陰1局
11日	辛卯	陰9局	小暑下元	陰5局	壬戌	陰5局	立秋下元	陰8局	癸巳	陰1局	白露下元	陰6局	癸亥	陰7局	寒露下元	陰3局	甲午	陰3局	小雪上元	陰5局	甲子	陰9局	大雪上元	陰4局
12日	壬辰	陰8局	小暑下元	陰5局	癸亥	陰4局	立秋下元	陰8局	甲午	陰9局	秋分上元	陰7局	甲子	陰6局	霜降上元	陰5局	乙未	陰2局	小雪上元	陰5局	乙丑	陰8局	大雪上元	陰4局
13日	癸巳	陰7局	小暑下元	陰5局	甲子	陰3局	処暑上元	陰1局	乙未	陰8局	秋分上元	陰7局	乙丑	陰5局	霜降上元	陰5局	丙申	陰1局	小雪上元	陰5局	丙寅	陰7局	大雪上元	陰4局
14日	甲午	陰6局	大暑上元	陰7局	乙丑	陰2局	処暑上元	陰1局	丙申	陰7局	秋分上元	陰7局	丙寅	陰4局	霜降上元	陰5局	丁酉	陰9局	小雪上元	陰5局	丁卯	陰6局	大雪上元	陰4局
15日	乙未	陰5局	大暑上元	陰7局	丙寅	陰1局	処暑上元	陰1局	丁酉	陰6局	秋分上元	陰7局	丁卯	陰3局	霜降上元	陰5局	戊戌	陰8局	小雪上元	陰5局	戊辰	陰5局	大雪上元	陰4局
16日	丙申	陰4局	大暑上元	陰7局	丁卯	陰9局	処暑上元	陰1局	戊戌	陰5局	秋分上元	陰7局	戊辰	陰2局	霜降上元	陰5局	己亥	陰7局	小雪中元	陰8局	己巳	陰4局	大雪中元	陰7局
17日	丁酉	陰3局	大暑上元	陰7局	戊辰	陰8局	処暑上元	陰1局	己亥	陰4局	秋分中元	陰1局	己巳	陰1局	霜降中元	陰8局	庚子	陰6局	小雪中元	陰8局	庚午	陰3局	大雪中元	陰7局
18日	戊戌	陰2局	大暑上元	陰7局	己巳	陰7局	処暑中元	陰4局	庚子	陰3局	秋分中元	陰1局	庚午	陰9局	霜降中元	陰8局	辛丑	陰5局	小雪中元	陰8局	辛未	陰2局	大雪中元	陰7局
19日	己亥	陰1局	大暑中元	陰1局	庚午	陰6局	処暑中元	陰4局	辛丑	陰2局	秋分中元	陰1局	辛未	陰8局	霜降中元	陰8局	壬寅	陰4局	小雪中元	陰8局	壬申	陰1局	大雪中元	陰7局
20日	庚子	陰9局	大暑中元	陰1局	辛未	陰5局	処暑中元	陰4局	壬寅	陰1局	秋分中元	陰1局	壬申	陰7局	霜降中元	陰8局	癸卯	陰3局	小雪中元	陰8局	癸酉	陰9局	大雪中元	陰7局
21日	辛丑	陰8局	大暑中元	陰1局	壬申	陰4局	処暑中元	陰4局	癸卯	陰9局	秋分中元	陰1局	癸酉	陰6局	霜降中元	陰8局	甲辰	陰2局	小雪下元	陰2局	甲戌	陰8局	大雪下元	陰1局
22日	壬寅	陰7局	大暑中元	陰1局	癸酉	陰3局	処暑中元	陰4局	甲辰	陰8局	秋分下元	陰4局	甲戌	陰5局	霜降下元	陰2局	乙巳	陰1局	小雪下元	陰2局	乙亥	陰7/陽3	大雪下元	陰1局
23日	癸卯	陰6局	大暑中元	陰1局	甲戌	陰2局	処暑下元	陰7局	乙巳	陰7局	秋分下元	陰4局	乙亥	陰4局	霜降下元	陰2局	丙午	陰9局	小雪下元	陰2局	丙子	陽4局	大雪下元	陰1局
24日	甲辰	陰5局	大暑下元	陰4局	乙亥	陰1局	処暑下元	陰7局	丙午	陰6局	秋分下元	陰4局	丙子	陰3局	霜降下元	陰2局	丁未	陰8局	小雪下元	陰2局	丁丑	陽5局	大雪下元	陰1局
25日	乙巳	陰4局	大暑下元	陰4局	丙子	陰9局	処暑下元	陰7局	丁未	陰5局	秋分下元	陰4局	丁丑	陰2局	霜降下元	陰2局	戊申	陰7局	小雪下元	陰2局	戊寅	陽6局	大雪下元	陰1局
26日	丙午	陰3局	大暑下元	陰4局	丁丑	陰8局	処暑下元	陰7局	戊申	陰4局	秋分下元	陰4局	戊寅	陰1局	霜降下元	陰2局	己酉	陰6局	大雪上元	陰4局	己卯	陽7局	冬至上元	陽1局
27日	丁未	陰2局	大暑下元	陰4局	戊寅	陰7局	処暑下元	陰7局	己酉	陰3局	寒露上元	陰6局	己卯	陰9局	立冬上元	陰6局	庚戌	陰5局	大雪上元	陰4局	庚辰	陽8局	冬至上元	陽1局
28日	戊申	陰1局	大暑下元	陰4局	己卯	陰6局	白露上元	陰9局	庚戌	陰2局	寒露上元	陰6局	庚辰	陰8局	立冬上元	陰6局	辛亥	陰4局	大雪上元	陰4局	辛巳	陽9局	冬至上元	陽1局
29日	己酉	陰9局	立秋上元	陰2局	庚辰	陰5局	白露上元	陰9局	辛亥	陰1局	寒露上元	陰6局	辛巳	陰7局	立冬上元	陰6局	壬子	陰3局	大雪上元	陰4局	壬午	陽1局	冬至上元	陽1局
30日	庚戌	陰8局	立秋上元	陰2局	辛巳	陰4局	白露上元	陰9局	壬子	陰9局	寒露上元	陰6局	壬午	陰6局	立冬上元	陰6局	癸丑	陰2局	大雪上元	陰4局	癸未	陽2局	冬至上元	陽1局
31日	辛亥	陰7局	立秋上元	陰2局	壬午	陰3局	白露上元	陰9局					癸未	陰5局	立冬上元	陰6局					甲申	陽3局	冬至中元	陽7局

	1月				2月				3月				4月				5月				6月			
2028年	日盤:二至換局		時盤:超神接気		日盤:二至換局		時盤:超神接気		日盤:二至換局		時盤:超神接気		日盤:二至換局		時盤:超神接気		日盤:二至換局		時盤:超神接気		日盤:二至換局		時盤:超神接気	
日付	干支	局数	節気三元	局数	干支	局数	節気三元	局数	干支	局数	節気三元	局数	干支	局数	節気三元	局数	干支	局数	節気三元	局数	干支	局数	節気三元	局数
1日	乙酉	陽4局	冬至中元	陽7局	丙辰	陽8局	大寒中元	陽9局	乙酉	陽1局	雨水中元	陽6局	丙辰	陽5局	春分中元	陽9局	丙戌	陽8局	穀雨中元	陽2局	丁巳	陽3局	小満中元	陽2局
2日	丙戌	陽5局	冬至中元	陽7局	丁巳	陽9局	大寒中元	陽9局	丙戌	陽2局	雨水中元	陽6局	丁巳	陽6局	春分中元	陽9局	丁亥	陽9局	穀雨中元	陽2局	戊午	陽4局	小満中元	陽2局
3日	丁亥	陽6局	冬至中元	陽7局	戊午	陽1局	大寒中元	陽9局	丁亥	陽3局	雨水中元	陽6局	戊午	陽7局	春分中元	陽9局	戊子	陽1局	穀雨中元	陽2局	己未	陽5局	小満下元	陽8局
4日	戊子	陽7局	冬至中元	陽7局	己未	陽2局	大寒下元	陽6局	戊子	陽4局	雨水中元	陽6局	己未	陽8局	春分下元	陽6局	己丑	陽2局	穀雨下元	陽8局	庚申	陽6局	小満下元	陽8局
5日	己丑	陽8局	冬至下元	陽4局	庚申	陽3局	大寒下元	陽6局	己丑	陽5局	雨水下元	陽3局	庚申	陽9局	春分下元	陽6局	庚寅	陽3局	穀雨下元	陽8局	辛酉	陽7局	小満下元	陽8局
6日	庚寅	陽9局	冬至下元	陽4局	辛酉	陽4局	大寒下元	陽6局	庚寅	陽6局	雨水下元	陽3局	辛酉	陽1局	春分下元	陽6局	辛卯	陽4局	穀雨下元	陽8局	壬戌	陽8局	小満下元	陽8局
7日	辛卯	陽1局	冬至下元	陽4局	壬戌	陽5局	大寒下元	陽6局	辛卯	陽7局	雨水下元	陽3局	壬戌	陽2局	春分下元	陽6局	壬辰	陽5局	穀雨下元	陽8局	癸亥	陽9局	小満下元	陽8局
8日	壬辰	陽2局	冬至下元	陽4局	癸亥	陽6局	大寒下元	陽6局	壬辰	陽8局	雨水下元	陽3局	癸亥	陽3局	春分下元	陽6局	癸巳	陽6局	穀雨下元	陽8局	甲子	陽1局	芒種上元	陽6局
9日	癸巳	陽3局	冬至下元	陽4局	甲子	陽7局	立春上元	陽8局	癸巳	陽9局	雨水下元	陽3局	甲子	陽4局	清明上元	陽4局	甲午	陽7局	立夏上元	陽4局	乙丑	陽2局	芒種上元	陽6局
10日	甲午	陽4局	小寒上元	陽2局	乙丑	陽8局	立春上元	陽8局	甲午	陽1局	啓蟄上元	陽1局	乙丑	陽5局	清明上元	陽4局	乙未	陽8局	立夏上元	陽4局	丙寅	陽3局	芒種上元	陽6局
11日	乙未	陽5局	小寒上元	陽2局	丙寅	陽9局	立春上元	陽8局	乙未	陽2局	啓蟄上元	陽1局	丙寅	陽6局	清明上元	陽4局	丙申	陽9局	立夏上元	陽4局	丁卯	陽4局	芒種上元	陽6局
12日	丙申	陽6局	小寒上元	陽2局	丁卯	陽1局	立春上元	陽8局	丙申	陽3局	啓蟄上元	陽1局	丁卯	陽7局	清明上元	陽4局	丁酉	陽1局	立夏上元	陽4局	戊辰	陽5局	芒種上元	陽6局
13日	丁酉	陽7局	小寒上元	陽2局	戊辰	陽2局	立春上元	陽8局	丁酉	陽4局	啓蟄上元	陽1局	戊辰	陽8局	清明上元	陽4局	戊戌	陽2局	立夏上元	陽4局	己巳	陽6局	芒種中元	陽3局
14日	戊戌	陽8局	小寒上元	陽2局	己巳	陽3局	立春中元	陽5局	戊戌	陽5局	啓蟄上元	陽1局	己巳	陽9局	清明中元	陽1局	己亥	陽3局	立夏中元	陽1局	庚午	陽7局	芒種中元	陽3局
15日	己亥	陽9局	小寒中元	陽8局	庚午	陽4局	立春中元	陽5局	己亥	陽6局	啓蟄中元	陽7局	庚午	陽1局	清明中元	陽1局	庚子	陽4局	立夏中元	陽1局	辛未	陽8局	芒種中元	陽3局
16日	庚子	陽1局	小寒中元	陽8局	辛未	陽5局	立春中元	陽5局	庚子	陽7局	啓蟄中元	陽7局	辛未	陽2局	清明中元	陽1局	辛丑	陽5局	立夏中元	陽1局	壬申	陽9局	芒種中元	陽3局
17日	辛丑	陽2局	小寒中元	陽8局	壬申	陽6局	立春中元	陽5局	辛丑	陽8局	啓蟄中元	陽7局	壬申	陽3局	清明中元	陽1局	壬寅	陽6局	立夏中元	陽1局	癸酉	陽1局	芒種中元	陽3局
18日	壬寅	陽3局	小寒中元	陽8局	癸酉	陽7局	立春中元	陽5局	壬寅	陽9局	啓蟄中元	陽7局	癸酉	陽4局	清明中元	陽1局	癸卯	陽7局	立夏中元	陽1局	甲戌	陽2局	芒種下元	陽9局
19日	癸卯	陽4局	小寒中元	陽8局	甲戌	陽8局	立春下元	陽2局	癸卯	陽1局	啓蟄中元	陽7局	甲戌	陽5局	清明下元	陽7局	甲辰	陽8局	立夏下元	陽7局	乙亥	陽3局	芒種下元	陽9局
20日	甲辰	陽5局	小寒下元	陽5局	乙亥	陽9局	立春下元	陽2局	甲辰	陽2局	啓蟄下元	陽4局	乙亥	陽6局	清明下元	陽7局	乙巳	陽9局	立夏下元	陽7局	丙子	陽4局	芒種下元	陽9局
21日	乙巳	陽6局	小寒下元	陽5局	丙子	陽1局	立春下元	陽2局	乙巳	陽3局	啓蟄下元	陽4局	丙子	陽7局	清明下元	陽7局	丙午	陽1局	立夏下元	陽7局	丁丑	陽5/陰5	芒種下元	陽9局
22日	丙午	陽7局	小寒下元	陽5局	丁丑	陽2局	立春下元	陽2局	丙午	陽4局	啓蟄下元	陽4局	丁丑	陽8局	清明下元	陽7局	丁未	陽2局	立夏下元	陽7局	戊寅	陰4局	芒種下元	陽9局
23日	丁未	陽8局	小寒下元	陽5局	戊寅	陽3局	立春下元	陽2局	丁未	陽5局	啓蟄下元	陽4局	戊寅	陽9局	清明下元	陽7局	戊申	陽3局	立夏下元	陽7局	己卯	陰3局	夏至上元	陰9局
24日	戊申	陽9局	小寒下元	陽5局	己卯	陽4局	雨水上元	陽9局	戊申	陽6局	啓蟄下元	陽4局	己卯	陽1局	穀雨上元	陽5局	己酉	陽4局	小満上元	陽5局	庚辰	陰2局	夏至上元	陰9局
25日	己酉	陽1局	大寒上元	陽3局	庚辰	陽5局	雨水上元	陽9局	己酉	陽7局	春分上元	陽3局	庚辰	陽2局	穀雨上元	陽5局	庚戌	陽5局	小満上元	陽5局	辛巳	陰1局	夏至上元	陰9局
26日	庚戌	陽2局	大寒上元	陽3局	辛巳	陽6局	雨水上元	陽9局	庚戌	陽8局	春分上元	陽3局	辛巳	陽3局	穀雨上元	陽5局	辛亥	陽6局	小満上元	陽5局	壬午	陰9局	夏至上元	陰9局
27日	辛亥	陽3局	大寒上元	陽3局	壬午	陽7局	雨水上元	陽9局	辛亥	陽9局	春分上元	陽3局	壬午	陽4局	穀雨上元	陽5局	壬子	陽7局	小満上元	陽5局	癸未	陰8局	夏至上元	陰9局
28日	壬子	陽4局	大寒上元	陽3局	癸未	陽8局	雨水上元	陽9局	壬子	陽1局	春分上元	陽3局	癸未	陽5局	穀雨上元	陽5局	癸丑	陽8局	小満上元	陽5局	甲申	陰7局	夏至中元	陰3局
29日	癸丑	陽5局	大寒上元	陽3局	甲申	陽9局	雨水中元	陽6局	癸丑	陽2局	春分上元	陽3局	甲申	陽6局	穀雨中元	陽2局	甲寅	陽9局	小満中元	陽2局	乙酉	陰6局	夏至中元	陰3局
30日	甲寅	陽6局	大寒中元	陽9局					甲寅	陽3局	春分中元	陽9局	乙酉	陽7局	穀雨中元	陽2局	乙卯	陽1局	小満中元	陽2局	丙戌	陰5局	夏至中元	陰3局
31日	乙卯	陽7局	大寒中元	陽9局					乙卯	陽4局	春分中元	陽9局					丙辰	陽2局	小満中元	陽2局				

	7月				8月				9月				10月				11月				12月			
2028年	日盤:二至換局		時盤:超神接気		日盤:二至換局		時盤:超神接気		日盤:二至換局		時盤:超神接気		日盤:二至換局		時盤:超神接気		日盤:二至換局		時盤:超神接気		日盤:二至換局		時盤:超神接気	
日付	干支	局数	節気三元	局数	干支	局数	節気三元	局数	干支	局数	節気三元	局数	干支	局数	節気三元	局数	干支	局数	節気三元	局数	干支	局数	節気三元	局数
1日	丁亥	陰4局	夏至中元	陰3局	戊午	陰9局	大暑中元	陰1局	己丑	陰5局	処暑下元	陰7局	己未	陰2局	秋分下元	陰4局	庚寅	陰7局	霜降下元	陰2局	庚申	陰4局	小雪下元	陰2局
2日	戊子	陰3局	夏至中元	陰3局	己未	陰8局	大暑下元	陰4局	庚寅	陰4局	処暑下元	陰7局	庚申	陰1局	秋分下元	陰4局	辛卯	陰6局	霜降下元	陰2局	辛酉	陰3局	小雪下元	陰2局
3日	己丑	陰2局	夏至下元	陰6局	庚申	陰7局	大暑下元	陰4局	辛卯	陰3局	処暑下元	陰7局	辛酉	陰9局	秋分下元	陰4局	壬辰	陰5局	霜降下元	陰2局	壬戌	陰2局	小雪下元	陰2局
4日	庚寅	陰1局	夏至下元	陰6局	辛酉	陰6局	大暑下元	陰4局	壬辰	陰2局	処暑下元	陰7局	壬戌	陰8局	秋分下元	陰4局	癸巳	陰4局	霜降下元	陰2局	癸亥	陰1局	小雪下元	陰2局
5日	辛卯	陰9局	夏至下元	陰6局	壬戌	陰5局	大暑下元	陰4局	癸巳	陰1局	処暑下元	陰7局	癸亥	陰7局	秋分下元	陰4局	甲午	陰3局	立冬上元	陰6局	甲子	陰9局	大雪上元	陰4局
6日	壬辰	陰8局	夏至下元	陰6局	癸亥	陰4局	大暑下元	陰4局	甲午	陰9局	白露上元	陰9局	甲子	陰6局	寒露上元	陰6局	乙未	陰2局	立冬上元	陰6局	乙丑	陰8局	大雪上元	陰4局
7日	癸巳	陰7局	夏至下元	陰6局	甲子	陰3局	立秋上元	陰2局	乙未	陰8局	白露上元	陰9局	乙丑	陰5局	寒露上元	陰6局	丙申	陰1局	立冬上元	陰6局	丙寅	陰7局	大雪上元	陰4局
8日	甲午	陰6局	小暑上元	陰8局	乙丑	陰2局	立秋上元	陰2局	丙申	陰7局	白露上元	陰9局	丙寅	陰4局	寒露上元	陰6局	丁酉	陰9局	立冬上元	陰6局	丁卯	陰6局	大雪上元	陰4局
9日	乙未	陰5局	小暑上元	陰8局	丙寅	陰1局	立秋上元	陰2局	丁酉	陰6局	白露上元	陰9局	丁卯	陰3局	寒露上元	陰6局	戊戌	陰8局	立冬上元	陰6局	戊辰	陰5局	大雪上元	陰4局
10日	丙申	陰4局	小暑上元	陰8局	丁卯	陰9局	立秋上元	陰2局	戊戌	陰5局	白露上元	陰9局	戊辰	陰2局	寒露上元	陰6局	己亥	陰7局	立冬中元	陰9局	己巳	陰4局	大雪中元	陰7局
11日	丁酉	陰3局	小暑上元	陰8局	戊辰	陰8局	立秋上元	陰2局	己亥	陰4局	白露中元	陰3局	己巳	陰1局	寒露中元	陰9局	庚子	陰6局	立冬中元	陰9局	庚午	陰3局	大雪中元	陰7局
12日	戊戌	陰2局	小暑上元	陰8局	己巳	陰7局	立秋中元	陰5局	庚子	陰3局	白露中元	陰3局	庚午	陰9局	寒露中元	陰9局	辛丑	陰5局	立冬中元	陰9局	辛未	陰2局	大雪中元	陰7局
13日	己亥	陰1局	小暑中元	陰2局	庚午	陰6局	立秋中元	陰5局	辛丑	陰2局	白露中元	陰3局	辛未	陰8局	寒露中元	陰9局	壬寅	陰4局	立冬中元	陰9局	壬申	陰1局	大雪中元	陰7局
14日	庚子	陰9局	小暑中元	陰2局	辛未	陰5局	立秋中元	陰5局	壬寅	陰1局	白露中元	陰3局	壬申	陰7局	寒露中元	陰9局	癸卯	陰3局	立冬中元	陰9局	癸酉	陰9局	大雪中元	陰7局
15日	辛丑	陰8局	小暑中元	陰2局	壬申	陰4局	立秋中元	陰5局	癸卯	陰9局	白露中元	陰3局	癸酉	陰6局	寒露中元	陰9局	甲辰	陰2局	立冬下元	陰3局	甲戌	陰8局	大雪下元	陰1局
16日	壬寅	陰7局	小暑中元	陰2局	癸酉	陰3局	立秋中元	陰5局	甲辰	陰8局	白露下元	陰6局	甲戌	陰5局	寒露下元	陰3局	乙巳	陰1局	立冬下元	陰3局	乙亥	陰7局	大雪下元	陰1局
17日	癸卯	陰6局	小暑中元	陰2局	甲戌	陰2局	立秋下元	陰8局	乙巳	陰7局	白露下元	陰6局	乙亥	陰4局	寒露下元	陰3局	丙午	陰9局	立冬下元	陰3局	丙子	陰6局	大雪下元	陰1局
18日	甲辰	陰5局	小暑下元	陰5局	乙亥	陰1局	立秋下元	陰8局	丙午	陰6局	白露下元	陰6局	丙子	陰3局	寒露下元	陰3局	丁未	陰8局	立冬下元	陰3局	丁丑	陰5局	大雪下元	陰1局
19日	乙巳	陰4局	小暑下元	陰5局	丙子	陰9局	立秋下元	陰8局	丁未	陰5局	白露下元	陰6局	丁丑	陰2局	寒露下元	陰3局	戊申	陰7局	立冬下元	陰3局	戊寅	陰4局	大雪下元	陰1局
20日	丙午	陰3局	小暑下元	陰5局	丁丑	陰8局	立秋下元	陰8局	戊申	陰4局	白露下元	陰6局	戊寅	陰1局	寒露下元	陰3局	己酉	陰6局	小雪上元	陰5局	己卯	陰3局	冬至上元	陽1局
21日	丁未	陰2局	小暑下元	陰5局	戊寅	陰7局	立秋下元	陰8局	己酉	陰3局	秋分上元	陰7局	己卯	陰9局	霜降上元	陰5局	庚戌	陰5局	小雪上元	陰5局	庚辰	陰2/陽8	冬至上元	陽1局
22日	戊申	陰1局	小暑下元	陰5局	己卯	陰6局	処暑上元	陰1局	庚戌	陰2局	秋分上元	陰7局	庚辰	陰8局	霜降上元	陰5局	辛亥	陰4局	小雪上元	陰5局	辛巳	陽9局	冬至上元	陽1局
23日	己酉	陰9局	大暑上元	陰7局	庚辰	陰5局	処暑上元	陰1局	辛亥	陰1局	秋分上元	陰7局	辛巳	陰7局	霜降上元	陰5局	壬子	陰3局	小雪上元	陰5局	壬午	陽1局	冬至上元	陽1局
24日	庚戌	陰8局	大暑上元	陰7局	辛巳	陰4局	処暑上元	陰1局	壬子	陰9局	秋分上元	陰7局	壬午	陰6局	霜降上元	陰5局	癸丑	陰2局	小雪上元	陰5局	癸未	陽2局	冬至上元	陽1局
25日	辛亥	陰7局	大暑上元	陰7局	壬午	陰3局	処暑上元	陰1局	癸丑	陰8局	秋分上元	陰7局	癸未	陰5局	霜降上元	陰5局	甲寅	陰1局	小雪中元	陰8局	甲申	陽3局	冬至中元	陽7局
26日	壬子	陰6局	大暑上元	陰7局	癸未	陰2局	処暑上元	陰1局	甲寅	陰7局	秋分中元	陰1局	甲申	陰4局	霜降中元	陰8局	乙卯	陰9局	小雪中元	陰8局	乙酉	陽4局	冬至中元	陽7局
27日	癸丑	陰5局	大暑上元	陰7局	甲申	陰1局	処暑中元	陰4局	乙卯	陰6局	秋分中元	陰1局	乙酉	陰3局	霜降中元	陰8局	丙辰	陰8局	小雪中元	陰8局	丙戌	陽5局	冬至中元	陽7局
28日	甲寅	陰4局	大暑中元	陰1局	乙酉	陰9局	処暑中元	陰4局	丙辰	陰5局	秋分中元	陰1局	丙戌	陰2局	霜降中元	陰8局	丁巳	陰7局	小雪中元	陰8局	丁亥	陽6局	冬至中元	陽7局
29日	乙卯	陰3局	大暑中元	陰1局	丙戌	陰8局	処暑中元	陰4局	丁巳	陰4局	秋分中元	陰1局	丁亥	陰1局	霜降中元	陰8局	戊午	陰6局	小雪中元	陰8局	戊子	陽7局	冬至中元	陽7局
30日	丙辰	陰2局	大暑中元	陰1局	丁亥	陰7局	処暑中元	陰4局	戊午	陰3局	秋分中元	陰1局	戊子	陰9局	霜降中元	陰8局	己未	陰5局	小雪下元	陰2局	己丑	陽8局	冬至下元	陽4局
31日	丁巳	陰1局	大暑中元	陰1局	戊子	陰6局	処暑中元	陰4局					己丑	陰8局	霜降下元	陰2局					庚寅	陽9局	冬至下元	陽4局

	1月				2月				3月				4月				5月				6月			
2029年	日盤:二至換局		時盤:超神接気		日盤:二至換局		時盤:超神接気		日盤:二至換局		時盤:超神接気		日盤:二至換局		時盤:超神接気		日盤:二至換局		時盤:超神接気		日盤:二至換局		時盤:超神接気	
日付	干支	局数	節気三元	局数	干支	局数	節気三元	局数	干支	局数	節気三元	局数	干支	局数	節気三元	局数	干支	局数	節気三元	局数	干支	局数	節気三元	局数
1日	辛卯	陽1局	冬至下元	陽4局	壬戌	陽5局	大寒下元	陽6局	庚寅	陽6局	雨水下元	陽3局	辛酉	陽1局	春分下元	陽6局	辛卯	陽4局	穀雨下元	陽8局	壬戌	陽8局	小満下元	陽8局
2日	壬辰	陽2局	冬至下元	陽4局	癸亥	陽6局	大寒下元	陽6局	辛卯	陽7局	雨水下元	陽3局	壬戌	陽2局	春分下元	陽6局	壬辰	陽5局	穀雨下元	陽8局	癸亥	陽9局	小満下元	陽8局
3日	癸巳	陽3局	冬至下元	陽4局	甲子	陽7局	立春上元	陽8局	壬辰	陽8局	雨水下元	陽3局	癸亥	陽3局	春分下元	陽6局	癸巳	陽6局	穀雨下元	陽8局	甲子	陽1局	芒種上元	陽6局
4日	甲午	陽4局	小寒上元	陽2局	乙丑	陽8局	立春上元	陽8局	癸巳	陽9局	雨水下元	陽3局	甲子	陽4局	清明上元	陽4局	甲午	陽7局	立夏上元	陽4局	乙丑	陽2局	芒種上元	陽6局
5日	乙未	陽5局	小寒上元	陽2局	丙寅	陽9局	立春上元	陽8局	甲午	陽1局	啓蟄上元	陽1局	乙丑	陽5局	清明上元	陽4局	乙未	陽8局	立夏上元	陽4局	丙寅	陽3局	芒種上元	陽6局
6日	丙申	陽6局	小寒上元	陽2局	丁卯	陽1局	立春上元	陽8局	乙未	陽2局	啓蟄上元	陽1局	丙寅	陽6局	清明上元	陽4局	丙申	陽9局	立夏上元	陽4局	丁卯	陽4局	芒種上元	陽6局
7日	丁酉	陽7局	小寒上元	陽2局	戊辰	陽2局	立春上元	陽8局	丙申	陽3局	啓蟄上元	陽1局	丁卯	陽7局	清明上元	陽4局	丁酉	陽1局	立夏上元	陽4局	戊辰	陽5局	芒種上元	陽6局
8日	戊戌	陽8局	小寒上元	陽2局	己巳	陽3局	立春中元	陽5局	丁酉	陽4局	啓蟄上元	陽1局	戊辰	陽8局	清明上元	陽4局	戊戌	陽2局	立夏上元	陽4局	己巳	陽6局	芒種中元	陽3局
9日	己亥	陽9局	小寒中元	陽8局	庚午	陽4局	立春中元	陽5局	戊戌	陽5局	啓蟄上元	陽1局	己巳	陽9局	清明中元	陽1局	己亥	陽3局	立夏中元	陽1局	庚午	陽7局	芒種中元	陽3局
10日	庚子	陽1局	小寒中元	陽8局	辛未	陽5局	立春中元	陽5局	己亥	陽6局	啓蟄中元	陽7局	庚午	陽1局	清明中元	陽1局	庚子	陽4局	立夏中元	陽1局	辛未	陽8局	芒種中元	陽3局
11日	辛丑	陽2局	小寒中元	陽8局	壬申	陽6局	立春中元	陽5局	庚子	陽7局	啓蟄中元	陽7局	辛未	陽2局	清明中元	陽1局	辛丑	陽5局	立夏中元	陽1局	壬申	陽9局	芒種中元	陽3局
12日	壬寅	陽3局	小寒中元	陽8局	癸酉	陽7局	立春中元	陽5局	辛丑	陽8局	啓蟄中元	陽7局	壬申	陽3局	清明中元	陽1局	壬寅	陽6局	立夏中元	陽1局	癸酉	陽1局	芒種中元	陽3局
13日	癸卯	陽4局	小寒中元	陽8局	甲戌	陽8局	立春下元	陽2局	壬寅	陽9局	啓蟄中元	陽7局	癸酉	陽4局	清明中元	陽1局	癸卯	陽7局	立夏中元	陽1局	甲戌	陽2局	芒種下元	陽9局
14日	甲辰	陽5局	小寒下元	陽5局	乙亥	陽9局	立春下元	陽2局	癸卯	陽1局	啓蟄中元	陽7局	甲戌	陽5局	清明下元	陽7局	甲辰	陽8局	立夏下元	陽7局	乙亥	陽3局	芒種下元	陽9局
15日	乙巳	陽6局	小寒下元	陽5局	丙子	陽1局	立春下元	陽2局	甲辰	陽2局	啓蟄下元	陽4局	乙亥	陽6局	清明下元	陽7局	乙巳	陽9局	立夏下元	陽7局	丙子	陽4局	芒種下元	陽9局
16日	丙午	陽7局	小寒下元	陽5局	丁丑	陽2局	立春下元	陽2局	乙巳	陽3局	啓蟄下元	陽4局	丙子	陽7局	清明下元	陽7局	丙午	陽1局	立夏下元	陽7局	丁丑	陽5局	芒種下元	陽9局
17日	丁未	陽8局	小寒下元	陽5局	戊寅	陽3局	立春下元	陽2局	丙午	陽4局	啓蟄下元	陽4局	丁丑	陽8局	清明下元	陽7局	丁未	陽2局	立夏下元	陽7局	戊寅	陽6局	芒種下元	陽9局
18日	戊申	陽9局	小寒下元	陽5局	己卯	陽4局	雨水上元	陽9局	丁未	陽5局	啓蟄下元	陽4局	戊寅	陽9局	清明下元	陽7局	戊申	陽3局	立夏下元	陽7局	己卯	陽7局	夏至上元	陰9局
19日	己酉	陽1局	大寒上元	陽3局	庚辰	陽5局	雨水上元	陽9局	戊申	陽6局	啓蟄下元	陽4局	己卯	陽1局	穀雨上元	陽5局	己酉	陽4局	小満上元	陽5局	庚辰	陽8局	夏至上元	陰9局
20日	庚戌	陽2局	大寒上元	陽3局	辛巳	陽6局	雨水上元	陽9局	己酉	陽7局	春分上元	陽3局	庚辰	陽2局	穀雨上元	陽5局	庚戌	陽5局	小満上元	陽5局	辛巳	陽9局	夏至上元	陰9局
21日	辛亥	陽3局	大寒上元	陽3局	壬午	陽7局	雨水上元	陽9局	庚戌	陽8局	春分上元	陽3局	辛巳	陽3局	穀雨上元	陽5局	辛亥	陽6局	小満上元	陽5局	壬午	陽1/陰9	夏至上元	陰9局
22日	壬子	陽4局	大寒上元	陽3局	癸未	陽8局	雨水上元	陽9局	辛亥	陽9局	春分上元	陽3局	壬午	陽4局	穀雨上元	陽5局	壬子	陽7局	小満上元	陽5局	癸未	陰8局	夏至上元	陰9局
23日	癸丑	陽5局	大寒上元	陽3局	甲申	陽9局	雨水中元	陽6局	壬子	陽1局	春分上元	陽3局	癸未	陽5局	穀雨上元	陽5局	癸丑	陽8局	小満上元	陽5局	甲申	陰7局	夏至中元	陰3局
24日	甲寅	陽6局	大寒中元	陽9局	乙酉	陽1局	雨水中元	陽6局	癸丑	陽2局	春分上元	陽3局	甲申	陽6局	穀雨中元	陽2局	甲寅	陽9局	小満中元	陽2局	乙酉	陰6局	夏至中元	陰3局
25日	乙卯	陽7局	大寒中元	陽9局	丙戌	陽2局	雨水中元	陽6局	甲寅	陽3局	春分中元	陽9局	乙酉	陽7局	穀雨中元	陽2局	乙卯	陽1局	小満中元	陽2局	丙戌	陰5局	夏至中元	陰3局
26日	丙辰	陽8局	大寒中元	陽9局	丁亥	陽3局	雨水中元	陽6局	乙卯	陽4局	春分中元	陽9局	丙戌	陽8局	穀雨中元	陽2局	丙辰	陽2局	小満中元	陽2局	丁亥	陰4局	夏至中元	陰3局
27日	丁巳	陽9局	大寒中元	陽9局	戊子	陽4局	雨水中元	陽6局	丙辰	陽5局	春分中元	陽9局	丁亥	陽9局	穀雨中元	陽2局	丁巳	陽3局	小満中元	陽2局	戊子	陰3局	夏至中元	陰3局
28日	戊午	陽1局	大寒中元	陽9局	己丑	陽5局	雨水下元	陽3局	丁巳	陽6局	春分中元	陽9局	戊子	陽1局	穀雨中元	陽2局	戊午	陽4局	小満中元	陽2局	己丑	陰2局	夏至下元	陰6局
29日	己未	陽2局	大寒下元	陽6局					戊午	陽7局	春分中元	陽9局	己丑	陽2局	穀雨下元	陽8局	己未	陽5局	小満下元	陽8局	庚寅	陰1局	夏至下元	陰6局
30日	庚申	陽3局	大寒下元	陽6局					己未	陽8局	春分下元	陽6局	庚寅	陽3局	穀雨下元	陽8局	庚申	陽6局	小満下元	陽8局	辛卯	陰9局	夏至下元	陰6局
31日	辛酉	陽4局	大寒下元	陽6局					庚申	陽9局	春分下元	陽6局					辛酉	陽7局	小満下元	陽8局				

	7月				8月				9月				10月				11月				12月			
2029年	日盤:二至換局		時盤:超神接気		日盤:二至換局		時盤:超神接気		日盤:二至換局		時盤:超神接気		日盤:二至換局		時盤:超神接気		日盤:二至換局		時盤:超神接気		日盤:二至換局		時盤:超神接気	
日付	干支	局数	節気三元	局数	干支	局数	節気三元	局数	干支	局数	節気三元	局数	干支	局数	節気三元	局数	干支	局数	節気三元	局数	干支	局数	節気三元	局数
1日	壬辰	陰8局	夏至下元	陰6局	癸亥	陰4局	大暑下元	陰4局	甲午	陰9局	白露上元	陰9局	甲子	陰6局	寒露上元	陰6局	乙未	陰2局	立冬上元	陰6局	乙丑	陰8局	大雪上元	陰4局
2日	癸巳	陰7局	夏至下元	陰6局	甲子	陰3局	立秋上元	陰2局	乙未	陰8局	白露上元	陰9局	乙丑	陰5局	寒露上元	陰6局	丙申	陰1局	立冬上元	陰6局	丙寅	陰7局	大雪上元	陰4局
3日	甲午	陰6局	小暑上元	陰8局	乙丑	陰2局	立秋上元	陰2局	丙申	陰7局	白露上元	陰9局	丙寅	陰4局	寒露上元	陰6局	丁酉	陰9局	立冬上元	陰6局	丁卯	陰6局	大雪上元	陰4局
4日	乙未	陰5局	小暑上元	陰8局	丙寅	陰1局	立秋上元	陰2局	丁酉	陰6局	白露上元	陰9局	丁卯	陰3局	寒露上元	陰6局	戊戌	陰8局	立冬上元	陰6局	戊辰	陰5局	大雪上元	陰4局
5日	丙申	陰4局	小暑上元	陰8局	丁卯	陰9局	立秋上元	陰2局	戊戌	陰5局	白露上元	陰9局	戊辰	陰2局	寒露上元	陰6局	己亥	陰7局	立冬中元	陰9局	己巳	陰4局	大雪中元	陰7局
6日	丁酉	陰3局	小暑上元	陰8局	戊辰	陰8局	立秋上元	陰2局	己亥	陰4局	白露中元	陰3局	己巳	陰1局	寒露中元	陰9局	庚子	陰6局	立冬中元	陰9局	庚午	陰3局	大雪中元	陰7局
7日	戊戌	陰2局	小暑上元	陰8局	己巳	陰7局	立秋中元	陰5局	庚子	陰3局	白露中元	陰3局	庚午	陰9局	寒露中元	陰9局	辛丑	陰5局	立冬中元	陰9局	辛未	陰2局	大雪中元	陰7局
8日	己亥	陰1局	小暑中元	陰2局	庚午	陰6局	立秋中元	陰5局	辛丑	陰2局	白露中元	陰3局	辛未	陰8局	寒露中元	陰9局	壬寅	陰4局	立冬中元	陰9局	壬申	陰1局	大雪中元	陰7局
9日	庚子	陰9局	小暑中元	陰2局	辛未	陰5局	立秋中元	陰5局	壬寅	陰1局	白露中元	陰3局	壬申	陰7局	寒露中元	陰9局	癸卯	陰3局	立冬中元	陰9局	癸酉	陰9局	大雪中元	陰7局
10日	辛丑	陰8局	小暑中元	陰2局	壬申	陰4局	立秋中元	陰5局	癸卯	陰9局	白露中元	陰3局	癸酉	陰6局	寒露中元	陰9局	甲辰	陰2局	立冬下元	陰3局	甲戌	陰8局	大雪下元	陰1局
11日	壬寅	陰7局	小暑中元	陰2局	癸酉	陰3局	立秋中元	陰5局	甲辰	陰8局	白露下元	陰6局	甲戌	陰5局	寒露下元	陰3局	乙巳	陰1局	立冬下元	陰3局	乙亥	陰7局	大雪下元	陰1局
12日	癸卯	陰6局	小暑中元	陰2局	甲戌	陰2局	立秋下元	陰8局	乙巳	陰7局	白露下元	陰6局	乙亥	陰4局	寒露下元	陰3局	丙午	陰9局	立冬下元	陰3局	丙子	陰6局	大雪下元	陰1局
13日	甲辰	陰5局	小暑下元	陰5局	乙亥	陰1局	立秋下元	陰8局	丙午	陰6局	白露下元	陰6局	丙子	陰3局	寒露下元	陰3局	丁未	陰8局	立冬下元	陰3局	丁丑	陰5局	大雪下元	陰1局
14日	乙巳	陰4局	小暑下元	陰5局	丙子	陰9局	立秋下元	陰8局	丁未	陰5局	白露下元	陰6局	丁丑	陰2局	寒露下元	陰3局	戊申	陰7局	立冬下元	陰3局	戊寅	陰4局	大雪下元	陰1局
15日	丙午	陰3局	小暑下元	陰5局	丁丑	陰8局	立秋下元	陰8局	戊申	陰4局	白露下元	陰6局	戊寅	陰1局	寒露下元	陰3局	己酉	陰6局	小雪上元	陰5局	己卯	陰3局	冬至上元	陽1局
16日	丁未	陰2局	小暑下元	陰5局	戊寅	陰7局	立秋下元	陰8局	己酉	陰3局	秋分上元	陰7局	己卯	陰9局	霜降上元	陰5局	庚戌	陰5局	小雪上元	陰5局	庚辰	陰2局	冬至上元	陽1局
17日	戊申	陰1局	小暑下元	陰5局	己卯	陰6局	処暑上元	陰1局	庚戌	陰2局	秋分上元	陰7局	庚辰	陰8局	霜降上元	陰5局	辛亥	陰4局	小雪上元	陰5局	辛巳	陰1局	冬至上元	陽1局
18日	己酉	陰9局	大暑上元	陰7局	庚辰	陰5局	処暑上元	陰1局	辛亥	陰1局	秋分上元	陰7局	辛巳	陰7局	霜降上元	陰5局	壬子	陰3局	小雪上元	陰5局	壬午	陰9局	冬至上元	陽1局
19日	庚戌	陰8局	大暑上元	陰7局	辛巳	陰4局	処暑上元	陰1局	壬子	陰9局	秋分上元	陰7局	壬午	陰6局	霜降上元	陰5局	癸丑	陰2局	小雪上元	陰5局	癸未	陰8局	冬至上元	陽1局
20日	辛亥	陰7局	大暑上元	陰7局	壬午	陰3局	処暑上元	陰1局	癸丑	陰8局	秋分上元	陰7局	癸未	陰5局	霜降上元	陰5局	甲寅	陰1局	小雪中元	陰8局	甲申	陰7局	冬至中元	陽7局
21日	壬子	陰6局	大暑上元	陰7局	癸未	陰2局	処暑上元	陰1局	甲寅	陰7局	秋分中元	陰1局	甲申	陰4局	霜降中元	陰8局	乙卯	陰9局	小雪中元	陰8局	乙酉	陰6/陽4	冬至中元	陽7局
22日	癸丑	陰5局	大暑上元	陰7局	甲申	陰1局	処暑中元	陰4局	乙卯	陰6局	秋分中元	陰1局	乙酉	陰3局	霜降中元	陰8局	丙辰	陰8局	小雪中元	陰8局	丙戌	陽5局	冬至中元	陽7局
23日	甲寅	陰4局	大暑中元	陰1局	乙酉	陰9局	処暑中元	陰4局	丙辰	陰5局	秋分中元	陰1局	丙戌	陰2局	霜降中元	陰8局	丁巳	陰7局	小雪中元	陰8局	丁亥	陽6局	冬至中元	陽7局
24日	乙卯	陰3局	大暑中元	陰1局	丙戌	陰8局	処暑中元	陰4局	丁巳	陰4局	秋分中元	陰1局	丁亥	陰1局	霜降中元	陰8局	戊午	陰6局	小雪中元	陰8局	戊子	陽7局	冬至中元	陽7局
25日	丙辰	陰2局	大暑中元	陰1局	丁亥	陰7局	処暑中元	陰4局	戊午	陰3局	秋分中元	陰1局	戊子	陰9局	霜降中元	陰8局	己未	陰5局	小雪下元	陰2局	己丑	陽8局	冬至下元	陽4局
26日	丁巳	陰1局	大暑中元	陰1局	戊子	陰6局	処暑中元	陰4局	己未	陰2局	秋分下元	陰4局	己丑	陰8局	霜降下元	陰2局	庚申	陰4局	小雪下元	陰2局	庚寅	陽9局	冬至下元	陽4局
27日	戊午	陰9局	大暑中元	陰1局	己丑	陰5局	処暑下元	陰7局	庚申	陰1局	秋分下元	陰4局	庚寅	陰7局	霜降下元	陰2局	辛酉	陰3局	小雪下元	陰2局	辛卯	陽1局	冬至下元	陽4局
28日	己未	陰8局	大暑下元	陰4局	庚寅	陰4局	処暑下元	陰7局	辛酉	陰9局	秋分下元	陰4局	辛卯	陰6局	霜降下元	陰2局	壬戌	陰2局	小雪下元	陰2局	壬辰	陽2局	冬至下元	陽4局
29日	庚申	陰7局	大暑下元	陰4局	辛卯	陰3局	処暑下元	陰7局	壬戌	陰8局	秋分下元	陰4局	壬辰	陰5局	霜降下元	陰2局	癸亥	陰1局	小雪下元	陰2局	癸巳	陽3局	冬至下元	陽4局
30日	辛酉	陰6局	大暑下元	陰4局	壬辰	陰2局	処暑下元	陰7局	癸亥	陰7局	秋分下元	陰4局	癸巳	陰4局	霜降下元	陰2局	甲子	陰9局	大雪上元	陰4局	甲午	陽4局	小寒上元	陽2局
31日	壬戌	陰5局	大暑下元	陰4局	癸巳	陰1局	処暑下元	陰7局					甲午	陰3局	立冬上元	陰6局					乙未	陽5局	小寒上元	陽2局

	1月				2月				3月				4月				5月				6月			
2030年	日盤:二至換局		時盤:超神接気		日盤:二至換局		時盤:超神接気		日盤:二至換局		時盤:超神接気		日盤:二至換局		時盤:超神接気		日盤:二至換局		時盤:超神接気		日盤:二至換局		時盤:超神接気	
日付	干支	局数	節気三元	局数	干支	局数	節気三元	局数	干支	局数	節気三元	局数	干支	局数	節気三元	局数	干支	局数	節気三元	局数	干支	局数	節気三元	局数
1日	丙申	陽6局	小寒上元	陽2局	丁卯	陽1局	立春上元	陽8局	乙未	陽2局	啓蟄上元	陽1局	丙寅	陽6局	清明上元	陽4局	丙申	陽9局	立夏上元	陽4局	丁卯	陽4局	芒種上元	陽6局
2日	丁酉	陽7局	小寒上元	陽2局	戊辰	陽2局	立春上元	陽8局	丙申	陽3局	啓蟄上元	陽1局	丁卯	陽7局	清明上元	陽4局	丁酉	陽1局	立夏上元	陽4局	戊辰	陽5局	芒種上元	陽6局
3日	戊戌	陽8局	小寒上元	陽2局	己巳	陽3局	立春中元	陽5局	丁酉	陽4局	啓蟄上元	陽1局	戊辰	陽8局	清明上元	陽4局	戊戌	陽2局	立夏上元	陽4局	己巳	陽6局	芒種中元	陽3局
4日	己亥	陽9局	小寒中元	陽8局	庚午	陽4局	立春中元	陽5局	戊戌	陽5局	啓蟄上元	陽1局	己巳	陽9局	清明中元	陽1局	己亥	陽3局	立夏中元	陽1局	庚午	陽7局	芒種中元	陽3局
5日	庚子	陽1局	小寒中元	陽8局	辛未	陽5局	立春中元	陽5局	己亥	陽6局	啓蟄中元	陽7局	庚午	陽1局	清明中元	陽1局	庚子	陽4局	立夏中元	陽1局	辛未	陽8局	芒種中元	陽3局
6日	辛丑	陽2局	小寒中元	陽8局	壬申	陽6局	立春中元	陽5局	庚子	陽7局	啓蟄中元	陽7局	辛未	陽2局	清明中元	陽1局	辛丑	陽5局	立夏中元	陽1局	壬申	陽9局	芒種中元	陽3局
7日	壬寅	陽3局	小寒中元	陽8局	癸酉	陽7局	立春中元	陽5局	辛丑	陽8局	啓蟄中元	陽7局	壬申	陽3局	清明中元	陽1局	壬寅	陽6局	立夏中元	陽1局	癸酉	陽1局	芒種中元	陽3局
8日	癸卯	陽4局	小寒中元	陽8局	甲戌	陽8局	立春下元	陽2局	壬寅	陽9局	啓蟄中元	陽7局	癸酉	陽4局	清明中元	陽1局	癸卯	陽7局	立夏中元	陽1局	甲戌	陽2局	芒種下元	陽9局
9日	甲辰	陽5局	小寒下元	陽5局	乙亥	陽9局	立春下元	陽2局	癸卯	陽1局	啓蟄中元	陽7局	甲戌	陽5局	清明下元	陽7局	甲辰	陽8局	立夏下元	陽7局	乙亥	陽3局	芒種下元	陽9局
10日	乙巳	陽6局	小寒下元	陽5局	丙子	陽1局	立春下元	陽2局	甲辰	陽2局	啓蟄下元	陽4局	乙亥	陽6局	清明下元	陽7局	乙巳	陽9局	立夏下元	陽7局	丙子	陽4局	芒種下元	陽9局
11日	丙午	陽7局	小寒下元	陽5局	丁丑	陽2局	立春下元	陽2局	乙巳	陽3局	啓蟄下元	陽4局	丙子	陽7局	清明下元	陽7局	丙午	陽1局	立夏下元	陽7局	丁丑	陽5局	芒種下元	陽9局
12日	丁未	陽8局	小寒下元	陽5局	戊寅	陽3局	立春下元	陽2局	丙午	陽4局	啓蟄下元	陽4局	丁丑	陽8局	清明下元	陽7局	丁未	陽2局	立夏下元	陽7局	戊寅	陽6局	芒種下元	陽9局
13日	戊申	陽9局	小寒下元	陽5局	己卯	陽4局	雨水上元	陽9局	丁未	陽5局	啓蟄下元	陽4局	戊寅	陽9局	清明下元	陽7局	戊申	陽3局	立夏下元	陽7局	己卯	陽7局	芒種上元	陽6局
14日	己酉	陽1局	大寒上元	陽3局	庚辰	陽5局	雨水上元	陽9局	戊申	陽6局	啓蟄下元	陽4局	己卯	陽1局	穀雨上元	陽5局	己酉	陽4局	小満上元	陽5局	庚辰	陽8局	芒種上元	陽6局
15日	庚戌	陽2局	大寒上元	陽3局	辛巳	陽6局	雨水上元	陽9局	己酉	陽7局	春分上元	陽3局	庚辰	陽2局	穀雨上元	陽5局	庚戌	陽5局	小満上元	陽5局	辛巳	陽9局	芒種上元	陽6局
16日	辛亥	陽3局	大寒上元	陽3局	壬午	陽7局	雨水上元	陽9局	庚戌	陽8局	春分上元	陽3局	辛巳	陽3局	穀雨上元	陽5局	辛亥	陽6局	小満上元	陽5局	壬午	陽1局	芒種上元	陽6局
17日	壬子	陽4局	大寒上元	陽3局	癸未	陽8局	雨水上元	陽9局	辛亥	陽9局	春分上元	陽3局	壬午	陽4局	穀雨上元	陽5局	壬子	陽7局	小満上元	陽5局	癸未	陽2局	芒種上元	陽6局
18日	癸丑	陽5局	大寒上元	陽3局	甲申	陽9局	雨水中元	陽6局	壬子	陽1局	春分上元	陽3局	癸未	陽5局	穀雨上元	陽5局	癸丑	陽8局	小満上元	陽5局	甲申	陽3局	芒種中元	陽3局
19日	甲寅	陽6局	大寒中元	陽9局	乙酉	陽1局	雨水中元	陽6局	癸丑	陽2局	春分上元	陽3局	甲申	陽6局	穀雨中元	陽2局	甲寅	陽9局	小満中元	陽2局	乙酉	陽4局	芒種中元	陽3局
20日	乙卯	陽7局	大寒中元	陽9局	丙戌	陽2局	雨水中元	陽6局	甲寅	陽3局	春分中元	陽9局	乙酉	陽7局	穀雨中元	陽2局	乙卯	陽1局	小満中元	陽2局	丙戌	陽5局	芒種中元	陽3局
21日	丙辰	陽8局	大寒中元	陽9局	丁亥	陽3局	雨水中元	陽6局	乙卯	陽4局	春分中元	陽9局	丙戌	陽8局	穀雨中元	陽2局	丙辰	陽2局	小満中元	陽2局	丁亥	陽6/陰4	芒種中元	陽3局
22日	丁巳	陽9局	大寒中元	陽9局	戊子	陽4局	雨水中元	陽6局	丙辰	陽5局	春分中元	陽9局	丁亥	陽9局	穀雨中元	陽2局	丁巳	陽3局	小満中元	陽2局	戊子	陰3局	芒種中元	陽3局
23日	戊午	陽1局	大寒中元	陽9局	己丑	陽5局	雨水下元	陽3局	丁巳	陽6局	春分中元	陽9局	戊子	陽1局	穀雨中元	陽2局	戊午	陽4局	小満中元	陽2局	己丑	陰2局	芒種下元	陽9局
24日	己未	陽2局	大寒下元	陽6局	庚寅	陽6局	雨水下元	陽3局	戊午	陽7局	春分中元	陽9局	己丑	陽2局	穀雨下元	陽8局	己未	陽5局	小満下元	陽8局	庚寅	陰1局	芒種下元	陽9局
25日	庚申	陽3局	大寒下元	陽6局	辛卯	陽7局	雨水下元	陽3局	己未	陽8局	春分下元	陽6局	庚寅	陽3局	穀雨下元	陽8局	庚申	陽6局	小満下元	陽8局	辛卯	陰9局	芒種下元	陽9局
26日	辛酉	陽4局	大寒下元	陽6局	壬辰	陽8局	雨水下元	陽3局	庚申	陽9局	春分下元	陽6局	辛卯	陽4局	穀雨下元	陽8局	辛酉	陽7局	小満下元	陽8局	壬辰	陰8局	芒種下元	陽9局
27日	壬戌	陽5局	大寒下元	陽6局	癸巳	陽9局	雨水下元	陽3局	辛酉	陽1局	春分下元	陽6局	壬辰	陽5局	穀雨下元	陽8局	壬戌	陽8局	小満下元	陽8局	癸巳	陰7局	芒種下元	陽9局
28日	癸亥	陽6局	大寒下元	陽6局	甲午	陽1局	啓蟄上元	陽1局	壬戌	陽2局	春分下元	陽6局	癸巳	陽6局	穀雨下元	陽8局	癸亥	陽9局	小満下元	陽8局	甲午	陰6局	夏至上元	陰9局
29日	甲子	陽7局	立春上元	陽8局					癸亥	陽3局	春分下元	陽6局	甲午	陽7局	立夏上元	陽4局	甲子	陽1局	芒種上元	陽6局	乙未	陰5局	夏至上元	陰9局
30日	乙丑	陽8局	立春上元	陽8局					甲子	陽4局	清明上元	陽4局	乙未	陽8局	立夏上元	陽4局	乙丑	陽2局	芒種上元	陽6局	丙申	陰4局	夏至上元	陰9局
31日	丙寅	陽9局	立春上元	陽8局					乙丑	陽5局	清明上元	陽4局					丙寅	陽3局	芒種上元	陽6局				

	7月				8月				9月				10月				11月				１２月			
2030年	日盤:二至換局		時盤:超神接気		日盤:二至換局		時盤:超神接気		日盤:二至換局		時盤:超神接気		日盤:二至換局		時盤:超神接気		日盤:二至換局		時盤:超神接気		日盤:二至換局		時盤:超神接気	
日付	干支	局数	節気三元	局数	干支	局数	節気三元	局数	干支	局数	節気三元	局数	干支	局数	節気三元	局数	干支	局数	節気三元	局数	干支	局数	節気三元	局数
1日	丁酉	陰3局	夏至上元	陰9局	戊辰	陰8局	大暑上元	陰7局	己亥	陰4局	処暑中元	陰4局	己巳	陰1局	秋分中元	陰1局	庚子	陰6局	霜降中元	陰8局	庚午	陰3局	小雪中元	陰8局
2日	戊戌	陰2局	夏至上元	陰9局	己巳	陰7局	大暑中元	陰1局	庚子	陰3局	処暑中元	陰4局	庚午	陰9局	秋分中元	陰1局	辛丑	陰5局	霜降中元	陰8局	辛未	陰2局	小雪中元	陰8局
3日	己亥	陰1局	夏至中元	陰3局	庚午	陰6局	大暑中元	陰1局	辛丑	陰2局	処暑中元	陰4局	辛未	陰8局	秋分中元	陰1局	壬寅	陰4局	霜降中元	陰8局	壬申	陰1局	小雪中元	陰8局
4日	庚子	陰9局	夏至中元	陰3局	辛未	陰5局	大暑中元	陰1局	壬寅	陰1局	処暑中元	陰4局	壬申	陰7局	秋分中元	陰1局	癸卯	陰3局	霜降中元	陰8局	癸酉	陰9局	小雪中元	陰8局
5日	辛丑	陰8局	夏至中元	陰3局	壬申	陰4局	大暑中元	陰1局	癸卯	陰9局	処暑中元	陰4局	癸酉	陰6局	秋分中元	陰1局	甲辰	陰2局	霜降下元	陰2局	甲戌	陰8局	小雪下元	陰2局
6日	壬寅	陰7局	夏至中元	陰3局	癸酉	陰3局	大暑中元	陰1局	甲辰	陰8局	処暑下元	陰7局	甲戌	陰5局	秋分下元	陰4局	乙巳	陰1局	霜降下元	陰2局	乙亥	陰7局	小雪下元	陰2局
7日	癸卯	陰6局	夏至中元	陰3局	甲戌	陰2局	大暑下元	陰4局	乙巳	陰7局	処暑下元	陰7局	乙亥	陰4局	秋分下元	陰4局	丙午	陰9局	霜降下元	陰2局	丙子	陰6局	小雪下元	陰2局
8日	甲辰	陰5局	夏至下元	陰6局	乙亥	陰1局	大暑下元	陰4局	丙午	陰6局	処暑下元	陰7局	丙子	陰3局	秋分下元	陰4局	丁未	陰8局	霜降下元	陰2局	丁丑	陰5局	小雪下元	陰2局
9日	乙巳	陰4局	夏至下元	陰6局	丙子	陰9局	大暑下元	陰4局	丁未	陰5局	処暑下元	陰7局	丁丑	陰2局	秋分下元	陰4局	戊申	陰7局	霜降下元	陰2局	戊寅	陰4局	小雪下元	陰2局
10日	丙午	陰3局	夏至下元	陰6局	丁丑	陰8局	大暑下元	陰4局	戊申	陰4局	処暑下元	陰7局	戊寅	陰1局	秋分下元	陰4局	己酉	陰6局	立冬上元	陰6局	己卯	陰3局	大雪上元	陰4局
11日	丁未	陰2局	夏至下元	陰6局	戊寅	陰7局	大暑下元	陰4局	己酉	陰3局	白露上元	陰9局	己卯	陰9局	寒露上元	陰6局	庚戌	陰5局	立冬上元	陰6局	庚辰	陰2局	大雪上元	陰4局
12日	戊申	陰1局	夏至下元	陰6局	己卯	陰6局	立秋上元	陰2局	庚戌	陰2局	白露上元	陰9局	庚辰	陰8局	寒露上元	陰6局	辛亥	陰4局	立冬上元	陰6局	辛巳	陰1局	大雪上元	陰4局
13日	己酉	陰9局	小暑上元	陰8局	庚辰	陰5局	立秋上元	陰2局	辛亥	陰1局	白露上元	陰9局	辛巳	陰7局	寒露上元	陰6局	壬子	陰3局	立冬上元	陰6局	壬午	陰9局	大雪上元	陰4局
14日	庚戌	陰8局	小暑上元	陰8局	辛巳	陰4局	立秋上元	陰2局	壬子	陰9局	白露上元	陰9局	壬午	陰6局	寒露上元	陰6局	癸丑	陰2局	立冬上元	陰6局	癸未	陰8局	大雪上元	陰4局
15日	辛亥	陰7局	小暑上元	陰8局	壬午	陰3局	立秋上元	陰2局	癸丑	陰8局	白露上元	陰9局	癸未	陰5局	寒露上元	陰6局	甲寅	陰1局	立冬中元	陰9局	甲申	陰7局	大雪中元	陰7局
16日	壬子	陰6局	小暑上元	陰8局	癸未	陰2局	立秋上元	陰2局	甲寅	陰7局	白露中元	陰3局	甲申	陰4局	寒露中元	陰9局	乙卯	陰9局	立冬中元	陰9局	乙酉	陰6局	大雪中元	陰7局
17日	癸丑	陰5局	小暑上元	陰8局	甲申	陰1局	立秋中元	陰5局	乙卯	陰6局	白露中元	陰3局	乙酉	陰3局	寒露中元	陰9局	丙辰	陰8局	立冬中元	陰9局	丙戌	陰5局	大雪中元	陰7局
18日	甲寅	陰4局	小暑中元	陰2局	乙酉	陰9局	立秋中元	陰5局	丙辰	陰5局	白露中元	陰3局	丙戌	陰2局	寒露中元	陰9局	丁巳	陰7局	立冬中元	陰9局	丁亥	陰4局	大雪中元	陰7局
19日	乙卯	陰3局	小暑中元	陰2局	丙戌	陰8局	立秋中元	陰5局	丁巳	陰4局	白露中元	陰3局	丁亥	陰1局	寒露中元	陰9局	戊午	陰6局	立冬中元	陰9局	戊子	陰3局	大雪中元	陰7局
20日	丙辰	陰2局	小暑中元	陰2局	丁亥	陰7局	立秋中元	陰5局	戊午	陰3局	白露中元	陰3局	戊子	陰9局	寒露中元	陰9局	己未	陰5局	立冬下元	陰3局	己丑	陰2局	大雪下元	陰1局
21日	丁巳	陰1局	小暑中元	陰2局	戊子	陰6局	立秋中元	陰5局	己未	陰2局	白露下元	陰6局	己丑	陰8局	寒露下元	陰3局	庚申	陰4局	立冬下元	陰3局	庚寅	陰1局	大雪下元	陰1局
22日	戊午	陰9局	小暑中元	陰2局	己丑	陰5局	立秋下元	陰8局	庚申	陰1局	白露下元	陰6局	庚寅	陰7局	寒露下元	陰3局	辛酉	陰3局	立冬下元	陰3局	辛卯	陰9/陽1	大雪下元	陰1局
23日	己未	陰8局	小暑下元	陰5局	庚寅	陰4局	立秋下元	陰8局	辛酉	陰9局	白露下元	陰6局	辛卯	陰6局	寒露下元	陰3局	壬戌	陰2局	立冬下元	陰3局	壬辰	陽2局	大雪下元	陰1局
24日	庚申	陰7局	小暑下元	陰5局	辛卯	陰3局	立秋下元	陰8局	壬戌	陰8局	白露下元	陰6局	壬辰	陰5局	寒露下元	陰3局	癸亥	陰1局	立冬下元	陰3局	癸巳	陽3局	大雪下元	陰1局
25日	辛酉	陰6局	小暑下元	陰5局	壬辰	陰2局	立秋下元	陰8局	癸亥	陰7局	白露下元	陰6局	癸巳	陰4局	寒露下元	陰3局	甲子	陰9局	小雪上元	陰5局	甲午	陽4局	冬至上元	陽1局
26日	壬戌	陰5局	小暑下元	陰5局	癸巳	陰1局	立秋下元	陰8局	甲子	陰6局	秋分上元	陰7局	甲午	陰3局	霜降上元	陰5局	乙丑	陰8局	小雪上元	陰5局	乙未	陽5局	冬至上元	陽1局
27日	癸亥	陰4局	小暑下元	陰5局	甲午	陰9局	処暑上元	陰1局	乙丑	陰5局	秋分上元	陰7局	乙未	陰2局	霜降上元	陰5局	丙寅	陰7局	小雪上元	陰5局	丙申	陽6局	冬至上元	陽1局
28日	甲子	陰3局	大暑上元	陰7局	乙未	陰8局	処暑上元	陰1局	丙寅	陰4局	秋分上元	陰7局	丙申	陰1局	霜降上元	陰5局	丁卯	陰6局	小雪上元	陰5局	丁酉	陽7局	冬至上元	陽1局
29日	乙丑	陰2局	大暑上元	陰7局	丙申	陰7局	処暑上元	陰1局	丁卯	陰3局	秋分上元	陰7局	丁酉	陰9局	霜降上元	陰5局	戊辰	陰5局	小雪上元	陰5局	戊戌	陽8局	冬至上元	陽1局
30日	丙寅	陰1局	大暑上元	陰7局	丁酉	陰6局	処暑上元	陰1局	戊辰	陰2局	秋分上元	陰7局	戊戌	陰8局	霜降上元	陰5局	己巳	陰4局	小雪中元	陰8局	己亥	陽9局	冬至中元	陽7局
31日	丁卯	陰9局	大暑上元	陰7局	戊戌	陰5局	処暑上元	陰1局					己亥	陰7局	霜降中元	陰8局					庚子	陽1局	冬至中元	陽7局

【年盤局数表】

60年1局 年干支・局数表	2015年	2016年	2017年	2018年	2019年	2020年	2021年	2022年	2023年	2024年	2025年	2026年	2027年	2028年	2029年	2030年
	乙未陰7局	丙申陰7局	丁酉陰7局	戊戌陰7局	己亥陰7局	庚子陰7局	辛丑陰7局	壬寅陰7局	癸卯陰7局	甲辰陰7局	乙巳陰7局	丙午陰7局	丁未陰7局	戊申陰7局	己酉陰7局	庚戌陰7局

【月盤局数表】

60月1局 月干支 局数表		2015年	2016年	2017年	2018年	2019年	2020年	2021年	2022年	2023年	2024年	2025年	2026年	2027年	2028年	2029年	2030年
	2月	戊寅陰1局	庚寅陰1局	壬寅陰1局	甲寅陰1局	丙寅陰4局	戊寅陰4局	庚寅陰4局	壬寅陰4局	甲寅陰4局	丙寅陰7局	戊寅陰7局	庚寅陰7局	壬寅陰7局	甲寅陰7局	丙寅陰1局	戊寅陰1局
	3月	己卯陰1局	辛卯陰1局	癸卯陰1局	乙卯陰1局	丁卯陰4局	己卯陰4局	辛卯陰4局	癸卯陰4局	乙卯陰4局	丁卯陰7局	己卯陰7局	辛卯陰7局	癸卯陰7局	乙卯陰7局	丁卯陰1局	己卯陰1局
	4月	庚辰陰1局	壬辰陰1局	甲辰陰1局	丙辰陰1局	戊辰陰4局	庚辰陰4局	壬辰陰4局	甲辰陰4局	丙辰陰4局	戊辰陰7局	庚辰陰7局	壬辰陰7局	甲辰陰7局	丙辰陰7局	戊辰陰1局	庚辰陰1局
	5月	辛巳陰1局	癸巳陰1局	乙巳陰1局	丁巳陰1局	己巳陰4局	辛巳陰4局	癸巳陰4局	乙巳陰4局	丁巳陰4局	己巳陰7局	辛巳陰7局	癸巳陰7局	乙巳陰7局	丁巳陰7局	己巳陰1局	辛巳陰1局
	6月	壬午陰1局	甲午陰1局	丙午陰1局	戊午陰1局	庚午陰4局	壬午陰4局	甲午陰4局	丙午陰4局	戊午陰4局	庚午陰7局	壬午陰7局	甲午陰7局	丙午陰7局	戊午陰7局	庚午陰1局	壬午陰1局
	7月	癸未陰1局	乙未陰1局	丁未陰1局	己未陰1局	辛未陰4局	癸未陰4局	乙未陰4局	丁未陰4局	己未陰4局	辛未陰7局	癸未陰7局	乙未陰7局	丁未陰7局	己未陰7局	辛未陰1局	癸未陰1局
	8月	甲申陰1局	丙申陰1局	戊申陰1局	庚申陰1局	壬申陰4局	甲申陰4局	丙申陰4局	戊申陰4局	庚申陰4局	壬申陰7局	甲申陰7局	丙申陰7局	戊申陰7局	庚申陰7局	壬申陰1局	甲申陰1局
	9月	乙酉陰1局	丁酉陰1局	己酉陰1局	辛酉陰1局	癸酉陰4局	乙酉陰4局	丁酉陰4局	己酉陰4局	辛酉陰4局	癸酉陰7局	乙酉陰7局	丁酉陰7局	己酉陰7局	辛酉陰7局	癸酉陰1局	乙酉陰1局
	10月	丙戌陰1局	戊戌陰1局	庚戌陰1局	壬戌陰1局	甲戌陰4局	丙戌陰4局	戊戌陰4局	庚戌陰4局	壬戌陰4局	甲戌陰7局	丙戌陰7局	戊戌陰7局	庚戌陰7局	壬戌陰7局	甲戌陰1局	丙戌陰1局
	11月	丁亥陰1局	己亥陰1局	辛亥陰1局	癸亥陰1局	乙亥陰4局	丁亥陰4局	己亥陰4局	辛亥陰4局	癸亥陰4局	乙亥陰7局	丁亥陰7局	己亥陰7局	辛亥陰7局	癸亥陰7局	乙亥陰1局	丁亥陰1局
	12月	戊子陰1局	庚子陰1局	壬子陰1局	甲子陰1局	丙子陰4局	戊子陰4局	庚子陰4局	壬子陰4局	甲子陰4局	丙子陰7局	戊子陰7局	庚子陰7局	壬子陰7局	甲子陰7局	丙子陰1局	戊子陰1局
	翌年1月	己丑陰1局	辛丑陰1局	癸丑陰1局	乙丑陰1局	丁丑陰4局	己丑陰4局	辛丑陰4局	癸丑陰4局	乙丑陰4局	丁丑陰7局	己丑陰7局	辛丑陰7局	癸丑陰7局	乙丑陰7局	丁丑陰1局	己丑陰1局

おわりに

本書は、私が久しぶりに書いた専門書です。『チベット占星術序説』を書いたのが２００５年ですから10年ぶりの専門書になります。

本書は、これまで日本ではほとんど知られることのなかった奇門遁甲の様々な技法を、国内で初めて公開するものです。本書によって、より多くの方が奇門遁甲の本質に触れられ、より興味を抱いていただければ著者としても大変嬉しく思います。

また、本書にて、本場の中国式や韓国式の奇門遁甲に興味を持たれた方は、ぜひとも私の主催する黒門アカデミーの教室へご参加ください。

私の教室は現在、東京の新宿にて開催しております。地方の方も参加しやすいように、平日コースのほか、土日の集中コースも用意しています。ですが、移動時間や交通費等を考えると、地方にお住まいの方にとって、東京まで通うのはハードルが高いのが現状でした。

そこで、２０１３年より公認インストラクターを養成して、地方でもセミナーを開催できる人材を育成しています。公認インストラクター一覧をご覧ください。残念ながら、まだ公認インストラクターが不在の地方もあります。これらの地区に関しては、今後も人材育成していく考えです。

また、ＤＶＤによる通信講座も開講準備を進めています。私の教室までお越しいただけない方は、公認インストラクターよる講座、あるいはＤＶＤの通信講座をご活用ください。

最後に、読者の方々がより良い人生を送られることを祈願して、筆を置くこととします。

最後までお読みいただき、ありがとうございました。

（株）黒門アカデミー教室のご案内

私が代表を務めます(株)黒門アカデミーでは、本書で紹介した奇門遁甲をはじめ、風水や四柱推命など占術全般、催眠療法やＮＬＰ等の心理療法、式神召喚セミナー等の願望実現セミナーを実施しています。

◎占術教室案内

１　開催クラス

・定期開催クラス(初級、中級、上級)
奇門遁甲、陽宅風水（八宅、玄空、三合、八字派など）、四柱推命

・不定期開催クラス
①研究科／風水研究科、奇門遁甲研究科、択日研究科、他
②韓国奇門、西洋占星術、インド占星術、断易、六壬、紫微斗数、九星気学、等

２　コース案内

・集中コース
遠方にお住まいの方や、忙しい方、早く学びたい方向けのコース。
通常５カ月のコースを２日間の短期集中で学べる、最も人気の高いコースです。
土曜日曜　10：30〜17：30　６時間×２日

・平日コース
５カ月かけて、じっくりと学びたい方向けのコース。平日のみ実施。

13：00～16：00　1回180分×5回（月1回）　5カ月

・夜間コース

仕事帰りに学べるコース。

19：00～20：30　1回90分×10回（月2回）　5カ月

・通信コース

DVDによる通信講座、2016年夏より開始。

◎催眠教室案内

・催眠療法、催眠術、現代催眠、退行催眠、ＮＬＰ、他

◎その他教室案内

・願望実現セミナー

・式神召喚セミナー

・薬膳初級、中級

◎奇門遁甲WEBのご案内

黒門アカデミーでは、パソコンやスマホを使って、本書で紹介した奇門遁甲や韓国奇門の作盤がオンライン表示される会員制サイトを提供しております。

http://www.kokumon.com/kimon/

現在、作盤できるのは、

・四柱推命の命式と五行力量計算

・奇門遁甲日盤

・奇門遁甲時盤
・韓国奇門身数局
の４つです。


ご利用いただくにはパスワードを取得いただく必要があります。

パスワードは、現在、有料メルマガ「風水師黒門の開運メルマガ!!」に掲載しております。

http://www.mag2.com/m/0001625140.html

公認インストラクター資格保有者一覧

関東地区

雅号	活動区域	資格区分	ホームページ/メールアドレス	住所/電話番号
青龍	東京・神奈川	上級・韓奇	http://www.seiryu168.com info@seiryu168.com	〒160-0023 東京都新宿区西新宿7-7-26-802 03-5348-8490
相佐有嬉	東京・埼玉	上級・韓奇	http://fsy.jp/ yuuki-fs@excite.co.jp	
亮成	東京	中級	http://ryousei168.blogspot.jp/p/blog-page_3.htm ryousei168@gmail.com	〒116-0011 東京都荒川区西尾久 5-8-13 03-3893-8398
入間王	東京・埼玉	上級	healerkoba@yahoo.co.jp	080-6759-1689
海月はるか	東京	上級	haruka@astsakai.halfmoon.jp	
常見多聞	東京・千葉	上級・韓奇	http://www.kenbuneki.jp	
紫凰	東京	上級・韓奇	sihou168@gmail.com	
照竜	東京	上級	kent1680@gmail.com	
啓泉	神奈川	中級		〒226-0002 横浜市緑区東本郷1-22-7 045-471-5158
栄○龍	埼玉	初級	sk168_knet@yahoo.co.jp	
京聖	東京	中級・韓奇	yooki168@yahoo.co.jp	

東北地区

雅号	活動区域	資格区分	ホームページ/メールアドレス	住所/電話番号
風雅	宮城	上級・韓奇	mark168@bb.soma.or.jp	

中部地区

雅号	活動区域	資格区分	ホームページ/メールアドレス	住所/電話番号
西　美穂	愛知・三重	上級・韓奇	http://xn--n8j9dxdr220ayp4b.com 168fusui@gmail.com	〒510-0304 三重県津市河芸町上野1168-31 090-9904-1168
風海甲丙	長野	上級・韓奇	kazami.fuukai.kouhei41689@gmail.com	

関西地区

雅号	活動区域	資格区分	ホームページ/メールアドレス	住所/電話番号
生道松佳	大阪	中級	http://www.osaka168.com/ubumichi/ ubumichi@osaka168.com	〒531-0071 大阪府大阪市北区中津3-29-35-1001 06-6686-0381
珠生	大阪	上級	seko@skyblue.ocn.ne.jp	
廣谷匠宥	京都	上級・韓奇	hiromichi168@ybb.ne.jp	
天野里紅	京都	上級・韓奇	abc1468@nike.eonet.ne.jp panda168@ezweb.ne.jp	

中国地区

雅号	活動区域	資格区分	ホームページ/メールアドレス	住所/電話番号
仁門	広島	中級	Fusui168kafuna@yahoo.co.jp	

九州地区

雅号	活動区域	資格区分	ホームページ/メールアドレス	住所/電話番号
八角	福岡	上級・韓奇	http://www.fuusuishi-hozumi.com/	

海外

雅号	活動区域	資格区分	ホームページ/メールアドレス	住所/電話番号
黄　龍英	マレーシア	初級	dojindo8tw@mac.com	62 Jalan Molek. 1/28 Taman Molek Johor-Bahru . Johor Malaysia 81100

著者略歴

黒　門（こくもん）

1958年生まれ。10代より、奇門遁甲・四柱推命・風水等の各種占術を研究。

2001年、韓国・奇門研究所の趙宰生先生より韓国奇門を学ぶ。

2002年、中国にて劉伯温の22代目・劉広斌老師の拝師弟子となる。

2005年、日本テレビ「情報最前線スーパーテレビ」に出演し、その術の有効性を実証する。

「活盤奇門遁甲精義」等、著書多数。

現在、新宿の黒門アカデミーにて占術の指導にあたっている。

全伝 奇門遁甲（上巻）

２０１６年12月23日　第１刷発行
２０１９年12月３日　第２刷発行

定　価――本体３、６００円＋税

著　者――黒　門

発行者――斎藤　勝己

発行所――株式会社東洋書院
〒１６０-０００３　東京都新宿区本塩町21―８Ｆ
電　話　０３―３３５３―７５７９
ＦＡＸ　０３―３３５８―７４５８
http://www.toyoshoin.com

印刷所――シナノ印刷株式会社

製本所――株式会社難波製本

ISBN978-4-88594-503-8